中国轻工业“十四五”规划教材
高等职业教育跨境电商专业精品教材

跨境电商通关实务

主　编　邓志虹
副主编　缪晨刚　罗　艳　潘春宇
　　　　刘世明　高智锋
参　编　刘钧炎　黄金穗

中国轻工业出版社

图书在版编目（CIP）数据

跨境电商通关实务 / 邓志虹主编. --北京：中国轻工业出版社，2025.5. --（中国轻工业“十四五”规划教材）（高等职业教育跨境电商专业精品教材）.
ISBN 978-7-5184-5253-8

Ⅰ. F713. 36

中国国家版本馆CIP数据核字第2024R5J575号

责任编辑：张文佳　　责任终审：劳国强　　设计制作：锋尚设计
文字编辑：姜瑞雪　　责任校对：朱　慧　朱燕春　　责任监印：张　可

出版发行：中国轻工业出版社（北京鲁谷东街5号，邮编：100040）
印　　刷：艺堂印刷（天津）有限公司
经　　销：各地新华书店
版　　次：2025年5月第1版第1次印刷
开　　本：787 × 1092　1/16　印张：19.25
字　　数：430千字
书　　号：ISBN 978-7-5184-5253-8　定价：49.80元
邮购电话：010-85119873
发行电话：010-85119832　010-85119912
网　　址：http://www.chlip.com.cn
Email：club@chlip.com.cn

230411J2X101ZBW

前言

近年来跨境电商这一新兴业态在我国发展迅猛，国家出台了相关政策、法规和规范性文件，采取了多种优惠措施和管理规定。顺利开展跨境电商进出境业务、交付跨境电子商务商品、保障跨境供应链的安全与高效，都离不开合法、合规的关务工作。随着跨境电商业务的发展，报关公司、跨境供应链公司、跨境电子商务公司等需要大量熟悉关务操作、具有合法合规意识的专业人员。高等院校要适应时代变化，与时俱进，主动承担起培养跨境电商应用人才的重任，顺应新商科人才培养的理念和要求，在跨境电子商务、国际经济与贸易、国际商务、关务与外贸服务、供应链运营、港口物流管理等专业增设跨境电子商务关务方面的课程。

本教材借鉴“以工作过程为导向”的课程开发方法，根据关务职业活动所需的知识和技能，确定跨境电商关务职业岗位的典型工作任务转化为教材的主要内容，包括跨境电商企业备案、跨境电商商品备案、进出口商品归类、跨境电商零售进口通关、跨境电商零售出口通关、跨境电商B2B出口通关等。

本教材的特色如下。

（1）结合海关改革背景及跨境电商海关监管的最新动态，更新教学情境设计。

（2）探索“如盐入水式”融入思政元素，推动专业教育与思政教育有机融合，通过特色栏目“知识链接”“关务观察”“关务前沿”“案例阅读”培养学生具备国际视野、文化自信、诚信守法意识，实现立德与树人、育人与育才的有机结合。

（3）通关单证齐全，业务流程清晰。通关单证来源于报关行、跨境供应链公司，密切贴近实际，同时，将原始单据进行处理，保障企业信息安全。

（4）岗课赛证融通，实用性强，密切联系关务职业教育“1+X证书”。教材中有大量的实训题以目前我国关务水平测试、全国职业技能大赛关务技能赛项和跨境电子商务赛项（跨境电子商务合规与通关模块）赛题为基础，对学生获取关务职业教育“1+X证书”将有很大的帮助。

基于对高等院校课程体系的广泛调研，建议将跨境电商通关实务课程设置为32学时2学分，具体分配可参考：项目一初识跨境电商关务（4学时）、项目二跨境电商通关准备（8学时）、项目三跨境电商零售进口通关（6学时）、项目四其他进口通关（6学时）、项目五跨境电商出口通关（6学时）、项目六关务异常处理与风险防范（2学时）。

本教材提供了丰富的课程配套资源，主要包括：教学标准、教学日历、教案、PPT、技能点视频、重难点解析、习题和答案等。读者可以登录智慧职教>跨境电子商务专业教学资源库（广东轻工职业技术大学）>《跨境电商通关实务》课程平台获取和学习数字化教学资源。

本教材由广东轻工职业技术大学邓志虹主编，副主编由广东轻工职业技术大学缪晨刚、广东省外语艺术职业学院罗艳、广东女子职业技术学院潘春宇、广州番禺职业技术学院刘世明、广州国翔报关有限公司副总经理高智锋担任，广东轻工职业技术大学刘钧炎、黄金穗参与编写。本教材是广东省产教融合促进会跨境电商专业委员会产教融合型系列教材之一，也是国家级职业教育教师教学创新团队“跨境电子商务专业”建设成果之一。

限于时间和水平，书中难免有错误与纰漏，恳请同行、专家、读者批评指正，可联系编者邮箱zita821@163.com。

编者

目 录

项目一

初识跨境电商关务

知识目标

- 理解跨境电商的含义与分类、跨境电商零售的通关模式。
- 理解国际货物买卖合同的内容、价格条款、《国际贸易术语解释通则2020》。
- 理解海关的性质和任务、海关权利、海关管理的对象和范围、海关管理的法律依据。
- 掌握全国通关一体化改革后的进出境通关模式。
- 掌握通关“一次申报、分步处置”“两步申报”的作业程序和关务要求。
- 理解通关制度的适用、进出口货物申报通关合规要素的构成。
- 理解报关单位的备案制度、海关企业信用管理制度。
- 熟悉我国贸易主要管理措施及报关规范。

能力目标

- 能够分析跨境B2B合同条款。
- 能够准确描述全国通关一体化改革后的进出境通关作业过程及相应海关管理措施。
- 能够判断关务合规要素，正确合理选择适用的海关程序性管理制度。
- 能够完成报关企业备案手续，查询企业AEO认证及相关海关公示信用情况。

素质目标

- 理解跨境电商通关制度、海关信用管理制度、对外贸易管制制度等设计背后的价值导向。
- 具备合规开展跨境电商业务的意识、能降低跨境电商合同风险，按照合同贸易术语要求进行关务方案设计。

重点内容导图

- 初识跨境电商关务
  - 认识跨境电商
    - 跨境电商基础知识
    - 国际货物买卖合同
  - 认识中国海关与其管理制度
    - 我国海关的性质与任务
    - 海关管理体制与机构
    - 全国海关通关一体化改革
    - 进口货物“两步申报”改革
    - 海关监管对象及其通关制度
  - 认识报关单位
    - 报关与报关单位
    - 自理报关与代理报关
    - 报关单位备案
    - 企业信用管理
  - 认识对外贸易管制
    - 对外贸易管制概述
    - 货物进出口许可管理制度
    - 其他贸易管制制度
    - 跨境电商管制制度

任务一 认识跨境电商

任务导入

中国跨境电商业务蓬勃发展，跨境电商企业关务业务需求不断增加，四通报关有限公司拟成立跨境电商业务部，开展跨境电商关务基础知识培训，理解跨境电商B2B与跨境电商零售的区别，分析跨境电商B2B合同条款。

相关知识

一、跨境电商基础知识

（一）跨境电商的含义

跨境电商（Cross-border Electronic Commerce，跨境电子商务）是指分属不同关境的交易主体，以互联网为媒介，经电子商务平台达成交易进行支付结算，并通过跨境物流运营商送达商品、完成交易的一种国际商业活动。跨境电商以电子技术和物流为手段，以商务为核心，把原来传统的销售、购物渠道转移到互联网上，打破了不同国家和地区之间的壁垒，也使出口商实现了全球化、网络化、无形化、个性化、一体化服务。

跨境电商通常需要解决三个流程问题：信息流（卖方在网上发布所提供的商品或服务信息，买方通过互联网搜寻需要的商品或服务信息；卖方运用社交平台进行优质的内容传播，进而引发兴趣和购买）；产品流即物流（买方在电子商务平台下单，卖方委托跨境物流服务公司将商品运送到海外买家手里）；资金流（买家通过第三方支付方式及时、安全地付款，卖家收汇结汇）。

知识链接

关境与国境

关境的概念涉及《中华人民共和国海关法》(以下简称《海关法》)的适用领域，也称“税境”“海关境域”“关税境域”“关税领域”，指一国海关法规可以全面实施的领域。《海关法》没有对“关境”进行解释，但该法中的“境”都应当理解为关境。《关税与贸易总协定》（General Agreement on Tariffs and Trade，GATT），对“关境”定义为在对外贸易方面独立实行关税和贸易管理制度的地区。

关境的范围主要有以下几种情况：第一种情况，关境大于国境，如欧盟；第二种情况，关境与其国境（包括领陆、领水、领空）的范围是一致的；第三种情况，关境小于国境，如在境内设有自由贸易区、自由港、单独关税区的国家。我国香港特别行政区、澳门特别行政区以及台湾地区，这三个单独关境内，各自实行单独的海关管理制度。根据《海南自由贸易港建设总体方案》，海南已全面启动全岛封关运作准备工作，确保于2024年完成封关各项准备，2025年年底前全岛封关运作，届时海南将成为全球面积最大的自由贸易港。

（二）跨境电商的分类

1. 根据主体身份的分类

根据《中华人民共和国电子商务法》（以下简称《电子商务法》）第九条的规定，电子商务经营者是指通过互联网等信息网络从事销售商品或者提供服务的经营活动的自然人、法人和非法人组织，包括电子商务平台经营者、平台内经营者以及通过自建网站、其他网络服务销售商品或者提供服务的电子商务经营者。按照这一定义，作为电子商务经营者种属概念的跨境电商经营者自然也可以分为跨境电商平台经营者、跨境电商平台内经营者和自建跨境电商平台经营者三类。

跨境电商平台经营者，是指在跨境电商中为交易双方或者多方提供网络经营场所、交易撮合、信息发布等服务，供交易双方或者多方独立开展交易活动的法人或者非法人组织。例如亚马逊、速卖通、Temu等都是主要的跨境电商零售平台。

跨境电商平台内经营者，是指通过跨境电商平台销售商品或者提供服务的电子商务经营者，即入驻平台并通过平台直接与交易对象进行交易的主体，例如入驻亚马逊平台的安克创新科技股份有限公司。有些跨境电商平台也有自营项目，此时自营店铺应当视为跨境电商平台内企业，遵循跨境电商平台内经营者的相关规定。

除了依托于跨境电商第三方平台外，部分出口型电商企业也会自建平台，销售本企业商品，例如广州希音国际进出口有限公司的SHEIN平台。

2. 根据交易性质的分类

根据交易性质的不同，跨境电商主要分为跨境电商B2B与跨境电商零售。跨境电商B2B（Business to Business）是指商主体与商主体之间利用互联网平台达成跨境交易，从本质上讲其仍为一般贸易类型，只是促成交易的手段与时俱进，享受了科技便利化的成果。跨境电商零售主要有B2C（Business to Customer）和C2C（Customer to

Customer）两种模式（其中B2C模式已分化衍生出B2B2C模式），分别是跨境电商企业针对个人消费者开展的网上零售商业活动、从事外贸活动的个人对境外个人消费者进行的网上零售商业活动。目前跨境电商零售以B2C模式可以和海关进行数据对接，可采用跨境零售通关模式，C2C模式无法和海关进行数据对接只能采用行邮模式通关。

目前从交易规模上看，跨境电商B2B占跨境电商的主要市场份额，代表性跨境电商平台企业如阿里巴巴国际站、环球资源网、中国制造网、敦煌网等。跨境电商B2B进口监管措施与传统一般贸易并无差别，国家探索新的监管方式及便利化措施主要适用于跨境电商B2B出口，2020年第75号公告《关于开展跨境电子商务企业对企业出口监管试点的公告》，增列了海关监管方式代码“9710”（全称“跨境电子商务企业对企业直接出口”，简称“跨境电商B2B直接出口”）和“9810”（全称“跨境电子商务出口海外仓”，简称“跨境电商出口海外仓”）。跨境电商B2B出口通常是批量方式出口申报（集装箱运输为主）。

跨境电商零售，根据商品流向的不同，可分为跨境电商零售进口和跨境电商零售出口两类，其中进口包括“网购保税进口”（代码“1210”“1239”，“1210”适用于试点城市，“1239”适用于非试点城市）和“直购进口”（代码“9610”）两种类型、三个海关监管方式代码，出口包括“一般出口”（代码“9610”）和“特殊区域出口”（代码“1210”）两种类型、两个海关监管方式代码。

“网购保税进口”和“特殊区域出口”通关模式（均为B2B2C模式）下，货物通常是批量方式（集装箱运输为主）进入海关特殊监管区域，例如进入保税物流中心（B型），入区申报后，根据消费者订单情况，进行快递包裹出区申报。直购进口和一般出口（均为B2C模式），通常是由仓储物流服务商代理报关（快递包裹进出口报关）。详见图1-1。

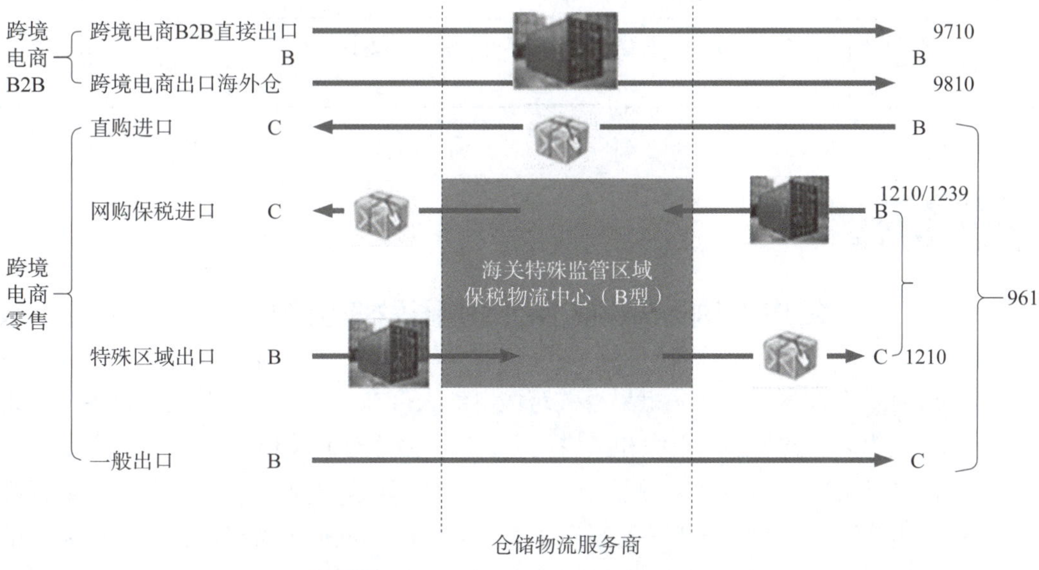

图1-1 跨境电商分类（含海关监管方式代码）

（三）跨境电商的特征

跨境电商与传统外贸相比，其特征可以归结为电子化、个性化、碎片化、频次高和货值低。

电子化有两层含义：一是指跨境电商在交易的过程中，从下单、销售、沟通以及支付均通过电子信息媒介或平台进行，多以无纸化形式呈现；二是指电子化产品（游戏、影视、软件、数字信息）在跨境电商领域的快速发展。个性化主要体现在个性化的消费需求、多样化的产品类目以及更短的产品更新换代周期。碎片化主要指的是随着互联网接入门槛的降低，跨境电商交易主体朝着数量增加、单个主体体量趋小、消费范围分散的趋势发展。频次高是指跨境电商中的交易主体下单、预订、销售、沟通和支付的互动频次和频率均远远高于传统外贸。与频次高相对应的是货值低，跨境电商最为活跃的商业模式是跨境电商零售，单笔订单大部分都是小批量、货值低的生活消费商品。跨境电商作为外贸新业态，与传统外贸相比，在交易方式、交易内容、商品种类、市场规模、支付结汇、物流方式等方面存在差异，如表1-1所示为跨境电商与传统外贸对比。

表1-1 跨境电商与传统外贸对比

项目	跨境电商	传统外贸
交易方式	远程磋商	面对面谈判
交易内容	单笔货值低、频次高	单笔货值高、频次低
商品种类	种类多样且富有个性化	大宗商品为主、种类较少
市场规模	市场规模小、增长迅速	市场规模大、增长缓慢
支付结汇	信用证、电汇、互联网金融等	信用证、电汇、托收
物流方式	空运、海运、铁路运输、国际快递、邮政小包、海外仓等多种方式	海运、铁路运输为主

关务观察

跨境电商国际规则制定　中国发挥引领作用

2018年2月，全球瞩目的首届世界海关跨境电商大会在北京召开，吸引了世界海关组织118个成员负责人、28个国际组织和机构负责人，以及中外跨境电商知名企业代表。

跨境电商不仅让中国的商品热销全球，也让世界各地的商品走进了中国寻常百姓家，足不出户“买全球、卖全球”已变为现实。跨境电商创造了贸易新模式，引领了消费新趋势，培育了发展新动能，为世界贸易复苏、全球经济升级贡献了中国力量。

中国在跨境电商发展的实践中，逐步探索形成了一整套较为完善的监管体系和制度规定，基本满足了中国跨境电商的发展需求，得到了世界海关组织等国际机构的认可和肯定。首届海关跨境电商大会，不仅为世界各国海关组织、跨境电商企业搭建起分享经验、交流合作的平台，讨论以“创新、包容、审慎、协同”的方式推动跨境电商的可持续发展，还就中国海关参与制定的《世界海关组织跨境电商标准框架》（以下简称《标准框架》）广泛征求各方意见，并形成世界海关组织跨境电商监管的基本原则。这一规则将是世界海关跨境电商监管与服务的首个指导性文件，标志着我国在世界海关跨境电商国际规则制定方面发挥了引领作用。

注：《标准框架》于2018年6月经世界海关组织审议发布，旨在为跨境电商建构一个综合、全面、高效、透明的监管体系，促进监管标准在国与国之间实现标准化、体系化和统一化。该框架从八个方面为跨境电商订立了标准，包括数据处理与风险管理、程序的便利化与简捷化、公平而高效的税收征管制度、安全性与可靠性、合作关系、公众意识推广与能力建设、标准与分析方法和变革技术的运用。

资料来源：顾阳．为跨境电商可持续发展贡献中国方案．《经济日报》，2018年2月9日．

二、国际货物买卖合同

（一）国际货物买卖合同概述

1．国际货物买卖合同的含义

跨境电商B2B通常需要订立国际货物买卖合同，例如阿里巴巴国际站信用保障交易合同，是买卖双方在线签署、包含出口贸易条款（含品名、数量、价格等交易信息）和保障条款等内容的国际货物买卖合同。

按照1980年《联合国国际货物销售合同公约》（United Nations Convention on Contracts for the International Sale of Goods，CISG）（以下简称《公约》）的规定，国际货物买卖合同是指营业地处于不同国家的当事人所订立的货物买卖合同。货物买卖合同是指卖方为了取得货款而把货物的所有权移交给买方的一种双务合同。所谓双务合同（Bilateral Contract）是指合同当事人双方互相享有权利、负有义务的合同。例如，买卖合同的卖方负有将出卖的物品交付给买方的义务，同时享有请求买方支付价款的权利；买方负有向卖方支付价款的义务，同时享有请求卖方交付出卖物归其所有的权利。

2．国际货物买卖合同的形式

合同的形式是交易双方当事人就确立、变更、终止民事权利义务关系达成一致的方式，是合同当事人内在意思的外在表现形式。根据《公约》和《中华人民共和国民法典》（以下简称《民法典》）的有关规定，当事人订立合同，有书面形式、口头形式和其他形式。合同的上述形式均具有相同的法律效力，都是合同的法定形式，其中书面形式包括合同书、信件和数据电文等形式，即以数据电文签订的合同是为我国法律所承认的。当事人通常可以根据需要进行选择。跨境电商B2B通常订立的是数据电文形式的电子商务合同。

知识链接

电子商务合同

电子商务合同是从事商务活动的当事人以电子方式订立或履行的合同。与传统合同相比，电子商务合同也具备要约和承诺两个要件，在形式上发生较大变化，具有以下特征：合同的要约、承诺与订立计算机网络化；合同的交易主体虚拟化；合同的成立、变更和解除电子化；合同生效的方式、时间和地点差异化。

跨境电商B2B订立国际货物买卖合同的主要内容与传统贸易基本一致，但合同签订过程存在一定差别，并非面对面签订合同，而是通常由合同一方发送电子订单（也称为合同“要约”），待另一方确认后，电子商务合同成立。

3．国际货物买卖合同的特点

（1）交易具有国际性。国际货物买卖与国内货物买卖的基本区别就在于其具有国际性。国际性通常采用的衡量标准有：交易双方当事人的营业地处于不同的国家，或者当事人具有不同的国籍，或者订立合同的行为完成于不同的国家，或者货物经由一国运往另一国。但究竟采用哪一种标准，各国均有不同的情况。按照我国的有关法律规定，国际性的衡量标准采用交易双方当事人的营业地必须处于不同的国家或地区。

（2）交易的标的物是货物。货物买卖合同的标的物是货物，这是毋庸置疑的，但究竟什么是货物，或者货物是如何确定的，国际组织对此也曾长期探讨。《公约》采取了排除法，即将下列产品排除在《公约》的适用范围之外：供私人、家属或家庭使用而进行的购买经由拍卖方式进行的买卖；根据法律执行应进行的买卖；各种债券或者货币的买卖；船舶、气垫船或飞机的买卖；电力的买卖。也就是说，交易上述货物时买卖双方不能用《公约》来规范，而可以使用相关的专门法律。

（3）交易的性质为买卖。按照1979年《英国货物买卖法》（Sales of Goods Act）的规定，买卖合同是指由卖方将货物的所有权转移给买方，以换取买方的金钱作为对价。它与诸如租赁合同、承揽合同或代理合同等有重大区别。

4．国际货物买卖合同遵循的原则

订立与履行合同，应当遵循有关国际公约和当事人选择的合同法的基本原则。

（1）平等原则。平等原则是指地位平等的合同当事人，在权利义务对等的基础上，经充分协商达成一致，以实现互利互惠的经济利益目的。

（2）自愿原则。自愿原则是合同法的重要基本原则，合同当事人通过协商，自愿决定和调整相互之间的权利义务关系。合同当事人从事何种经济交易，是否订立合同，与谁订立合同，都是当事人自己的事。

（3）公平原则。公平原则主要是指合同当事人对经济活动所带来的预期利益，不能存在显失公平的情形。它要求合同双方当事人之间的权利义务要公平合理，强调一方给付与对方给付之间的等值性，以及合同上的负担和风险的合理分配。

（4）诚实信用原则。诚实信用原则要求当事人在订立、履行合同，以及合同终止后的全过程中，都要诚实、讲信用、相互协作。

（5）合法和尊重社会公德的原则。合法和尊重社会公德的原则主要指合同当事人的主体资格要合法，合同内容要合法，履行合同要合法。如果违反合法原则，合同就失去了法律效力，失去了合同存在的基础，也就得不到法律的保护。

（二）国际货物买卖合同的内容

1．合同条款概述

合同的内容，又称合同条款，是确定合同双方当事人权利义务关系的重要依据，同时也是判断合同是否有效的客观依据。根据《民法典》第四百七十条的规定，合同的内容由双方当事人约定，一般包括以下条款：当事人的姓名或者名称和住所，标的，数量，质量，价款或者报酬，履行期限、地点和方式，违约责任，解决争议的方法。

以上合同条款是合同中通常包括的内容，并不是必须包含所有条款，合同才成立、有效。买卖双方当事人可根据交易货物的特点和实际需要，对合同条款作出增加或减少的约定。

国际货物买卖合同通常包括商品品名、品质、数量、包装、价格、运输、保险、支付、商检、索赔、不可抗力、仲裁条款等。其中价格条款与国内贸易相比，差别较大，下面将进行详细介绍。

2．价格条款

商品价格是国际货物买卖的主要条件，价格条款也是合同标的的重要内容。国际货物买卖的商品价格，除个别交易是按照总价（Total Amount）达成外，通常是按照商品的单价（Unit Price）成交。价格条款通常由计价数量单位、单位价格金额、计价货币和贸易术语四个部分组成。例如：USD 200 PER M/T CIF NEWYORK Incoterms®2020每公吨200美元CIF纽约《通则2020》。

注：贸易术语通常作为价格条款的重要组成部分，但也有部分国际货物买卖合同（电子商务合同形式）将其置于其他条款中，比如阿里巴巴国际站信用保障合同将贸易术语设置在“运输条款”中。

（1）计价数量单位。计价数量单位，简称计量单位。一般来说应和合同数量条款中所用的计量单位一致。在国际贸易中，由于商品的种类、特性和各国度量衡制度（英制、美制、国际单位制等）的不同，计量单位和计重方法也多种多样。例如按照重量计量，计量单位有公吨（metric ton，m/t）、长吨（long ton，l/t）、短吨（short ton，s/t）、千克（kilogram，kg）、磅（pound，lb）、盎司（ounce，oz）等。1m/t=1000kg，1l/t=1016kg，1s/t=907kg。按照《公约》的规定，如果价格是按货物的重量规定的，如有疑问，应按净重确定。

（2）单位价格金额。在交易磋商过程中，进出口双方应慎重报价，避免因错误报价而造成被动。需要注意的是，不同国家的数字表达存在差异，部分欧洲国家使用逗号分隔数字的整数部分和小数部分，例如305,12，在我国以及英语母语国家，使用小数点分隔，相同的数字被写成305.12。

（3）计价货币。选用计价货币，应尽量使用可自由兑换货币，主要包括人民币、美元、日元、欧元、英镑、加元、港币等。当今世界主要国家实行浮动汇率制，因此选择计价货币时，必须考虑日后的汇率走势，在出口业务中选择币值稳定且趋势上浮的货币（称为“硬币”），而进口业务则相反。阿里巴巴国际站于2019年7月推出“信用保障人民币交易订单”，即用人民币作为交易币种的信用保障订单（买家可以直接使用人民币、欧元、日元等8种币种支付，卖家则可使用人民币作为结算货币），使用人民币结算，中国供应商可以降低汇率风险，减少汇兑成本。如图1-2所示为阿里巴巴国际站信用保障合同“产品信息”包含价格条款内容。

产品信息					
产品图片	*产品名称	*数量	*单位	*单价	总价
			单位	US $	US $ 0.00

图1-2 阿里巴巴国际站信用保障合同“产品信息”包含价格条款内容

关务观察

人民币国际化　跨境支付试点

中国，世界经济和贸易大国的地位为人民币国际化提供了广阔前景。2023年我国GDP总量已超126万亿元人民币，稳居世界第二，经济增速和增长质量更加平衡。2022年全球贸易总额32万亿美元，我国进出口总量约占全球贸易额的12.5%，保持了世界第一货物贸易国的地位。当前人民币国际化各项指标整体向好，外汇储备货币、跨境收付、投融资货币和离岸人民币市场交易等国际货币功能进一步深化，人民币已成为全球重要储备货币、支付货币、贸易融资货币和交易货币。

2020年年底中国人民银行启动数字人民币跨境支付试点项目。2021年5月，数字人民币首次在海南跨境进口电商企业国免（海南）科技有限公司使用并完成支付，这是数字人民币首次应用在跨境进口电商支付场景并在海南落地。

资料来源：屈满学．稳慎扎实推进人民币国际化 助力金融强国建设．《光明日报》，2024年1月30日．

（4）贸易术语。

①贸易术语的含义。

和国内贸易相比，国际贸易的复杂性显而易见。货物的运输距离长，交易涉及面广，货物遭遇自然灾害或意外事故而导致损坏或灭失的风险更大。在国际贸易中，当事人在磋商订立合同时，要考虑的问题必然更多，主要包括以下几个重要问题：卖方在什么地方，以什么方式办理交货；风险何时由卖方转移给买方；由谁负责办理货物的运输、保险以及检验的手续；由谁负责取得进出口的许可证和其他官方许可，由谁来负责办理进口、出口海关手续；由谁承担办理上述事项时所需的各种费用；买卖双方需要交接哪些有关的单据等。

如果对于每笔交易，双方都要对上述问题进行磋商，势必要耗费大量的时间和精力，降低国际贸易的效率，最终阻碍国际贸易的发展。所以，经过长期的国际贸易实践，逐渐形成了许多贸易术语（Trade Term），即用英文字母的缩写或代号表明交货地点、划分双方责任与费用、明确风险转移的界限的专门用语。

在我国报关单填制中，贸易术语填报在“成交方式”栏。进口征税的完税价格通常以CIF价格为基础，出口征税的完税价格通常以FOB价格为基础。

②有关贸易术语的国际贸易惯例。

贸易术语的使用本来是为了简化交易手续，缩短洽商时间，促进贸易发展的，但在相当长的时间内，在国际上没有形成对各种贸易术语的统一解释。合同当事人之间互不了解对方国家的贸易习惯的情况时常出现，这就会引起当事人之间的误解、争议和诉讼，从而浪费时间和金钱，也影响了国际贸易的发展。为了解决这一问题，国际上一些著名的国际组织和法律团体，对各种贸易术语进行了系统整理与编撰，并不断完善与修改，形成了统一解释的国际贸易术语规则，这些规则在国际上被广泛采用，因而形成了一般的国际贸易惯例。有关贸易术语的国际贸易惯例主要有三种，即《1932年华沙—牛津规则》《1990年美国对外贸易定义修订本》《国际贸易术语解释通则2020》。

a.《1932年华沙—牛津规则》（Warsaw-Oxford Rules 1932）是国际法协会专门为解释CIF合同而制定的。由于其制定的年代久远，其中的一些规定已经很难符合现代交易的需要，因而使用的频率很低。

b.《1990年美国对外贸易定义修订本》（Revised American Foreign Trade Definitions 1990）包括EXW、FOB、FAS、CFR、CIF、DEQ六种贸易术语，其中FOB又细分为六种类型，其中只有第五种，即指定的装运港船上交货（FOB Vessel）才同《国际贸易术语解释通则2020》中FOB的含义大体相同，而其余五种FOB的含义则完全不同。因此，我国外贸企业同美国、加拿大以及其他美洲地区的企业商谈时，不能笼统地规定采用某种术语，还要明确所适用的国际贸易惯例及版本，否则极易引起误解，从而产生不必要的贸易纠纷。

c.《国际贸易术语解释通则2020》（《Incoterms®2020》）（以下简称《通则2020》）。《国际贸易术语解释通则》（International Rules for the Interpretation of Trade Terms，Incoterms），是国际商会为了统一对各种贸易术语的解释而制定的，是目前在国际贸易中最流行的有关贸易术语的国际惯例，并经常被法院、仲裁庭援引作为解决纠纷的依据。该规则最早的版本于1936年颁布，随后为了适应新的贸易形势以及国际货物运输方式的新发展，又分别于1953年、1967年、1976年、1980年、1990年、2000年、2010年和2020年版本中做出补充和修订，以便使这些规则适应当前国际贸易实践的发展。近三版变化较大，2010年版删除了不常用的贸易术语DAF、DES、DEQ、DDU，新增了DAT和DAP，2020年版DPU替代了DAT（由于DAT的“运输终端”界定不明确，不方便使用，因此被删除），详见图1-3。

序号	Incoterms®2000			Incoterms®2010			Incoterms®2020		
	分组	英文缩写	中文名称	分类	英文缩写	中文名称	分类	英文缩写	中文名称
1	E组	EXW	工厂交货	适用各种运输方式（单一或多种）	EXW	工厂交货	适用各种运输方式（单一或多种）	EXW	工厂交货
2	F组	FAS	船边交货		FCA	货交承运人		FCA	货交承运人
3		FOB	船上交货		CPT	运费付至		CPT	运费付至
4		FCA	货交承运人		CIP	运费和保险费付至		CIP	运费和保险费付至
5	C组	CFR	成本加运费		DAT（增）	运输终端交货		DAP	目的地交货
6		CIF	成本、保险费加运费		DAP（增）	目的地交货		DPU（增）	目的地卸货后交货
7		CPT	运费付至		DDP	完税后交货		DDP	完税后交货
8		CIP	运费和保险费付至	适用水上运输方式（海运及内河）	FAS	船边交货	适用水上运输方式（海运及内河）	FAS	船边交货
9	D组	DAF	边境交货		FOB	船上交货		FOB	船上交货
10		DES	目的港船上交货		CFR	成本加运费		CFR	成本加运费
11		DEQ	目的港码头上交货		CIF	成本、保险费加运费		CIF	成本、保险费加运费
12		DDU	未完税交货						
13		DDP	完税后交货						

图1-3 Incoterms®近三版变化对比图

《通则2020》将11种贸易术语分为两类：第一类包括适用于单一或者多种运输方式的七种术语，即EXW、FCA、CPT、CIP、DAP、DPU和DDP术语；第二类包含了比较传统的只适用于海运和内河水运的四种术语，即FAS、FOB、CFR和CIF术语；其中，EXW是卖方义务最小的贸易术语（即买方自提货物），而DDP是卖方义务最大的贸易术语（即卖方送货上门）。参考《通则2000》版本格式，可将《通则2020》贸易术语分为四组，如表1-2所示。

表1-2　《通则2020》贸易术语EFCD分组

<table>
<tr><th>组别</th><th>术语缩写</th><th>术语英文名称</th><th>术语中文名称</th><th>清关</th></tr>
<tr><td>E组（启运）</td><td>EXW</td><td>Ex Works</td><td>工厂交货（指定地点）</td><td>买方</td></tr>
<tr><td>F组（主要运费未付）</td><td>FCA
FAS
FOB</td><td>Free Carrier
Free Alongside Ship
Free On Board</td><td>货交承运人（指定地点）
船边交货（指定装运港）
船上交货（指定装运港）</td><td rowspan="3">卖方负责出口手续和费用，买方负责进口手续和费用</td></tr>
<tr><td>C组（主要运费已付）</td><td>CFR
CIF
CPT
CIP</td><td>Cost and Freight
Cost Insurance and Freight
Carriage Paid To
Carriage and Insurance Paid To</td><td>成本加运费（指定目的港）
成本、保险费加运费（指定目的港）
运费付至（指定目的地）
运费和保险费付至（指定目的地）</td></tr>
<tr><td rowspan="2">D组（到达）</td><td>DAP
DPU</td><td>Delivered at Place
Delivered at Place Unloaded</td><td>目的地交货（指定目的地）
目的地卸货后交货（指定目的地）</td></tr>
<tr><td>DDP</td><td>Delivered Duty Paid</td><td>完税后交货（指定目的地）</td><td>卖方</td></tr>
</table>

注：《国际贸易术语解释通则》关于“清关”的含义，具体是指“无论何时当卖方或买方承担将货物运过出口国或进口国的海关的义务，这项义务不仅包括缴纳关税和其他费用，而且包括履行一切与货物通过海关有关的行政事务以及向当局提供必要信息并缴纳相关费用”。

EXW，全称为Ex Works（Insert Named Place of Delivery）Incoterms®2020，意为工厂交货（填入指定地点），其后应注明《通则2020》。具体用法如“USD160.00 PER DOZEN EXW 15 ZHONGSHAN ROAD，QINGDAO Incoterms®2020”。该术语是指当卖方在其所在地或其他指定地点（如工厂、矿山或仓库等）将货物交由买方处置时，即完成交货，卖方不办理出口清关手续，也无须将货物装上前来接货的任何运输工具。该术语是卖方承担风险最小的术语，买方必须承担在卖方所在地受领货物的全部费用和风险。该术语适合于任何一种或多种运输方式。

FAS，全称为Free Alongside Ship（Insert Named Port of Shipment）Incoterms®2020，意为船边交货（填入指定装运港），其后应注明《通则2020》。具体用法如“USD1690.00 PER METRIC TON FAS SAN FRANCISCO Incoterms®2020”。该术语是指卖方在指定的装运港将货物交到船边（例如置于码头或驳船上）或者当买方取得已经如此交付的货物时，即完成交货。买方必须承担自那时起货物损坏或灭失的一切风险。该术语仅适用于海运和内河水运。在大宗货物的贸易中，特别是小麦、花、大豆、矿石等初级产品贸易中，出口商通常采用该术语。

FOB，全称为Free On Board（Insert Named Port of Shipment）Incoterms®2020，意为船上交货（填入指定装运港），其后应注明《通则2020》。具体用法如“USD205.00 PER SET FOB TIANJIN Incoterms®2020”。该术语是国际贸易中常用的术语之一。指卖

方已在合同规定的装运港和规定的期限内，将货物装上买方指派的船只，或者当买方取得已经如此交付的货物时，即完成交货。买方则应承担交货后货物损坏或灭失的一切风险和费用。其中“取得”一词主要适用于商品贸易中链式销售的方式，即“出口商—中间商（可以是多个）—进口商”的方式。该术语仅适用于海运和内河水运。值得注意的是，该术语不适合货物在上船前已经交给承运人的情况，如集装箱运输，在此类情况下，应该使用FCA术语。

CFR，全称为Cost and Freight（Insert Named Port of Destination）Incoterms®2020，意为成本加运费（填入指定目的港），其后应注明《通则2020》。具体用法如“USD 350.00 PER SET CFR NEW YORK INCOTERMS®2020”。该术语是国际贸易中常用的术语之一，指卖方负责与承运人订立运输合同，承担租船订舱及支付将货物送到指定目的港的运费，在装运港船上交货，或者买方取得已经如此交付的货物时即完成交货。它表示货物灭失或损坏的风险点在货物交到装运港船上时由卖方转移至买方。由此可以看到，CFR术语的风险划分点与费用划分点不一致。该术语仅适用于海运和内河水运。值得注意的是，该术语不适合货物在装上船前已经交给承运人的情况，如集装箱运输，在此类情况下，应该使用CPT术语。

CIF，全称为Cost Insurance and Freight（Insert Named Port of Destination ）Incoterms® 2020，意为成本、保险费和运费（填入指定目的港），其后应注明《通则2020》，具体用法如“USD430.00 PER M/T CIF SEATTLE Incoterms®2020”。该术语是国际贸易中常用的术语之一，指由卖方负责与承运人订立运输合同，承担租船订舱及支付将货物送到指定目的港的运费，并负责与保险人订立保险合同及支付保险费，在装运港船上交货，或者买方取得已经如此交付的货物时即完成交货。而货物灭失或损坏的风险点在货物被交到装运港船上时由卖方转移至买方。由此可以看到，CIF术语的风险划分点与费用划分点不一致。该术语仅适用于海运和内河水运。值得注意的是，该术语不适合货物在装上船前已经交给承运人的情况，如集装箱运输，在此类情况下，应该使用CIP术语。

FCA，全称为Free Carrier（Insert Named Place of Delivery）Incoterms®2020，意为货交承运人（填入指定交货地点），其后应注明《通则2020》。具体用法如“USD150.00 PER DOZEN FCA BEIJING CAPITAL AIRPORT Incoterms®2020”。该术语是指卖方将合同约定的货物在指定的地点交给由买方指定的承运人，并办理出口清关手续，即完成交货。所谓承运人，是指在运输合同中，通过铁路、公路、海洋、航空、内河水运或这些方式的联合运输，承担运输或承担办理运输业务的任务人，既包括拥有运输工具的运输公司，也包括不掌握运输工具的运输代理人。该术语适用于各种运输方式，特别是内陆城市采用的集装箱运输或多式联运。FCA的交货地点既可以在卖方所在地，也可以在卖方所在地之外的另一个地点。但无论选择上述哪一个交货地点，该地点就是确定卖方转移风险和费用到买方的地点。若买方请求卖方按通常条件代为订立运输合同，则由此产生的费用和风险仍由买方承担。

CPT，全称为Carriage Paid To（Insert Named Place of Destination）Incoterms®2020，

意为运费付至（填入指定目的地），其后应注明《通则2020》。具体用法如“USD110.00 PER SET CPT CHICAGO Incoterms®2020”。该术语是指卖方将货物在双方约定地点交给其指定的承运人，或者买方取得已经如此交付的货物时即完成交货义务。其间，卖方需签订运输合同并支付将货物运至指定目的地所需费用，无须保证货物完好无损地到达目的地，因为当货物交付给承运人时，风险即从卖方手中转移到买方手中。CPT术语适用于各种运输方式，特别是内陆城市采用的集装箱运输或多式联运。

CIP，全称为Carriage and Insurance Paid To（Insert Named Place of Destination）Incoterms® 2020，意为运费和保险费付至（填入指定目的地），其后应注明《通则2020》。具体用法如“USD125.00 PER SET CIP 15 MASSA ROAD LIVERPOOL Incoterms®2020”。该术语是指卖方将合同项下的货物在双方约定地点交给其指定的承运人，或者买方取得已经如此交付的货物时，即完成交货义务。卖方需自行签订运输合同并支付将货物运至指定目的地所需费用，以及办理货物在运输途中灭失或损坏的保险并支付保险费，但无须保证货物完好无损地到达目的地，因为当货物交付给承运人时，风险即从卖方转移到买方。该术语适用于各种运输方式，特别是内陆城市采用的集装箱运输或多式联运。

DAP，全称为Delivered at Place（Insert Named Place of Destination）Incoterms®2020，意为目的地交货（填入指定目的地），其后应注明《通则2020》。具体用法如“USD150.00 PER SET DAP NEW YORK CITY Incoterms®2020”。该术语是指卖方负责按照通常航线和惯常方式，在规定期限内将装载于到达的运输工具上准备卸载的合同规定的货物交由买方处置，即完成交货，卖方负担将货物运至指定地交货点为止的一切风险。该术语的交货地和到货地是一致的，并适合于任何运输方式，包括多式联运。

DPU，全称为Delivered at Place Unloaded（Insert Named Place of Destination）Incoterms® 2020，意为目的地卸货后交货（填入指定目的地），其后应注明《通则2020》。具体用法如“USD 900.00 PER M/T DPU LONDON Incoterms®2020”。该术语是《通则2020》中唯一增加的术语，并由其取代了《通则2010》中的DAT。它适合于任何运输方式，包括多式联运。该术语指卖方负责将合同规定的货物按照通常航线和惯常方式，在规定期限内运至目的地指定的交货点，从到达的运输工具上将货物卸载，并承担卸货费用。DPU要求卖方承担将货物运至指定地点并在指定地点卸货所涉及的一切风险，此后风险和费用转移至买方。该术语的交付和到货地点是一致的，它是《通则2020》中唯一要求卖方在目的地卸货的术语。因此，卖方应确保能在指定交货地点卸载货物。如果卖方不希望承担卸货的风险和费用，应避免使用DPU术语，而应考虑选择使用DAP术语。

DDP，全称为Delivered Duty Paid（Insert Named Place of Destination）Incoterms®2020，意为完税后交货（填入指定目的地），其后应注明《通则2020》。具体用法如“USD 3.50 PER SET DDP NO.18 BUTTER AVE，ROTTERDAM Incoterms®2020”。该术语是指卖方在指定的目的地，办理进口清关手续，将运输工具上尚未卸下的货物交由买方处置，即为交货。卖方须承担将货物运至目的地的一切风险和费用，包括在需要办理海关手续时在目的地应缴纳的任何进口税费。DDP是卖方承担责任最大的术语。该术语的交货地和到货地是一致的，可用于所有的运输方式，包括多式联运。如图1-4所示为阿里巴巴国际站信用保障合同“运输条款”包含“贸易术语”内容。

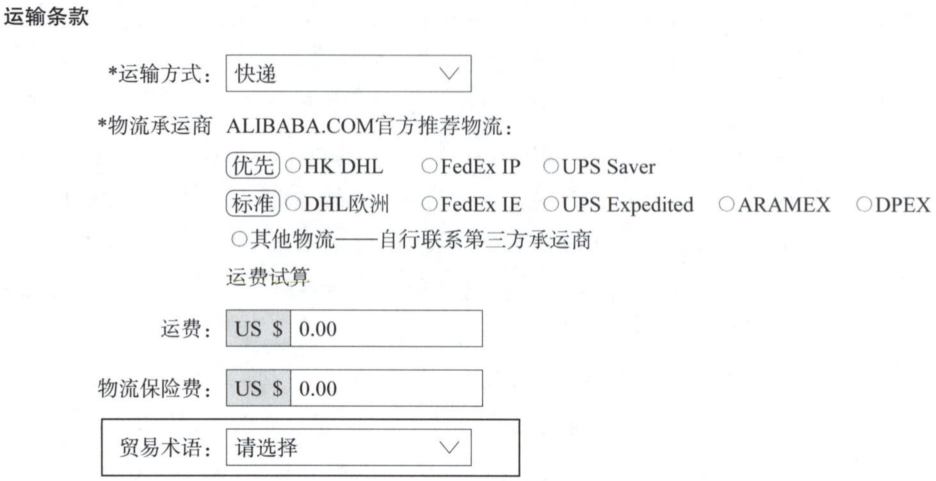

运输条款

*运输方式：快递

*物流承运商 ALIBABA.COM官方推荐物流：

优先 ○HK DHL ○FedEx IP ○UPS Saver

标准 ○DHL欧洲 ○FedEx IE ○UPS Expedited ○ARAMEX ○DPEX

○其他物流——自行联系第三方承运商

运费试算

运费：US $ 0.00

物流保险费：US $ 0.00

贸易术语：请选择

图1-4 阿里巴巴国际站信用保障合同“运输条款”包含“贸易术语”内容

知识巩固

一、判断题

1. 按各惯例的解释，FOB成交都是由卖方负责申请领取出口许可证和支付出口税。(　　)
2. 如果买方想采用铁路运输，愿意办理出口清关手续并承担其中的费用，买方可以采用FCA贸易术语。(　　)
3. FCA、CPT、CIP三种贸易术语中，就卖方承担的风险而言，FCA最小，CPT其次，CIP最大。(　　)
4. 我方按FOB San Francisco从美国购进一批小麦，卖方理所当然应将货物装到旧金山港口的船上。(　　)
5. 根据《通则2020》，当使用DAP术语时，卖方没有办理保险的义务。所以，即使买卖合同中规定卖方要办理保险，卖方也可以拒绝办理。(　　)
6. 根据《通则2020》的解释，采用FCA术语成交，如果交货地点在卖方所在地，卖方要负责将货物装上买方安排的承运人的运输工具上，才算完成交货义务。(　　)

二、不定项选择题

1. 跨境电商是指分属不同（ ）的交易主体，以互联网为媒介，经电子商务平台达成交易进行支付结算，并通过跨境物流运营商送达商品、完成交易的一种国际商业活动。

   A．关境　B．国境　C．平台　D．区域

2. 跨境电商的"三流"指的是（ ）。

   A．信息流、产品流、技术流　B．信息流、产品流、物流

   C．产品流、技术流、资金流　D．信息流、产品流、资金流

3. 按照《通则2020》的解释，采用CIF条件成交时，货物装船时从吊钩脱落掉入海里造成的损失由（ ）。

   A．卖方负担　B．买方负担

   C．承运人负担　D．买卖双方共同负担

4. 按照《通则2020》的解释，CIF与CFR的主要区别在于（ ）。

   A．办理租船订舱的责任方不同　B．办理货运保险的责任方不同

   C．风险划分的界限不同　D．办理出口手续的责任方不同

5. 在实际业务中，FOB条件下，买方委托卖方代为租船、订舱，其费用由买方负担。如到期订不到舱，租不到船，（ ）。

   A．卖方不承担责任，其风险由买方承担

   B．卖方承担责任，其风险也由卖方承担

   C．买卖双方共同承担责任、风险

   D．双方均不承担责任，合同停止履行

6. 以下关于国际贸易术语"CIF"的内容表述正确的是（ ）。

   A．卖方除承担成本加运费的义务外，还要负责办理运输保险并支付保险费

   B．卖方在投保时应投保一切险

   C．卖方必须将货物实际交付给买方，才算完成了交货义务

   D．货物的风险在货物实际交付时由卖方转移给卖方

7. 按照《通则2020》，如果采用CIF术语成交，则买卖双方风险转移的界限为（ ）。

   A．货物越过船舷　B．装运港船上

   C．货物到达目的港　D．合同中的约定

8. 就卖方承担的费用而言，以下排序正确的是（ ）。

   A．FOB＞CFR＞CIF　B．CFR＞CIF＞FOB

   C．CIF＞CFR＞FOB　D．CIF＞FOB＞CFR

9. 由买方负责出口清关，并承担费用的价格术语是（ ）。

   A．FCA　B．EXW　C．FOB　D．DAT

10．由卖方负责进口清关，并承担费用的价格术语是（　　）。

A．FCA　　B．DPU　　C．DAP　　D．DDP

实训任务

请阅读以下跨境电商B2B合同条款（仅截取部分内容），分析合同条款。

SALES CONTRACT

Contract No.: M-X-20155

Date: Jan.23th, 2023

The Buyers: DONGSEN INC.

Add: 15-1, PYEONGTAEK, KOREA

The Consignee: SUNSHINE VIETNAM CO., LTD

HUNGYEN PROVINCE, VIETNAM

The Sellers: MINGXI INSTRUMENT QINDAO INC.

Add: HUANYU ROAD ZHONGSHAN PARK, QINGDAO, CHINA

（1）商品，规格，数量及价格 COMMODITY, SPECIFICATIONS, QUANTITY AND PRICE:

商品名称规格 NAME OF COMMODITY SPECIFICATIONS	数量 QUANTITY	单价 UNIT PRICE	总价 TOTAL AMOUNT
 Mobile Phone Adapter EA81	22, 800 PCS	$ 2.18	FOB QINGDAO US$ 49, 704.00
TOTAL：	22, 800 PCS		US$ 49, 704.00

（2）装运港 PORT OF LOADING： QINGDAO

（3）目的港 PORT OF DESTINATION： HAIPHONG

1．合同价格条款中的计量单位翻译成中文，应填写（　　），计价货币种类为（　　）。

2．合同的贸易术语是（　　），根据《通则2020》在该贸易术语下，由（　　）负责出口报关手续和费用；如果报价需要加上国际货物运输的运费和保险费，则应改报贸易术语（　　）。

3．根据该合同进行出口报关，指运港为（　　），运抵国为（　　），贸易国为（　　）。

任务二 认识中国海关与其管理制度

任务导入

中国跨境电商蓬勃发展，跨境电商企业关务业务需求不断增加，四通报关有限公司拟成立跨境电商业务部，开展跨境电商关务基础知识培训，分析跨境电商通关制度。

相关知识

一、我国海关的性质与任务

（一）海关的性质

1．海关是国家行政机关

我国的国家机关包括享有立法权的立法机关、享有司法权的司法机关和享有行政管理权的行政机关。国务院是我国最高行政机关，海关是国务院直属机构，属于国家行政机关。

2．海关是国家进出境监督管理机关

海关履行国家行政制度中的进出境监督管理职能，是国家宏观管理的一个重要组成部分。海关依照有关法律、行政法规并通过法律赋予的权力，制定具体的行政规章和行政措施，对特定领域的活动开展监督管理，以保证其按国家的法律规范进行。海关实施监督管理的范围是进出关境及与之有关的活动。

3．海关的监督管理是国家行政执法活动

海关通过法律赋予的权力，对特定范围内的社会经济活动进行监督管理，并对违法行为依法实施行政处罚，以保证这些社会经济活动按照国家的法律规范进行。因此，海关的监督管理是保证国家有关法律、法规实施的行政执法活动。海关执法的依据是《海关法》和其他有关法律、行政法规。海关事务属于中央立法事权，立法者为全国人民代表大会及其常务委员会和国务院。海关也可以根据法律和国务院的法规、决定、命令，制定规章，作为执法依据的补充。省、自治区、直辖市人民代表大会和人民政府不得制定海关法律规范地方法规，地方规章不是海关执法的依据。

（二）海关的任务

《海关法》明确规定海关的基本任务为监管、征税、缉私和统计，关检融合后，海关新增检验检疫的任务。

1．监管

监管作为海关基本任务之一，除了通过备案、审单、查验、放行、后续管理等方式对进出境运输工具、货物、物品的进出境活动实施监管外，还要执行或监督执行国家其他对外贸易管理制度的实施，如进出口许可制度、外汇管理制度、进出口商品检验检疫制度等，从而在政治、经济、文化道德、公众健康等方面维护国家利益。

海关监管的时间范围，在《海关法》和有关海关监管法规中有明确规定，在实际监管活动中，必须依法进行，不得随意变更。进口货物自进境起到办结海关手续止，出口货物自向海关申报起到出境止，过境、转运和通运货物自进境起到出境止，应当接受海关监管。自进出口货物放行之日起三年内或者在保税货物、减免税进口货物的海关监管期限内及其后的三年内，海关可以对与进出口货物直接有关的企业、单位的会计账簿、会计凭证、报关单证以及其他有关资料和有关进出口货物实施稽查。如表1-3所示为海关监管货物的时效。

表1-3　海关监管货物的时效

监管对象	海关监管时效	备注
一般进口货物	自进境起到办结海关手续止	放行之日起3年内，海关可以实施稽查
一般出口货物	自向海关申报起到出境止	
过境、转运和通运货物	自进境起到出境止	
暂时进出境货物	暂时进出境货物应当在进出境之日起6个月内复运出境或者复运进境。因特殊情况需要延长期限的，持证人、收发货人应当向主管地海关办理延期手续，延期最多不超过3次，每次延长期限不超过6个月。延长期届满应当复运出境、复运进境或者办理进出口手续	海关总署令第233号《中华人民共和国海关暂时进出境货物管理办法》规定，国家重点工程、国家科研项目使用的暂时进出境货物以及参加展期在24个月以上展览会的展览品，在延长期届满后仍需要延期的，由主管地直属海关批准
减免税进口货物	（一）船舶、飞机：8年 （二）机动车辆：6年 （三）其他货物：3年	《海关总署关于调整进口减免税货物监管年限的公告》〔2017〕51号规定，监管年限自货物进口放行之日起计算

续表

监管对象	海关监管时效	备注
保税物流货物	保税仓储、保税物流中心（A型）内货物存储期限均为1年；保税物流中心（B型）内货物保税存储期限为2年；确有正当理由的，经海关同意可予以延期；除特殊情况外，延期不得超过1年 出口监管仓库所存货物存储期限为6个月，经主管海关同意可以延期，但延期不得超过6个月	《中华人民共和国海关对保税仓库及所存货物的管理规定》《中华人民共和国海关对保税物流中心（A型）的暂行管理办法》《中华人民共和国海关对保税物流中心（B型）的暂行管理办法》《中华人民共和国海关对出口监管仓库及所存货物的管理办法》
保税加工货物	自保税货物进境（或结转转入）之日起，到加工成成品复运出境（或结转转出）并由海关予以核销，或向海关补办正式进口的补证、纳税手续止	依据《中华人民共和国海关加工贸易货物监管办法》，加工贸易货物的手册设立和核销单证自加工贸易手册核销结案之日起留存3年

2．征税

征税是海关的另一项重要任务。海关征税工作的基本法律依据是《海关法》《中华人民共和国进出口关税条例》（以下简称《关税条例》）以及其他有关法律、行政法规。征税工作主要包括征收关税和进口环节海关代征税。

（1）征收关税。关税是国家中央财政收入的重要来源，是国家宏观经济调控的重要工具，也是世界贸易组织允许各缔约方保护其关境内经济的一种手段。关税的征收主体是国家，《海关法》明确将征收关税的权力授予海关，由海关代表国家行使征收关税的职能。因此，未经法律授权，其他任何单位和个人均不得行使征收关税的权力。

关税的课税对象是进出口货物、进出境物品。

（2）进口环节海关代征税。进口货物、物品在办理海关手续放行后，允许在国内流通，应与国内货物同等对待缴纳应征的国内税。为了节省征税人力，简化征税手续，严密管理，进口货物、物品的国内税由海关代征，即我国海关对进口货物、物品征收关税的同时，还负责代其他机关征收若干种类的进口环节税。目前，由海关代征的进口环节税包括增值税和消费税。

3．缉私

缉私，即查缉走私，是海关为保证顺利完成监管和征税等任务而采取的保障措施。查缉走私是指海关依照法律赋予的权力，在海关监管场所和海关附近的沿海沿边规定地区，为发现、制止、打击、综合治理走私活动而进行的一种调查和惩处活动。走私是指进出境活动的当事人或相关人违反《海关法》及有关法律、行政法规，逃避海关监管，偷逃应纳税款、逃避国家有关进出境的禁止性或者限制性管理，非法运输、携带、邮寄国家禁止、限制进出境或者依法应当缴纳税款的货物、物品进出境，或者未经海关许可并且未缴应纳税款、交验有关许可证件，擅自将保税货物、特定减免税货物以及其他海关监管货物、物品、进境的境外运输工具在境内销售的行为。它以逃避监管、偷逃税款、牟取暴利为目的，扰乱经济秩序，冲击民族工业，对国家危害性极大，必须予以严厉打击。

根据我国的缉私体制，除了海关以外，公安、工商、税务、烟草专卖等部门也有查缉走私的权力，但这些部门查获的走私案件，必须按照法律规定，统一处理。各有关行政部门查获的走私案件，应当给予行政处罚的，移送海关依法处理；涉嫌犯罪的，应当移送海关侦查走私犯罪公安机构或地方公安机关，依据案件管辖分工和法定程序办理。

4．统计

海关统计以实际进出口货物作为统计和分析的对象，通过搜集、整理、加工处理进出口货物报关单或经海关核准的其他申报单证，对进出口货物的品种、数（重）量、价格国别（地区）、经营单位、境内目的地、境内货源地、贸易（监管）方式、运输方式、关别等项目分别进行统计和综合分析，全面、准确地反映对外贸易的运行态势，及时提供统计信息和咨询，实施有效的统计监督，开展国际贸易统计的交流与合作，促进对外贸易的发展。我国海关的统计制度规定，实际进出境并引起境内物质存量增加或者减少的货物，列入海关统计；进出境物品超过自用合理数量的，列入海关统计。对于部分不列入海关统计的货物和物品，则根据我国对外贸易管理和海关管理的需要，实施单项统计。

海关统计是海关依法对进出口货物贸易的统计，是国民经济统计的组成部分，是国家制定对外经济贸易政策、进行宏观经济调控、实施海关严密高效管理的重要依据，是研究我国对外贸易经济发展和国际经济贸易关系的重要资料。

海关总署以国际通用的《商品名称及编码协调制度》（Harmonized Commodity Description and Coding System，简称《协调制度》或HS）为基础，编制了《中华人民共和国海关统计商品目录》（以下简称《统计商品目录》），把《中华人民共和国进出口税则》（以下简称《进出口税则》）与统计目录的归类编码统一起来，规范了进出口商品的命名和归类，使海关统计进一步向国际惯例靠拢，满足了我国对外开放和建立社会主义市场经济体制的需要。

关务观察

完善跨境电商统计体系的部署，准确统计跨境电商的实际规模

新型贸易业态近年来不断发展，对海关统计提出了一些新的挑战。为落实国务院关于完善跨境电商统计体系的部署（包容审慎监管、完善跨境电商统计体系、做好跨境电商统计数据发布工作），准确统计跨境电商的实际规模，进一步发挥海关统计决策支持作用，2023年5月，海关总署制定并发布《跨境电子商务统计调查制度》，具体规定如下。

跨境电商统计调查对象为境内电商平台企业、电商服务企业和电商卖家企业。

纳入跨境电商进出口统计的商品应当符合“跨境交易”“在线订单”“跨境物流”这几项条件。

· 跨境交易是指中华人民共和国关境内与境外的企业或个人之间的交易。

· 在线订单是指订单为通过跨境电商交易平台（包括自建/自营平台如独立站、第三方平台、综合性平台等）达成并完成交易。跨境电商交易平台应当支持开放注册用户，可浏览展示商品，并下单购买。通过电话、传真或邮件方式订购的货物不属于在线订单范围。

· 跨境物流是指交易商品实际发生跨境运输，具体包括货物通过海关跨境电商进出口统一版系统、H2018通关管理系统、快件通关管理系统申报放行，或通过邮递渠道进出境，实际跨境运输。

5．检验检疫

2018年4月，出入境检验检疫管理职责和队伍划入海关。海关在传统四项职能基础上，新增了进出口商品检验（进出口商品安全）、进出境动植物检疫（国门生物安全）、国境卫生检疫（口岸公共卫生）、进出口食品安全监督等检验检疫职能。如表1-4所示为检验检疫职能的区别。

表1-4 检验检疫职能的区别

项目	进出口商品检验	进出境动植物检疫	国境卫生检疫	进出口食品安全监督
范围和检查重点不同	检验进出口商品的质量、规格、重量、包装以及是否符合安全、卫生要求	检查发现进出境的动植物可能具有或具有的各种传染性疾病和可能携带的各种有害生物	对出入境的运输工具、货物、运输容器以及口岸的公共场所、环境、生活设施、生产设备，进行卫生检查、鉴定、评价和采样检验	对进出口食品实施检验检疫及监督管理
依据不同	《中华人民共和国进出口商品检验法》及其相关行政法规	《中华人民共和国进出境动植物检疫法》及其相关行政法规	《中华人民共和国国境卫生检疫法》及其相关行政法规	《中华人民共和国食品安全法》及其相关行政法规
方式不同	法定检验、合同检验、公证鉴定和委托检验	进境检疫、出境检疫、过境检疫、进出境携带和邮寄物检疫以及出入境运输工具检疫	进出境检疫、国境传染病检测、进出境卫生	建立符合国际惯例、我国国情的食品安全保障体系，从源头备案、过程监督、产品抽检

二、海关管理体制与机构

海关机构是国务院根据国家改革开放的形势以及经济发展战略的需要，依照海关法律而设立的。改革开放以来，随着我国对外经济贸易和科技文化交流与合作的发展，海关机构不断扩大，机构的设立从沿海沿边口岸扩大到内陆和沿江、沿边海关业务集中的地点，并形成了集中统一管理的垂直领导体制。

（一）海关的管理体制

海关作为国家的进出境监督管理机关，为了履行其进出境监督管理职能，提高管理效率、维持正常的管理秩序，必须建立完善的管理体制。

《海关法》规定“国务院设立海关总署，统一管理全国海关”“海关依法独立行使职权，向海关总署负责”，确定了海关总署作为国务院直属机构的地位，进一步明确了海关机构的隶属关系，将海关集中统一的垂直领导体制以法律的形式予以确立。海关集中统一的垂直领导体制既适应了国家改革开放、社会主义现代化建设的需要，也适应了海关自身建设与发展的需要，有力地保证了海关各项监督管理职能的实施。

《海关法》以法律形式明确了海关的设关原则“国家在对外开放的口岸和海关监管业务集中的地点设立海关。海关的隶属关系，不受行政区划的限制”。“对外开放的口岸”是指由国务院批准，允许运输工具及所载人员、货物、物品直接出入关境的港口机场、车站，以及允许运输工具、人员、货物、物品出入关境的边境通道。国家规定，在对外开放的口岸必须设置海关。“海关监管业务集中的地点”是指虽非国务院批准对外开放的口岸，但是海关某类或者某几类监管业务比较集中的地方，如转关运输监管保税加工监管等。这一设关原则为海关管理从口岸向内地，进而向全关境的转化奠定了基础，同时也为海关业务制度的发展预留了空间。“海关的隶属关系，不受行政区划的限制”，表明了海关管理体制与一般性的行政管理体制的区域划分无必然联系，如果海关监督管理需要，国家可以在现有的行政区划之外考虑和安排海关的上下级关系和海关的相互关系。

（二）海关的组织机构

海关机构的设置为海关总署、直属海关和隶属海关三级。隶属海关由直属海关领导，向直属海关负责；直属海关由海关总署领导，向海关总署负责。另外还须包括海关总署特设机构——海关缉私警察机构。

1．海关总署

海关总署是国务院的直属机构，在国务院领导下统一管理全国海关机构、人员编制、经费物资和各项海关业务，是海关系统的最高领导部门。海关总署下设广东分署，在上海和天津设立特派员办事处，作为其派出机构。海关总署的基本任务是在国务院领导下，领导和组织全国海关正确贯彻实施《海关法》和国家的有关政策、行政法规，积极发挥依法行政、为国把关的职能，服务、促进和保护社会主义现代化建设。

2．直属海关

直属海关是指直接由海关总署领导，负责管理一定区域范围内海关业务的海关。直属海关就本关区内的海关事务独立行使职权，向海关总署负责。直属海关承担着在关区内组织开展海关各项业务和关区集中审单作业，全面有效地贯彻执行海关各项政策法律、法规、管理制度和作业规范的重要职责，在海关三级业务职能管理中发挥着承上启下的作用。

3．隶属海关

隶属海关是指由直属海关领导，负责办理具体海关业务的海关，是海关进出境监督管理职能的基本执行单位。隶属海关按功能定位和职责分工，划分为口岸型、属地型、综合型三大类。

口岸型海关是处在沿海、沿边出入境的港口、车站、国界孔道，或国际机场、国际邮件互换局（交换站）、国际多式联运监管点上的海关，主要负责"一次申报、分步处置"第一步处置的执行反馈，具体职责为口岸通关职责，包括运输工具检查、货物查验和物品监管、现场验估（通关）、海关监管作业场所规范管理、口岸应急事务处理等。

属地型海关是管辖除口岸型海关管辖范围以外区域的隶属海关，主要负责"一次申报、分步处置"第二步处置的执行反馈，具体职责包括稽查、核查、企业管理、现场验估、减免税审核等，执行报关单修撤、退补税、验估、稽查、核查等指令，并进行指令后续处置。

综合型海关是兼有口岸型海关和属地型海关业务的海关，管辖区域包含口岸型海关和属地型海关的管辖区域。

| 课堂实训 |

请登录海关总署官网，查询隶属海关信息，确认你的家乡所在地属于哪个隶属海关管辖。

4．海关缉私警察机构

为了更好地适应反走私斗争新形势的要求，充分发挥海关打击走私的整体效能，根据党中央、国务院的决定，由海关总署、公安部联合组建缉私局，设在海关总署。

三、全国海关通关一体化改革

海关总署公告2017年第25号《关于推进全国海关通关一体化改革的公告》确定了全国海关采用"通关一体化"管理模式，企业可以选择任一海关完成报关、缴税等海关手续。在全国口岸所有运输方式进出口的《进出口税则》全部章节商品都适用全国海关通关一体化模式。

全国通关
一体化改革

（一）海关通关一体化的管理要点

通关一体化改革的主要标志是启用“两中心”、实施“三制度”，即设立海关风险防控中心和税收征管中心，实施“一次申报、分步处置”，改革税收征管方式，通过隶属海关功能化改造推动实现协同监管。

1．海关风险防控中心

海关总署在上海、青岛、广州黄埔设立了三个一级风险防控中心，分别负责空运、水运、陆运等不同运输方式下海关的风险防控管理工作。海关风险防控中心主要承担货物的安全准入风险防控工作；负责供应链企业的风险评估；负责报关单安全准入风险参数设置及后续处置。海关总署还在各直属海关设立二级风险防控中心。二级风险防控中心分别负责全域性和本关区安全准入风险防控，形成错位分工、协同叠加的工作格局。

2．税收征管中心

税收征管中心设立了三个，包括海关总署税收征管中心（上海）、海关总署税收征管中心（广州）、海关总署税收征管中心（京津）。税管中心（上海）负责机电大类（机电、仪器、仪表、交通工具类）商品，税管中心（广州）负责化工大类（化工原料、高分子、能源、矿产、金属类等）商品，税管中心（京津）负责农林、食品、药品、轻工、杂项、纺织类及航空器等商品。

税收征管中心的主要职责是按照商品和行业分工，对涉税申报要素的准确性进行验证和处置，重点防控涉及归类、价格、原产地等税收征管要素的税收风险。如图1-5所示为海关总署税收征管中心分工图。

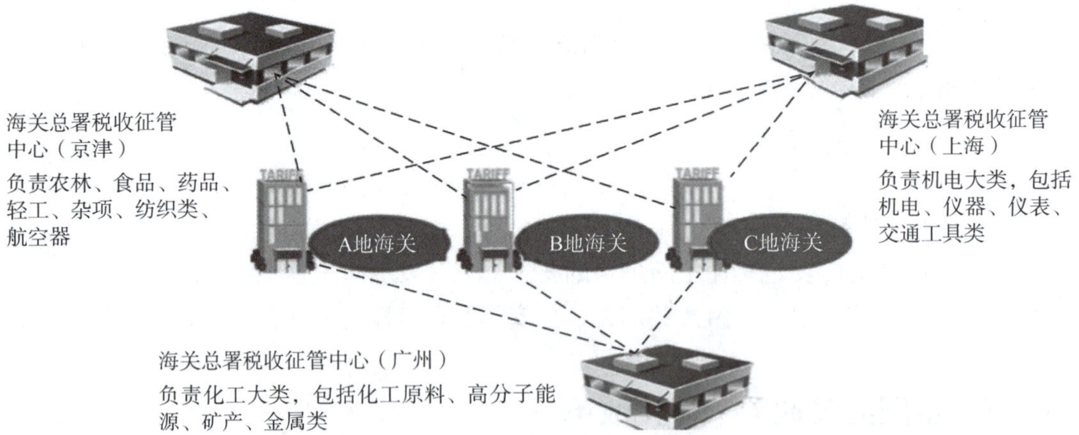

图1-5 海关总署税收征管中心分工图

3．一次申报、分步处置

海关原来的通关流程是接受申报、审单、查验、征税、放行的“串联式”作业流程。全国海关通关一体化改革后，采用“一次申报、分步处置”的新型通关管理模式，在企业完成报关和税款自报自缴手续后，安全准入风险主要在口岸通关现场处置，税收征管要素风险主要在货物放行后处置。如图1-6所示为“一次申报、分步处置”操作流程图。

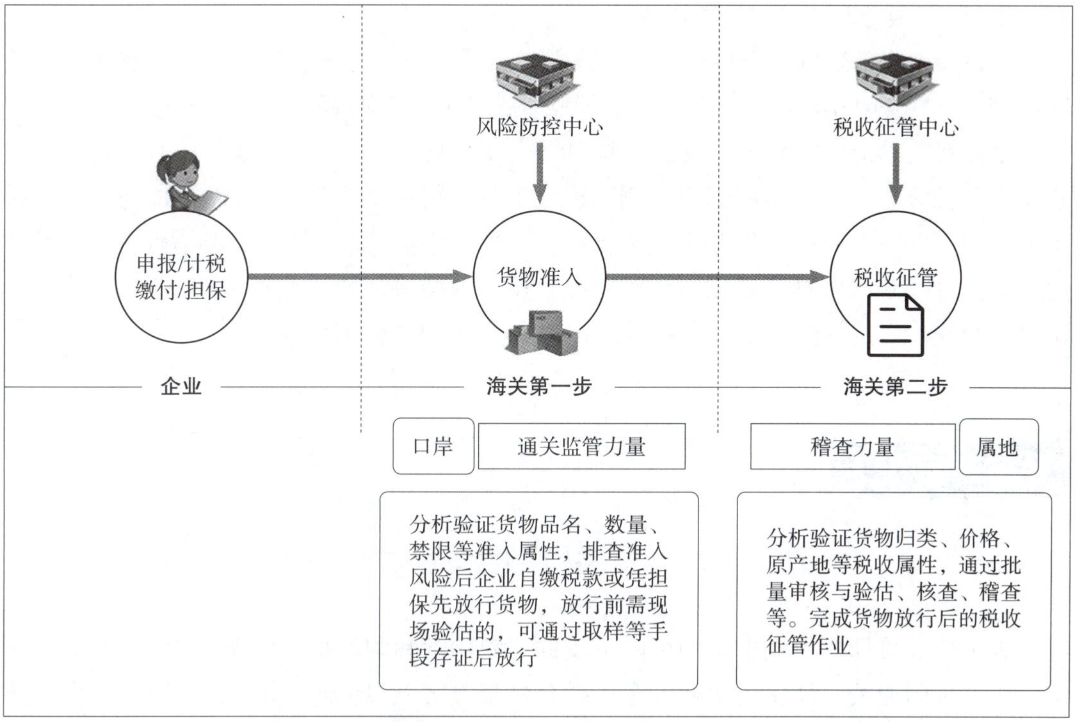

图1-6 “一次申报、分步处置”操作流程图

企业只需申报一次完成税收自报自缴，海关进行分步处置，第一步处置是由风险防控中心对货物安全准入、合法进出口等要素进行甄别，少数高风险的报关单在通关过程中审核单证或查验，大多数报关单在企业自报自缴后放行，第二步处置是放行后海关税收征管中心再进行批量审核，完成验估、核查、稽查等工作，即改革后海关不在通关环节逐票确定税收征管要素，而改为采用货物放行后批量审核或稽（核）查等抽查方式。

4．税收征管方式改革

税收征管方式的主要改革是实行“自主申报、自行缴税”（以下简称“自报自缴”）。税收征管要素由“审定制”转为“受理制”，即海关审查确定企业申报税收要素（审价、归类、计征税收）、核定企业应缴税款，转为企业自行申报税收要素、自行计算并缴纳税款，海关实行批量审核和税收稽查方式，监督税收入库。

目前，企业可在办理海关预录入时自行选择是否“自报自缴”。

企业未选择“自报自缴”模式的，进口货物仍按原有税收征管模式办理，海关接受企业申报后审核涉税要素，组织验估、查验等作业，企业按海关审核的税费缴纳后，海关放行货物。

企业选择“自报自缴”模式的，企业在报关单申报系统对系统显示的税费计算结果进行确认，发送报关单并被海关接受后就可自行办理相关税费缴纳手续。货物放行后，海关根据风险分析对企业申报的价格、归类、原产地等税收征管要素进行抽查审核。

5．监管服务改革，实施协同监管

由以关区为区块的监管模式（直属海关，各关区自成体系，所有通关业务在一个关区内完成），转变为不同功能型海关协同监管，按照业务布局和监管链条中的不同位置推动隶属海关功能定位和机构设置的差别化：口岸型海关主要负责运输工具检查、货物查验和验估、海关监管场所管理（侧重运输工具、货物、物品、监管场所等监管），属地型海关主要负责属地企业管理、稽查、加工贸易保税监管（侧重企业稽查、信用管理等后续监管和合规管理，强化后续监管和合规管理结果在通关监管中的基础性作用）。同时，企业可以选择任一地点进行报关，消除了申报的关区限制。

关务观察

关检融合

为了认真贯彻执行党中央国务院下发的《深化党和国家机构改革方案》，海关总署制定了《全国通关一体化关检业务全面融合框架方案》，明确了海关、原国检申报系统及数据合并整合，目标做到五个统一：申报统一、系统统一、风控统一、指令下达统一、现场执法统一，并于2018年8月1日实施，实现报关和报检的融合。

关检融合的总体思路是“两变两不变”。“两变”指：一是执法内容拓宽，海关将检验检疫作业融入全国通关一体化整体框架和流程，在“两中心”与现场作业各岗位、各环节整合检验检疫工作职责与内容，实现“整合申报”“查检合一”“多查合一”；二是管理手段延伸，海关将管理进一步延伸至进出境商品的境外和境内生产加工、存放、使用单位管理等环节。“两不变”指：一是业务架构不变，保持全国通关一体化“中心—现场式”基本架构；二是作业流程不变，保持“一次申报、分步处置”的基本流程。

（二）通关一体化的优点

1．企业便利申报

企业可以自主选择申报的海关，消除了申报的关区限制，简化企业通关手续。

2．海关执法统一

在两个中心的处置下，全国通关的政策和规定在执行标准上更加一致，例如同一商品由同一税收征管中心进行价格、归类、原产地等要素的集约化处理。

案例阅读

通关一体化模式下进口报关

某企业在通关一体化模式下进口报关一批葡萄酒（属于《进出口税则》第22章的商品），为税管中心（京津）负责的商品，报关单在广州申报，由税管中心（京津）开展核查，需企业补充提交相关单证资料。税管中心（京津）下达验估指令至广州白云机场海关，广州白云机场海关接收指令后及时与企业进行联系，企业则需按照广州白云机场海关要求补充提供相关材料，提交至税管中心（京津）。

进出口申报，对于企业报关人员的要求是“诚信守法便利、专业通关顺利”，具体来说，企业要合法合规地进行申报，准确申报商品信息（含商品编码），才能顺利通关。在通关一体化模式下，海关监管更加高效、廉洁，杜绝“人情”“关系”通关。

3．通关效率大大提高

口岸通关环节弱化海关验核，企业自报自缴，通关手续前推（归类预裁定、预审价、原产地预确定）、后移（加大通关后报关单批量复核和海关稽查的力度），使企业节约通关时间和通关成本。

关务前沿

粤港澳大湾区通关一体化建设

2019年2月，中共中央和国务院出台《粤港澳大湾区发展规划纲要》，提出“到2035年基本实现高水平互联互通，各类资源要素高效便捷流动”。粤港澳大湾区是在两种制度、三个法域、三个关税区背景下的深化合作，亟待监管创新以推进人流、物流、资金流、信息流畅通。

从全球和国内贸易的实践来看，关检的互联互通是经贸融合的重要手段。粤港澳大湾区（涉及三种不同的海关治理制度）协调湾区内监管制度、创新边境合作模式的措施，具体包括：广东自由贸易试验区（广州南沙、深圳前海和珠海横琴三个片区）建设进一步提升贸易便利化水平和创新贸易综合监管模式，简化粤港澳货物通关安排，推动“一次查验、一次放行”通关查验模式改革，探索在横琴口岸建设粤澳口岸联合查验区，创新“一站式”查验模式等；内地与香港、澳门特区政府分别签署的《关于建立更紧密经贸关系的安排》(Closer Economic Partnership Arrangement，CEPA），建设完善“线上海关”、探索海关货物电子数据交换，进一步压缩货物整体通关时间，推动对除动植物和动植物产品以外的低风险货物的检验检疫结果互认、探索第三方检验检测认证结果采信商品和机构范围并给予快速通关待遇等；作为大湾区重点项目的港珠澳大桥投入使用之后，依据《海关总署与香港海关、澳门海关开展港珠澳大桥口岸合作互助项目备忘录》，对货物、物品、运输工具、人员在三个不同关税区之间快速流动构建了安全便利、优质高效的通关环境，建立了包括实施的“跨境一锁”快速通关模式、查验结果参考互认、小客车检查结果参考互认以及在货币、濒危动植物及其制品、知识产权等共同领域的查缉合作等机制。

未来，粤港澳大湾区的发展将为企业发展带来新的契机，同时粤港澳大通关也将为外贸企业、跨境电商企业提供新的发展动力。

四、进口货物“两步申报”改革

为贯彻落实国务院“放管服”改革要求，进一步优化营商环境、促进贸易便利化，海关总署决定全面推广进口货物“两步申报”改革试点（详见海关总署公告2019年第216号《关于全面推广“两步申报”改革的公告》）。

“两步申报”是指符合条件的进口货物向海关进行简化申报，符合准入要求的，快速提离码头，随后进行正常进口申报的通关制度。在这种模式下，企业无须一次性提交全部申报信息及单证，第一步凭提单概要申报即可提货（满足法律、监管手续需要），第二步在规定时间内完成完整申报。

具体而言，第一步概要申报，企业凭提单信息，提交满足口岸安全准入监管需要的必要信息进行概要申报，无须查验的货物即可提离，涉税货物需提供有效税款担保；第二步完整申报，企业自运输工具申报进境起14日内，补充提交满足税收征管、合格评定、海关统计等整体监管需要的全面信息及单证，办理缴纳税款等其他通关手续。

在现有通关模式下，企业在货物申报环节需要一次性完成105个项目的申报，实施“两步申报”改革，最少仅需输入9项就可以完成货物的概要申报。就海关监管而言，有效缓解了口岸海关监管部门的压力，将监管查验部分后移，大大提高口岸通关放行时效。

推广“两步申报”改革同时保留现有申报模式，企业可自行选择一种模式进行申报。

案例阅读

“两步申报”进口机电产品零部件

某公司进口灌装机用零部件一批，包括电气开关、硅胶胶水等货物，监管条件为法定检验、3C免办证明、两用物项和技术进口许可证，运费和保险费到付。

现行申报模式，企业需取得全部监管证件和单据，其中运费和保险费等需货物到港后才能确定，无法提前申报。采取“两步申报”，货物在运输途中，企业获得提单、进口许可证等信息后即可提前报关。第一步申报，企业只需录入提单号、商品编码、监管方式、监管证件号等概要信息，确认由提单号关联的相关信息，并提供税款担保。货物到港后如未抽中口岸查验，即可提离。企业在运输工具进境申报后14日内进行第二步完整申报，即在第一步申报信息基础上补全报关单的其他信息，提交运费和保险费证明、3C免办证明等，配合海关检验。

五、海关监管对象及其通关制度

海关依照海关法和其他有关法律、行政法规，对进出境运输工具、货物、物品进行监管，其中，进出境运输工具作为货物、人员及其携带物品的进出境载体，其报关主要是向海关直接交验符合国际商业运输惯例、能反映运输工具进出境合法性及其所承运货物、物品情况的合法证件清单和其他运输单证，例如进出境运输工具舱单（简称“舱单”），包括原始舱单、预配舱单、装（乘）载舱单，其报关手续较为简单，因此不作详细介绍。

进出境货物具有贸易属性，海关监管要求与管理制度较为复杂。进出境物品由于其非贸易性质，且一般限于自用、合理数量，其通关手续与货物通关相比较为简单。跨境电商商品根据不同交易性质，即具有货物或物品的不同属性，通关制度存在差异。

（一）货物通关制度

进出口企业根据进出境货物的经营目标及所具备的通关条件，选择某一适用的海关制度来办理进出境手续。各项海关制度在实体与程序管理上存在的差异，皆因关税征管政策的差别所致，而关税征管政策的制定又受货物在进出境活动中的经济或贸易的目的（经济用途）影响。货物进出境的经济用途及跨境流向直接影响了关税差别政策的制定及贸易管制制度的实施。在企业报关准备阶段的接单环节，为准确适用海关程序性管理制度及正确填报与海关税收征管、贸易管制相关的进出口报关单栏目，可采用下列方法先确认报关货物的进出境属性，然后以此为基础去对应税收征管的状态，选择确定报关货物适用的海关程序性管理制度。

1．确定进出境经济用途属性

在报关实践中若以经济用途作为确认货物进出境属性的标准，在获取与申报货物相关的信息后，大致可将进出境货物划分为以下四类。

（1）实际进出口货物。商品成交后由境外输入境内或由境内输往境外，其流转呈现单向状态，进口或出口后即投入消费使用，不再复出口或复进口的货物，即狭义的“进出口货物”。这类货物通常以一般贸易方式对外成交。

（2）临时进出口货物。这类货物有三种状态。

暂时进出口加工的货物（亦称保税加工货物），衡量此类货物的性质，可以按国际通行的实质性加工原则来确定，对外成交的方式主要有加工装配、进料加工和出料加工。

暂时进出口储存的货物，即因转口贸易、加工贸易备料及进口缓税的需要，进口后暂存于保税仓库或特殊区域，或在保税状态下展示、交易等，待按贸易经营需要复运出口或用于加工贸易或正式进口的货物，又称保税暂存货物或保税物流货物。

暂时进出口使用的货物即因贸易或科技文化交流的需要，暂时进口或暂时出口使用，并须按原状（允许正常损耗）复运出口或复运进口的货物，又称暂准进出口货物。

（3）通过关境货物。通过关境货物即因地理位置或航线的原因，必须经过我国关境才能运达境外目的地的由甲国（地区）向乙国（地区）运送的货物，包括过境、转运、通运三种具体货物。这类货物，并非由我国经营单位对外成交，在通过我国关境时也不为商业目的储存或使用。

（4）特殊进出境货物。如溢卸、误卸、退运、无代价抵偿及服务贸易项下进出境的货物等，在这类货物中，一些货物在进出境时会按其最终的经济或贸易的目的（经济用途），重新归属上述与实际进出口或临时进出口货物相关的类别。

2. 确定税费适用状态

目前我国海关对进出境货物的征税状态，大致包括以下几种，分别适用于前述按进出境经济用途分类的不同性质的货物。

（1）法定征税或免税。适用于不享受特定减免税优惠的进口或出口货物；法定免税货物（例如关税税额在人民币50元以下免征）。

（2）特定减免税。适用于国务院特别规定可享受减免税的进口货物，即特定地区、特定企业、特定用途的货物。

（3）暂予免税（亦称暂缓办理纳税手续）。适用于暂时进出口加工、储存或使用的货物。

（4）不予征税。适用于通过我国关境的货物。

3. 确定通关合规要素

在进出口货物申报前，正确、合理地选择本批货物适用的海关程序性管理制度，有助于进出口企业实现既定的贸易经营目标，有助于提前筹划获取国家的进出口贸易许可和商品检验检疫的合格评定，核算应缴进出口税费，并为准确填报报关单监管方式、征免性质、征免（方式）栏等涉及海关管理程序与管理方式的关键栏目提供依据。

选择货物适用的海关程序性管理制度后，可以按下列顺序进行税、证的申报准备和报关单相关栏目的填报。

第一步：核实确认拟申报货物适用的海关程序性管理制度。

（1）确认货物的属性。

（2）以货物属性确认税收征管状况。

（3）依据税收征管状况确认适用的海关程序性管理制度。

（4）确定监管方式、征免（方式）、备案号等报关单栏目的填制内容。

第二步：核实确认拟申报货物的商品编码。

（1）核实确认货物的报验状态。

（2）确认待申报货物的商品编码。
（3）确定与商品申报要素有关的报关单栏目的填制内容。
第三步：核实确认拟申报货物贸易的管制状况。
（1）按商品编码确定进出口货物是否涉及监管证件管理。
（2）按监管方式确定进出口货物是否涉及监管证件管理。
（3）按货物起运或运抵国家（地区）确定进出口货物是否涉及监管证件。
（4）确定与贸易管制有关的报关单栏目的填制内容。
第四步：核实确认拟申报货物的价格。
（1）核定成交价格。
（2）核定完税价格中应当包含或扣除的费用。
（3）有疑问时要求委托报关人提供相关资料或价格证明。
（4）必要时依次使用估价方法核定申报价格。
（5）确定与商品价格有关的报关单栏目的填报内容。

（二）物品通关制度

个人携带进出境的行李物品、邮寄进出境的物品，应当以自用、合理数量为限，并接受海关监管。进出境物品的所有人应当向海关如实申报，并接受海关查验。进出境邮袋的装卸、转运和过境，应当接受海关监管。邮政企业应当向海关递交邮件路单。邮政企业应当将开拆及封发国际邮袋的时间事先通知海关，海关应当按时派员到场监管查验。邮运进出境的物品，经海关查验放行后，有关经营单位方可投递或者交付。

经海关登记准予暂时免税进境或者暂时免税出境的物品，应当由本人复带出境或者复带进境。过境人员未经海关批准，不得将其所带物品留在境内。

进出境物品所有人声明放弃的物品、在海关规定期限内未办理海关手续或者无人认领的物品，以及无法投递又无法退回的进境邮递物品，由海关提取依法变卖处理，所得价款在扣除运输、装卸、储存等费用和税款后，尚有余款的，自货物依法变卖之日起一年内，经收货人申请，予以发还；其中属于国家对进口有限制性规定，应当提交许可证件而不能提供的，不予发还。逾期无人申请或者不予发还的，上缴国库。如表1-5所示为进出境货物通关与进出境物品通关的比较。

表1-5 进出境货物通关与进出境物品通关的比较

项目	进出境货物	进出境物品
监管的重点	关税及进口环节代征税（税收政策）、进出口许可证（贸易管制）	以“自用、合理数量”认定物品、征收“行李和邮递物品进口税”
监管的适用依据	税率适用《进出口税则》，完税价格通常以成交价格为基础	《中华人民共和国进境物品归类表》《中华人民共和国进境物品完税价格表》

续表

项目	进出境货物	进出境物品
申报程序及单证	报关程序复杂，通常涉证、涉税、涉检（商品检验、动植物检疫、卫生检疫、食品安全监督检验）；单证主要包括进出口货物报关单、提交通关单证（基本单证、贸管单证、运输单证）	报关资料较为简单、程序简化；除少数物品外，通常不涉证、不涉检；由邮政或快递企业代为办理申报手续，并提交相关申报单据

（三）跨境电商通关制度

跨境电商通关制度主要包括跨境电商零售通关制度和跨境电商B2B出口通关制度。跨境电商零售海关监管模式包括一般出口、直购进口、网购保税进口、特殊区域出口四种模式。跨境电商B2B出口通关包括“跨境电商B2B直接出口”和“跨境电商出口海外仓”两种模式。

1．跨境电商零售通关制度

（1）跨境电商零售海关监管模式。我国政府近年来围绕跨境电商零售进出口业务进行贸易政策及监管制度进行了一系列改革与创新。海关总署增列的三种监管方式，即电子商务（海关监管方式代码“9610”）、保税电商（通常称为网购保税进口，海关监管方式代码“1210”）、保税电商A（通常称为网购保税进口A，海关监管方式代码“1239”），适用的监管对象均为跨境电商零售商品，其中“9610”“1210”适用于进口和出口两个流向、“1239”仅适用于进口流向。随着跨境电商零售进口试点城市（地区）范围扩大，网购保税1210模式的监管政策更为宽松、便利，网购保税1239模式将逐渐退出历史舞台。因此，本教材所称“网购保税进口”仅指网购保税1210模式。

关务观察

“网购保税进口”与“网购保税进口 A”

《关于跨境电子商务零售进出口商品有关监管事宜的公告》海关总署公告〔2018〕194号规定，对跨境电商直购进口商品及适用“网购保税进口”（海关监管方式代码1210）进口政策的商品，按照个人自用进境物品监管，不执行有关商品首次进口许可批件、注册或备案要求，但对相关部门明令暂停进口的疫区商品和对出现重大质量安全风险的商品启动风险应急处置时除外。

海关监管方式“1210”适用于试点城市（及区域）。《关于扩大跨境电商零售进口试点、严格落实监管要求的通知》商财发〔2021〕39号提出将跨境电商零售进口试点扩大至所有自贸试验区、跨境电子商务综合试验区、综合保税区、进口贸易促进创新示范区、保税物流中心（B型）所在城市（及区域），即海关监管方式“1210”适用于以上城市（及区域）。

海关监管方式“1239”适用于非试点城市（及区域）。适用“网购保税进口A”（海关监管方式代码1239）进口政策的商品，按《跨境电子商务零售进口商品清单》尾注中的监管要求执行，即依法需要执行首次进口许可批件、注册或备案要求的化妆品、婴幼儿配方奶粉、药品、医疗器械、特殊食品（包括保健食品、特殊医学用途配方食品等）等，按照国家相关法律法规的规定执行。

跨境电商零售海关监管模式包括一般出口、直购进口、网购保税进口、特殊区域出口四种模式，其中“一般出口”的“一般”是区别于“特殊区域”（海关特殊监管区域或保税监管场所）而言，仍然属于跨境电商零售的监管方式，不同于“一般贸易”（代码“0110”）。

①“一般出口”（代码“9610”）海关监管模式。符合条件的电子商务企业或平台与海关联网，境外个人跨境网购后，电子商务企业或平台将电子订单、支付凭证、电子运单等传输给海关，电子商务企业或其代理人向海关提交申报清单，商品以邮件、快件方式运送出境。跨境电商综合试验区海关采用“简化申报，清单核放，汇总统计”方式通关，其他海关采用“清单核放，汇总申报”方式通关。

②“直购进口”（代码“9610”）海关监管模式。符合条件的电子商务企业或平台与海关联网，境内个人跨境网购后，电子商务企业或平台将电子订单、支付凭证、电子运单等传输给海关，电子商务企业或其代理人向海关提交清单，商品以邮件、快件方式运送，通过海关邮件、快件监管场所入境，按照跨境电商零售进口商品征收税款。

③“特殊区域出口”（代码“1210”）海关监管模式。符合条件的电子商务企业或平台与海关联网，电子商务企业把整批商品按一般贸易报关进入海关特殊监管区域或保税物流中心（B型）内（以下简称“区内”），企业实现退税；在特殊监管区域包裹零售出口模式下，对于已入区退税的商品，根据境外网购订单情况进行出区申报，海关凭申报清单核放。

④“网购保税进口”（代码“1210/1239”）海关监管模式。符合条件的电子商务企业或平台与海关联网，电子商务企业将整批商品运入区内，并向海关报关，海关实施账册管理。境内个人网购区内商品后，电子商务企业或平台将电子订单、支付凭证、电子运单等传输给海关，电子商务企业或其代理人向海关提交清单，海关按照跨境电商零售进口商品征收税款，验放后账册自动核销。网购保税1210模式不同于1239模式，按照个人自用进境物品监管，不执行有关商品首次进口许可批件、注册或备案要求。

除了以上四种模式外，零售进出口商品也可以采用个人物品清关模式（亦称为“行邮模式”，主要包括国际快递和邮政小包两种物流渠道进出境），在此模式下，按照个人物品进行监管，进境商品征收“行李和邮递物品进口税”（以下简称“行邮税”）。

（2）跨境电商零售进口监管要点。按个人自用进境物品监管。经国务院常务会议审议通过，商务部、发展改革委、财政部、海关总署、税务总局、市场监管总局于2018年11月28日联合印发了《关于完善跨境电子商务零售进口监管有关工作的通知》，核心内容为明确跨境电商零售进口商品监管的总体原则。跨境电商零售进口不同于一般贸易，主要是满足国内居民品质化多元化消费需求，必须是直接面对消费者且仅限于个人自用（遵循的原则为合理自用，不能进行二次销售）。对于符合条件的跨境电商零售进口商品按个人自用进境物品监管，不执行首次进口许可批件、注册或备案要求。

正面清单与负面清单管理。跨境电商零售进口商品实施正面清单管理，非清单内商品不得以跨境电商零售进口方式入境销售。负面清单管理，主要是由于检验检疫禁止进境，国家禁止经营的商品范围。

跨境电商零售进口税收政策。限值以内进口的跨境电商零售进口商品，关税税率设为0；进口环节增值税、消费税，按法定应纳税额的70%征收（业内称为“跨境电商综合税”）。

跨境电商零售进口通关模式与行邮模式进口监管区别，如表1-6所示。

表1-6　跨境电商零售进口通关模式与行邮模式进口监管区别

通关模式	监管措施	限额	征收税费	申报单据
跨境电商零售进口（9610/1210/1239）	正面清单 负面清单	·单笔5000元人民币 ·年度26000元人民币	跨境电商综合税不设免征额	支付单、物流单、订单、申报清单
行邮渠道（快件/邮递）	物品监管 负面清单	·单笔800元人民币（港澳台地区） ·单笔1000元人民币（其他国家和地区） ·年度无限额	行邮税，50元人民币及以下免征	进境快件申报单或进境个人邮递物品申报单

（3）跨境电商零售出口退税执行“免征不退”政策。2018年9月28日，财政部、国家税务总局、商务部、海关总署联合发布《关于跨境电子商务综合试验区零售出口货物税收政策的通知》（财税〔2018〕103号），跨境电子商务综合试验区（以下简称“综合试验区”）内的跨境电商零售出口企业出口未取得有效进货凭证且不属于财政部和税务总局根据国务院决定明确取消出口退（免）税货物的，如果电商企业注册在综试区并在平台登记相关信息，则该货物在通过综试区所在地海关办理申报手续时，试行增值税、消费税免税政策。

2．跨境电商B2B出口通关制度

截至2025年4月，国务院设立综合试验区共计8个批次，着力在跨境电商出口，尤其是跨境电商企业对企业（B2B）方式相关环节的技术标准、业务流程、监管模式和信息化建设等方面探索制度创新。如表1-7所示为综合试验区一览表。

表1-7 综合试验区一览表

批次	综合试验区名称	相关文件
第一批	中国（杭州）跨境电子商务综合试验区	《国务院关于同意设立中国（杭州）跨境电子商务综合试验区的批复》国函〔2015〕44号
第二批	天津市、上海市、重庆市、合肥市、郑州市、广州市、成都市、大连市、宁波市、青岛市、深圳市、苏州市跨境电子商务综合试验区	《国务院关于同意在天津等12个城市设立跨境电子商务综合试验区的批复》国函〔2016〕17号
第三批	北京市、呼和浩特市、沈阳市、长春市、哈尔滨市、南京市、南昌市、武汉市、长沙市、南宁市、海口市、贵阳市、昆明市、西安市、兰州市、厦门市、唐山市、无锡市、威海市、珠海市、东莞市、义乌市	《国务院关于同意在北京等22个城市设立跨境电子商务综合试验区的批复》国函〔2018〕93号
第四批	石家庄市、太原市、赤峰市、抚顺市、珲春市、绥芬河市、徐州市、南通市、温州市、绍兴市、芜湖市、福州市、泉州市、赣州市、济南市、烟台市、洛阳市、黄石市、岳阳市、汕头市、佛山市、泸州市、海东市、银川市跨境电子商务综合试验区	《国务院关于同意在石家庄等24个城市设立跨境电子商务综合试验区的批复》国函〔2019〕137号
第五批	雄安新区、大同市、满洲里市、营口市、盘锦市、吉林市、黑河市、常州市、连云港市、淮安市、盐城市、宿迁市、湖州市、嘉兴市、衢州市、台州市、丽水市、安庆市、漳州市、莆田市、龙岩市、九江市、东营市、潍坊市、临沂市、南阳市、宜昌市、湘潭市、郴州市、梅州市、惠州市、中山市、江门市、湛江市、茂名市、肇庆市、崇左市、三亚市、德阳市、绵阳市、遵义市、德宏傣族景颇族自治州、延安市、天水市、西宁市、乌鲁木齐市跨境电子商务综合试验区	《国务院关于同意在雄安新区等46个城市和地区设立跨境电子商务综合试验区的批复》国函〔2020〕47号
第六批	鄂尔多斯市、扬州市、镇江市、泰州市、金华市、舟山市、马鞍山市、宣城市、景德镇市、上饶市、淄博市、日照市、襄阳市、韶关市、汕尾市、河源市、阳江市、清远市、潮州市、揭阳市、云浮市、南充市、眉山市、红河哈尼族彝族自治州、宝鸡市、喀什地区、阿拉山口市跨境电子商务综合试验区	《国务院关于同意在鄂尔多斯等27个城市和地区设立跨境电子商务综合试验区的批复》国函〔2022〕8号
第七批	廊坊市、沧州市、运城市、包头市、鞍山市、延吉市、同江市、蚌埠市、南平市、宁德市、萍乡市、新余市、宜春市、吉安市、枣庄市、济宁市、泰安市、德州市、聊城市、滨州市、菏泽市、焦作市、许昌市、衡阳市、株洲市、柳州市、贺州市、宜宾市、达州市、铜仁市、大理白族自治州、拉萨市、伊犁哈萨克自治州跨境电子商务综合试验区	《国务院关于同意在廊坊等33个城市和地区设立跨境电子商务综合试验区的批复》国函〔2022〕126号
第八批	海南全岛和秦皇岛市、保定市、二连浩特市、丹东市、滁州市、三明市、开封市、新乡市、鄂州市、邵阳市、梧州市、北海市、防城港市、广安市、博尔塔拉蒙古自治州跨境电子商务综合试验区，撤销在海口市、三亚市、阿拉山口市设立的跨境电子商务综合试验区	《国务院关于同意在海南全岛和秦皇岛等15个城市（地区）设立跨境电子商务综合试验区的批复》国函〔2025〕40号

（1）“跨境电商B2B直接出口”“跨境电商出口海外仓”模式。《关于开展跨境电子商务企业对企业出口监管试点的公告》（海关总署公告2020年第75号）规定，“跨境电商B2B出口”是指境内企业通过跨境物流将货物运送至境外企业或海外仓，并通过跨境电商平台完成交易的贸易形式。

跨境电商B2B出口分为两种形态：跨境电子商务企业对企业直接出口，简称“跨境电商B2B直接出口”，海关监管方式代码为“9710”，适用于跨境电商B2B直接出口的货物；跨境电子商务出口海外仓，简称“跨境电商出口海外仓”，海关监管方式代码为“9810”，适用于跨境电商出口海外仓的货物。

跨境电商企业或其委托的代理报关企业、境内跨境电商平台企业、物流企业应当通过国际贸易“单一窗口”或“互联网+海关”向海关提交申报数据、传输电子信息，并对数据真实性承担相应法律责任。跨境电商B2B出口货物应当符合检验检疫的相关规定。跨境电商B2B出口货物适用全国通关一体化，也可采用“跨境电商”模式进行转关。如表1-8所示为出口通关监管区别。

表1-8 出口通关监管区别

项目	跨境电商B2B出口（9710、9810）	一般贸易出口（0110）	跨境电商零售出口（9610）
随附单证	9710报关单申报：订单、订舱单（订单大于5000元人民币）	合同、发票、提单、装箱单、报关委托书等	订单、物流单、支付单、申报清单
	9710清单申报：订单、订舱单、物流单（订单在5000元人民币以内）		
	9810报关单申报：海外仓订仓单（订单大于5000元人民币）		
	9810清单申报：订仓单、物流单（订单在5000元人民币以内）、报关委托书（第一次提供即可）	合同、发票、提单、装箱单、报关委托书等	订单、物流单、支付单、申报清单
通关系统	H2018系统通关；单票在5000元以内且不涉证、不涉税、不涉检的，可通过H2018系统或跨境电商出口统一版通关	H2018系统通关	跨境电商出口统一版通关
简化申报	在综试区所在地海关通过出口统一版申报，符合条件的清单，可申请按6位HS编码简化申报	—	在综试区所在地海关通过出口统一版申报，符合条件的清单，可申请按4位HS编码简化申报
物流	可适用转关或直接口岸出口，通过H2018申报的可适用全国通关一体化	直接口岸出口或全国通关一体化	可适用转关或直接口岸出口
查验	可优先安排查验	—	—

（2）“市场采购”模式。市场采购贸易方式（海关监管方式代码“1039”）是国务院大力推广的有效拓展外贸增长空间、联动国内国际两个市场的外贸新业态。经过逐年培育发展，目前，市场采购贸易试点共计6批次，39个市场集聚区覆盖东、中、西部21个省级行政区。“市场采购”模式出口通关，具有申报简便、通关速度快、允许多个主体收汇等优势，可以很好地满足小单化、小批量和多批次的外贸需求，解决小微企业和个体工商户难以通过一般贸易方式出口的难题。

知识巩固

一、判断题

1. 税收征管方式改革，税收征管要素由“审定制”转为“受理制”。（　　）
2. “两步申报”改革后，取消“一次申报、分步处置”通关模式。（　　）
3. 现行的通关流程是接受申报、审单、查验、征税、放行的“串联式”作业流程。（　　）
4. 电子商务（代码“9610”）、保税电商（代码“1210”）、保税电商A（代码“1239”）适用的监管对象均为跨境电商零售商品。（　　）
5. 个人携带进出境的行李物品、邮寄进出境的物品，应当以自用、合理数量为限，并接受海关监管。（　　）
6. 在我国，关境等于国境。（　　）

二、不定项选择题

1. 海关的基本任务除了监管、缉私、统计外，还包括（　　）。
   A．查验　　B．审单　　C．征税　　D．认证
2. 海关监管对象包括（　　）。
   A．进出境的运输工具
   B．进出境的货物
   C．进出境的行李物品
   D．进出境的邮递物品和其他物品
3. 全国海关作业一体化模式全面启动，进出口企业可进行申报的海关（　　）。
   A．仅限货物目的地海关或企业属地海关
   B．仅限企业属地海关或进出口岸海关
   C．可以是全国任一海关
   D．仅限进出口岸海关或货物目的地海关

4.（　　）负责进出口企业的稽（核）查、企业管理、现场验估（后续）、减免税审核等业务。

A．口岸型海关　B．属地型海关　C．综合性海关　D．直属海关

5．下列有关海关稽查期限的表述，正确的是（　　）。

A．对于从保税仓库提取，按一般进口报关的货物，稽查期限是自货物出仓放行之日起3年内

B．对于进料加工货物，稽查期限是监管期限及其后的3年内

C．对于保税区内企业进口自用设备，稽查期限是监管期限及其后的3年内

D．对于修理物品，稽查期限是自货物放行海关手续之日起3年内

6．“两步申报”模式适用货物类型包括（　　）。

A．进口货物　B．出口货物

C．海运转关货物　D．空运转关货物

7．实现“两步申报”的基本要素包括（　　）。

A．舱单已提前传输

B．监管证件已经办理且属于联网核查范围

C．已办好税款担保备案（高级认证企业可以申请免除担保）

D．涉及检验检疫的货物需确定商品6位编码

8．下列有关海关新增跨境电商监管模式说法正确的有（　　）。

A．“9610”方式出口为一般出口模式，产品采用“清单核放、汇总申报”的方式出境

B．“1210”方式出口为特殊区域出口，电商企业或电商平台把整批商品按一般贸易报关进入海关特殊监管区域或场所，企业实现退税

C．“9610”方式进口为网购保税进口模式

D．“1210”方式进口为直购进口模式

9．属地海关负责（　　）

A．物品监管　B．货物查验　C．现场验估　D．报关单修改

实训任务

绘制思维导图，总结跨境电商通关制度。

任务三 认识报关单位

任务导入

中国跨境电商业务蓬勃发展，八达进出口公司成立跨境电商事业部，考虑是设立专员负责通关和物流事务，还是委托专业报关行和货代公司负责。如果进行自理报关，需要完成什么手续？如果选择代理报关，如何选择信用好、专业水平高的报关行？

相关知识

一、报关与报关单位

（一）报关的概念

一般而言，报关是指进出境运输工具负责人、进出口货物收发货人、进出境物品的所有人或者其代理人，以及出入境人员向海关办理运输工具、货物、物品进出境手续及相关海关事务的过程。

报关是与运输工具、货物、物品进出境密切相关的一个概念。我国海关规定，进出境运输工具、货物、物品，必须通过设立海关的地点进境或者出境。因此，由设立海关的地点进出境，办理申报、纳税、检验、检疫、鉴定手续及其他规定的海关手续，以获准出入境或取得销售使用的合法凭证及某种公证证明是运输工具、货物、物品进出境的基本规则，也是进出境运输工具负责人、进出口货物收发货人、进出境物品的所有人应履行的一项基本义务。

需要说明的是，在进出境活动中，我们还经常使用“通关”这一概念。通关与报关既有联系又有区别。两者都是针对运输工具、货物、物品的进出境而言的，但报关是从海关行政管理相对人的角度，仅指向海关办理进出境手续及相关手续，而通关不仅包括海关行政管理相对人向海关办理有关手续，还包括海关对进出境运输工具、货物、物品依法进行监督管理，核准其进出境的管理过程。

（二）报关单位的概念

报关单位是指依法在海关备案的报关企业和进出口货物收发货人。除法律、行政法规或海关规章另有规定外，报关企业、进出口货物收发货人办理报关手续，必须依法经海关备案。因此，依法向海关备案是法人、其他组织或者个人成为报关单位的法定要求和前提条件。

（三）报关单位的类型

《海关法》将报关单位划分为报关企业和进出口货物收发货人两种类型。

1．报关企业

报关企业，是指依法经海关备案，接受进出口货物收发货人的委托，以进出口货物收发货人的名义或者以自己的名义，向海关办理代理报关业务，从事报关服务的中华人民共和国关境内的企业法人。报关企业应当向海关提交由委托人签署的授权委托书，遵守法律法规的各项规定。

目前，我国从事报关服务的报关企业主要有两类：一类是经营国际货物运输代理等业务，兼营进出口货物代理报关业务的国际货物运输代理公司等；另一类是主营代理报关业务的报关公司或报关行。

2．进出口货物收发货人

进出口货物收发货人，是指依法直接进口或者出口货物的中华人民共和国关境内的法人、其他组织或者个人。

一般而言，进出口货物收发货人是指依法办理工商登记或者其他执业手续，依照有关法律、行政法规的规定从事对外贸易经营活动的法人、其他组织或者个人的对外贸易经营者。

按照国家有关规定需要从事非贸易性进出口活动的单位，如境外企业、新闻、经贸机构、文化团体等依法在中国境内设立的常驻代表机构，少量货样进出境的单位，国家机关、学校、科研院所等组织机构，临时接受捐赠礼品、国际援助的单位等，在进出口货物时，海关也视其为进出口货物收发货人。

关务观察

商务部：取消对外贸易经营者备案登记

2022年12月30日，十三届全国人大常委会第三十八次会议经表决，通过了关于修改对外贸易法的决定，删去《中华人民共和国对外贸易法》第九条关于对外贸易经营者备案登记的规定。

根据决定，自2022年12月30日起，各地商务主管部门停止办理对外贸易经营者备案登记。对于申请进出口环节许可证、技术进出口合同登记证书、配额、国营贸易资格等相关证件和资格的市场主体，有关部门不再要求其提供对外贸易经营者备案登记材料。

商务部表示，这是外贸经营管理领域的重大改革举措，是中国政府坚定推进贸易自由化便利化的重要制度创新，将有利于进一步优化营商环境，释放外贸增长潜力，推进贸易高质量发展和高水平对外开放。

二、自理报关与代理报关

《海关法》对接受进出境物品所有人的委托，代为办理进出境物品报关手续的代理人没有特殊要求，但对于接受进出口货物收发货人的委托，代为办理进出境货物报关手续的代理人则有明确的规定。因此，我们通常所称的自理报关和代理报关主要是针对进出境货物的报关而言的。根据报关行为性质的不同，报关可分为自理报关和代理报关。

（一）自理报关

进出口货物收发货人自行办理报关业务称为自理报关。根据我国海关目前的规定，进出口货物收发货人必须依法向海关备案后方能自行办理报关业务。

（二）代理报关

代理报关是指接受进出口货物收发货人的委托，代理其办理报关业务的行为。如前所述，我国海关法律把有权接受他人委托办理报关业务的企业称为报关企业，通常包括报关公司和货代公司。根据代理报关法律行为责任承担者的不同，代理报关又分为直接代理报关和间接代理报关。直接代理报关是指报关企业接受委托人（即进出口货物收发货人）的委托，以委托人的名义办理报关业务的行为。间接代理报关是指报关企业接受委托人的委托以报关企业自身的名义向海关办理报关业务的行为。在直接代理中，代理人代理行为的法律后果直接作用于被代理人；而在间接代理中，报关企业接受进出口货物收发货人的委托，以自己的名义办理报关手续时，应当承担与收发货人相同的法律责任。目前，我国报关企业大多采取直接代理形式报关，经营快件业务的营运人等国际货物运输代理企业适用间接代理报关。自理报关与代理报关的区别，如表1-9所示。

表1-9 自理报关与代理报关的区别

<table>
<tr><th colspan="2">报关单位</th><th>报关类型</th><th colspan="3">行为属性与法律责任</th></tr>
<tr><td colspan="2">进出口货物收发货人</td><td>自理报关</td><td colspan="3">依法向海关备案后方能自行办理报关业务；进口货物的收货人、出口货物的发货人应当向海关如实申报，交验进出口许可证件和有关单证</td></tr>
<tr><td rowspan="3">报关企业</td><td rowspan="2">报关公司</td><td rowspan="3">代理报关</td><td>代理方式</td><td>行为属性</td><td>法律责任</td></tr>
<tr><td>直接代理</td><td>委托代理行为，以委托人“名义”</td><td>法律后果直接作用于委托人；报关企业亦应承担相应的法律责任</td></tr>
<tr><td>货代公司</td><td>间接代理</td><td>视同报关企业自己报关，以报关企业自己“名义”</td><td>法律后果直接作用于报关企业；由报关企业承担委托人自己报关时所应承担的相同的法律责任</td></tr>
</table>

三、报关单位备案

（一）备案管理规定

2021年11月19日，海关总署发布第253号令，公布了《中华人民共和国海关报关单位备案管理规定》(以下简称《备案管理规定》)，于2022年1月1日起施行。2018年5月29日海关总署令第240号《中华人民共和国海关报关单位注册登记管理规定》和《出入境检验检疫报检企业管理办法》同时废止。

1.《备案管理规定》出台背景

自2018年以来，国务院陆续发布“证照分离”改革多项措施，对商事制度改革、优化营商环境、降低市场主体制度性交易成本提出了更高要求。海关总署出台多项如全国通关一体化、取消报关人员资质、机构整合、报关报检资质合并等报关单位备案管理便利化措施。

2.《备案管理规定》主要修订内容

(1)修订规定名称，对报关单位全面实施备案管理。2021年4月，国务院取消了“报关企业注册登记”这一行政许可事项，并提请全国人大常委会对《海关法》作了相应修订，进出口货物收发货人、报关企业已由“注册登记管理”改为“备案管理”。《备案管理规定》依据修订的《海关法》出台。

(2)简化报关单位备案管理，体现“放管服”改革成果。明确了报关单位可以在中华人民共和国关境内办理报关业务。取消了对报关人员的备案要求。取消了双重身份企业的经济区域限制，报关单位在全国范围内可同时具有进出口货物收发货人和报关企业双重身份。除临时备案单位有效期1年外，报关单位备案均为长期有效。

(3)优化报关单位备案办理流程，提升政务服务效能。明确企业申请备案只需提交

《报关单位备案信息表》，不再需要企业现场提交纸质材料。报关企业备案法定办结时限由取消行政许可前的20个工作日压缩至3个工作日，进出口货物收发货人备案从没有法定办结时限要求缩减至3个工作日以内。

（4）明晰关企双方责任，强化事中事后监管。报关单位在办理备案、变更和注销时，应当对所提交材料的真实性、有效性负责并且承担法律责任。海关可以对报关单位备案情况进行监督和实地检查，依法查阅或者要求报关单位报送有关材料。报关单位应当配合，如实提供有关情况和材料。

（5）明确了罚则情形，采取“先责令改正，对拒不改正的处以罚款”的规定。报关单位有下列情形之一的，海关责令其改正，拒不改正的，海关可以处1万元以下罚款：报关单位名称、市场主体类型、住所（主要经营场所）、法定代表人（负责人）、报关人员等发生变更，未按照规定向海关办理变更的；向海关提交的备案信息隐瞒真实情况、弄虚作假的；拒不配合海关监督和实地检查的。

（二）备案流程

1．市场主体备案流程

（1）进出口货物收发货人、报关企业申请备案前，应当取得市场主体资格，即取得工商营业执照。符合条件的分支机构也可以申请报关单位备案。

（2）报关单位申请备案时，应当向海关提交《报关单位备案信息表》。

通过市场监管部门“多证合一”“注销便利化”等平台提出报关单位备案、备案信息变更、注销电子申请的，海关在收到电子申请后主动完成审核。

通过“卡介质”方式登录“互联网+海关”或者国际贸易“单一窗口”，为本单位向海关提交电子申请的，无须上传附件，可不提交纸质《报关单位备案信息表》，海关在收到电子申请后主动完成审核。

通过“账号登录”方式登录“互联网+海关”或者国际贸易“单一窗口”，向海关提交电子申请，并上传加盖单位公章的《报关单位备案信息表》扫描件或者照片的，可不再提交纸质《报关单位备案信息表》，海关在收到电子申请后主动完成审核。

通过其他方式向海关提出申请的，应向所在地海关提交加盖单位公章的《报关单位备案信息表》。

注：参与进出口业务的企业（含跨境电商企业）应当在“中国电子口岸”注册企业用户，获得电子口岸IC卡，才能以“卡介质”方式登录国际贸易“单一窗口”办理各项通关业务，即进出口收发货人自理报关或报关企业代理报关。

（3）经海关审核，备案材料齐全，符合报关单位备案要求的，海关应当在3个工作日内予以备案。备案信息应当通过“中国海关企业进出口信用信息公示平台”进行公布，如图1-7所示为中国海关企业进出口信用信息公示平台。

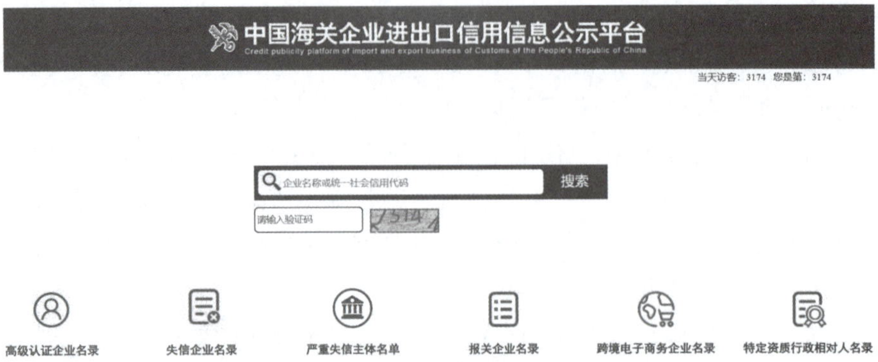

图1-7 中国海关企业进出口信用信息公示平台

（4）通过国际贸易“单一窗口”备案的企业，可自行打印《报关单位备案证明》，如图1-8所示。

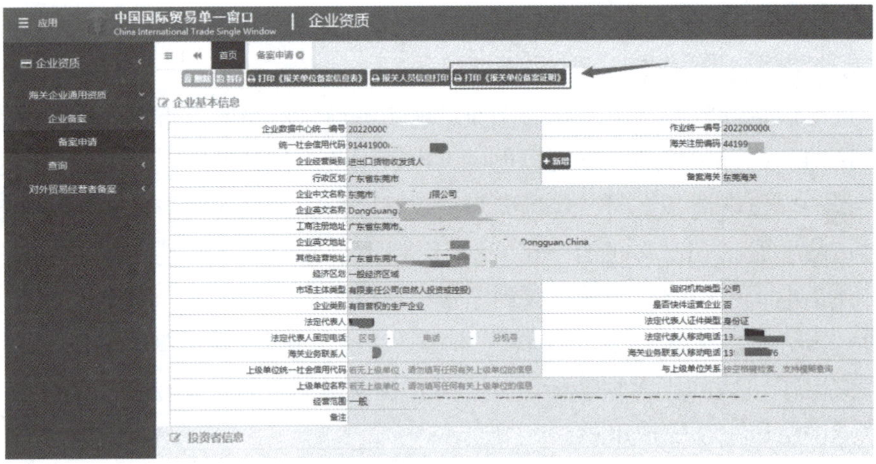

图1-8 报关单位备案证明

2. 非市场主体备案流程

按照国家有关规定需要从事非贸易性进出口活动的单位，应当办理临时备案。办理临时备案的，应当向所在地海关提交《报关单位备案信息表》，并随附主体资格证明材料、非贸易性进出口活动证明材料。

四、企业信用管理

为了推进社会信用体系建设，建立企业进出口信用管理制度，保障贸易安全与便利，根据《海关法》及其他有关法律、行政法规的规定，海关按照社会信用体系建设的总体要求，以“诚信守法便利，失信违法惩戒”为原则，根据企业经营管理、内控规范、守法守信等能够反映企业信用的客观情况，科学、公平、公正地明确了高级认证企业、失信企业的认定标准及管理措施。海关根据社会信用体系建设和国际合作需要，与国家有关部门及其他国家或者地区海关建立合作机制，推进信息互换、监管互认、执法互助。

（一）企业信用信息采集和公示

海关采集能够反映企业进出口信用状况的信息，建立企业信用信息管理系统，包括企业备案信息以及企业相关人员基本信息；企业进出口以及与进出口相关的经营信息；企业行政许可信息；企业及其相关人员行政处罚和刑事处罚信息；海关与国家有关部门实施联合激励和联合惩戒信息；AEO互认信息；其他反映企业信用状况的相关信息。

海关在保护国家秘密、商业秘密和个人隐私的前提下，公示企业信用信息如下：企业在海关备案信息；海关对企业信用状况的认证或者认定结果；海关对企业的行政许可信息；海关对企业的行政处罚信息；海关与国家有关部门实施联合激励和联合惩戒信息；其他依法应当公示的信息。

（二）信用管理办法

海关总署于2021年9月13日公布了《中华人民共和国海关注册登记和备案企业信用管理办法》（海关总署令第251号），自2021年11月1日起施行，2024年2月2日进行了部分修订。

1. 优化企业信用等级分类

按照海关总署确定的“简单管用”原则，将企业信用等级由四级优化为三级，保留“高级认证企业”和“失信企业”，分别实施便利或者严格的海关管理措施。对其他海关备案企业，统一实施常规的海关管理措施。办理同一海关业务涉及的企业信用等级不一致，导致适用的管理措施相抵触的，海关按照较低信用等级企业适用的管理措施实施管理，如图1-9所示为调整前后的企业信用等级分类。

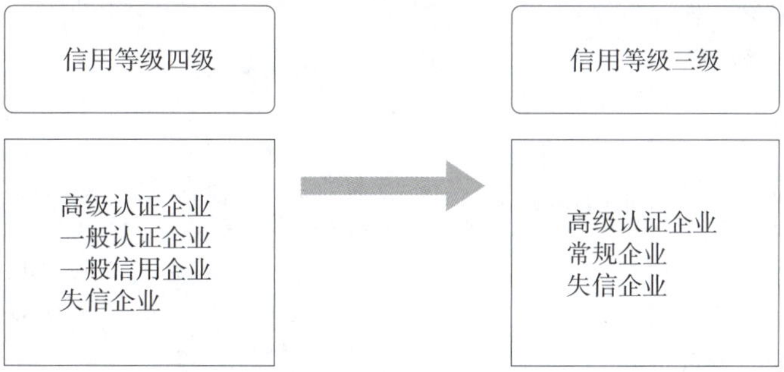

图1-9 调整前后的企业信用等级分类

2. 落实守信激励原则

进一步提升守法企业获得感，在保留原有高级认证企业便利措施基础上，进一步增加了降低出口货物原产地调查抽查比例、优先办理出口货物通关手续、优先向其他国家推荐食品等出口企业注册等便利措施；将高级认证企业复核期间由3年调整为5年，进一步降低企业负担。考虑到一般认证企业认证标准高、程序复杂，但企业实际享受便利措施少等突出问题，取消一般认证企业这一分类。同时明确信用培育机制，帮助支持符合条件的企业成为高级认证企业。

3．建立信用修复制度

落实国务院要求，依法依规实施失信惩戒，建立企业信用修复机制，根据失信行为社会危害性程度，明确失信企业修复标准及程序，鼓励失信企业通过合法渠道提升信用水平。

（三）AEO认定标准和程序

1．AEO认定标准

经认证的经营者（AEO），是指以任何一种方式参与货物国际流通，符合海关总署规定标准的企业。高级认证企业是中国海关AEO。

高级认证企业的认证标准分为通用标准和单项标准：通用标准包括内部控制、财务状况、守法规范以及贸易安全等内容；单项标准是海关针对不同企业类型和经营范围制定的认证标准。如表1-10所示为AEO认定标准变化一览表。

表1-10 AEO认定标准变化一览表

<table>
<tr><th>生效日期</th><th>公告文号</th><th>通用标准</th><th>单项标准</th><th>通过要求</th></tr>
<tr><td>2014年
12月1日
（已失效）</td><td>海关总署公告
2014年第82号</td><td>四大类25项</td><td>无</td><td>所有赋分项目均没有不达标（-2分）情形；
认证标准总分在95分（含本数）以上</td></tr>
<tr><td>2019年
1月1日
（已失效）</td><td>海关总署公告
2018年第177号</td><td rowspan="3">四大类31项</td><td>进出口货物收发货人
报关企业
外贸综合服务企业</td><td rowspan="3">所有赋分标准项均没有不达标（-2分）情形；
内部控制、贸易安全两类标准中没有单一标准项基本达标（1分）超过3项的情形；
认证标准总分在95分（含本数）以上</td></tr>
<tr><td>2020年
3月1日
（已失效）</td><td>海关总署公告
2019年第229号</td><td>跨境电子商务平台企业
进出境快件运营人</td></tr>
<tr><td>2021年
3月1日
（已失效）</td><td>海关总署公告
2020年第137号</td><td>水运物流运输企业
航空物流运输企业
公路物流运输企业</td></tr>
</table>

续表

生效日期	公告文号	通用标准	单项标准	通过要求
2021年11月1日（已失效）	海关总署公告2021年第88号	五大类32项（含加分项）	进出口货物收发货人 报关企业 外贸综合服务企业 跨境电子商务平台企业 进出境快件运营人 水运物流运输企业 公路物流运输企业 航空物流运输企业	所有赋分标准项均没有不达标（-2分）情形； 内部控制、贸易安全两类标准中没有单一标准项基本达标（1分）超过3项的情形； 认证标准总分在95分（含本数）以上
2022年10月28日（有效）	海关总署公告2022年第106号	四大类16项	加工贸易以及保税进出口业务 卫生检疫业务 动植物检疫业务 进出口食品业务 进出口商品检验业务 代理报关业务 快件运营业务 物流运输业务 跨境电子商务平台业务 外贸综合服务业务	所有认证结果选项均没有不达标情形； 通用标准基本达标不超过3项； 单项标准基本达标不超过3项

2．AEO认定程序

认定企业申请成为高级认证企业的，应当向海关提交书面申请，并按照海关要求提交相关资料。海关依据高级认证企业通用标准和相应的单项标准，对企业提交的申请和有关资料进行审查，并赴企业进行实地认证。

海关应当自收到申请及相关资料之日起90日内进行认证并作出决定。特殊情形下，海关的认证时限可以延长30日。

经认证，符合高级认证企业标准的企业，海关制发高级认证企业证书；不符合高级认证企业标准的企业，海关制发未通过认证决定书。

海关可以委托社会中介机构就高级认证企业认证、复核相关问题出具专业结论。企业委托社会中介机构就高级认证企业认证、复核相关问题出具的专业结论，可以作为海关认证、复核的参考依据。

（四）企业信用管理措施

1．高级认证企业适用管理措施

进出口货物平均查验率低于实施常规管理措施企业平均查验率的20%，法律、行政法规或者海关总署有特殊规定的除外；出口货物原产地调查平均抽查比例在企业平均抽查比例的20%以下，法律、行政法规或者海关总署有特殊规定的除外；优先办理进出口货物通关手续及相关业务手续；优先向其他国家（地区）推荐农产品、食品等出口企业的注册；可以向海关申请免除担保；减少对企业稽查、核查频次；可以在出口货物运抵海关监管区之前向海关申报；海关为企业设立协调员；AEO互认国家或者地区海关通关便利措施；国家有关部门实施的守信联合激励措施；因不可抗力中断国际贸易恢复后优先通关；海关总署规定的其他管理措施。

2．失信企业适用管理措施

进出口货物查验率80%以上；经营加工贸易业务的，全额提供担保；提高对企业稽查、核查频次；海关总署规定的其他管理措施。

注：所有海关备案企业均可适用汇总征税模式（"失信企业"除外）。在该模式下，汇总征税企业（进出口报关单上的收发货人）应于每月第5个工作日结束前，完成上月应纳税款的汇总电子支付。

知识巩固

一、判断题

1．根据海关总署公告2023年第170号，报关企业因非主观故意，造成的1年内违反海关监管规定被海关行政处罚的行为，不列入海关认定失信企业信用状况的记录。（　　）

2．放弃高级认证企业管理的，半年后可以重新提出高级认证企业认证申请。（　　）

3．我国海关对高级认证企业每两年重新认证一次。（　　）

4．失信企业进出口货物查验率80%以上。（　　）

5．高级认证企业进出口货物平均查验率低于常规管理措施企业平均查验率的20%。（　　）

二、不定项选择题

1．根据《中华人民共和国海关报关单位备案管理规定》，（　　）备案长期有效。

A．进出口收发货人　　B．报关企业

C．临时备案　　D．以上均错误

2．根据《中华人民共和国海关注册登记和备案企业信用管理办法》的规定，中国海关AEO为（　　）。

A．高级认证企业　　B．一般认证企业

C．一般信用企业　　D．失信企业

3. AEO高级认证企业在重新认证过程中申请放弃认证企业管理的，将被视为（　　）。

A．高级认证企业　　B．一般认证企业

C．失信企业　　D．未通过认证

4. 海关对高级认证企业和失信企业之外的其他企业实施（　　）的管理措施。

A．一般认证　　B．一般信用　　C．常规　　D．以上都对

5. 海关对某高级认证报关企业稽查中，发现该企业未按照规定保管进出口合同且逾期未按要求整改，海关可以（　　）。

A．对企业处2万元以上10万元以下的罚款

B．禁止其从事报关活动

C．对企业处1万元以上5万元以下的罚款

D．调整该企业的信用等级

6. 企业非法进口固体废物被海关行政处罚金额超过（　　）万元的。海关依照法律、行政法规等有关规定实施联合惩戒，将其列入严重失信主体名单。

A．100　　B．150　　C．200　　D．250

7. 联合惩戒的措施主要有（　　）。

A．纳入黑名单　　B．影响企业信用评定

C．加强审核、检查类措施　　D．限制性管理措施

8. A公司是一家在海关办理了报关单位备案手续的跨境电商公司，A公司可以采取的报关方式是（　　）

A．由A公司自己的报关员自理报关

B．委托国际货代公司代理报关

C．委托其他进出口公司代理报关

D．委托报关行代理报关

9. 办理报关单位临时备案登记的单位，在国际贸易“单一窗口”中自行打印相应的“报关单位备案证明”，有效期最长为（　　），有效期届满后应当重新办理临时备案登记手续。

A．1个月　　B．3个月　　C．6个月　　D．1年

10. 某汽车部件企业为高级认证企业，2022年申报报关单、进出境备案清单等总票数为9000票；海关稽核认定该企业2023年申报的100票货物，有商品编号申报不实的行为，共漏缴税120万元，最终科处罚款人民币73万元。

请就本案例回答下列相关问题：

（1）该企业为高级认证企业时，适用海关的管理措施有（　　）。

A．进出口货物平均查验率在常规管理措施企业平均查验率的20%以下

B．AEO互认国家或者地区海关通关便利措施

C．国家有关部门实施的守信联合激励措施

D．海关收取的担保金额可以低于其可能承担的税款总额

（2）处罚后海关对该企业信用等级管理为（　　）。

A．保持高级认证企业不变　　B．降为常规管理企业

C．降为失信企业　　D．降为一般信用企业

（3）处罚后该企业适用的管理措施为（　　）。

A．适用汇总征税

B．不适用汇总征税

C．海关为企业设立协调员

D．进出口货物平均查验率在80%以上

（4）该企业在未发生不符合海关认证企业标准的情况下，最快（　　）年后可以申请认证企业。

A．1　　B．2　　C．3　　D．4

实训任务

1．查询一家进出口企业基本信息，并填报《报关单位备案信息表》（详见附1）。

2．登录“中国海关企业进出口信用信息公示平台”查询一家你家乡的高级认证报关企业的基本情况，包括企业备案日期、海关备案编码、报关有效期、是否受过海关行政处罚等信息。公示平台网址http://credit.customs.gov.cn/。

附1　报关单位备案信息表

报关单位备案信息表

<table>
<tr><td colspan="2">统一社会信用代码</td><td colspan="4"></td><td colspan="3">填表/打印日期</td><td></td></tr>
<tr><td colspan="2">申请类型</td><td colspan="8">□备案　□备案信息变更　□注销</td></tr>
<tr><td colspan="2">申请报关单位类型</td><td colspan="8">□进出口货物收发货人　□报关企业　□临时备案单位
□进出口货物收发货人分支机构　□报关企业分支机构</td></tr>
<tr><td colspan="2">行政区划</td><td></td><td colspan="2">所在地海关</td><td></td><td colspan="3">统计经济区域</td><td></td></tr>
<tr><td colspan="2">中文名称</td><td colspan="8"></td></tr>
<tr><td colspan="2">英文名称</td><td colspan="8"></td></tr>
<tr><td colspan="2">住所
（主要经营场所）</td><td colspan="4"></td><td colspan="3">邮政编码</td><td></td></tr>
<tr><td colspan="2">英文地址</td><td colspan="8"></td></tr>
<tr><td colspan="2">组织机构类型</td><td></td><td colspan="2">市场主体类型</td><td></td><td colspan="3">行业种类</td><td></td></tr>
<tr><td colspan="2">联系人</td><td></td><td colspan="2">固定电话</td><td></td><td colspan="3">移动电话</td><td></td></tr>
<tr><td colspan="2">电子邮箱</td><td></td><td colspan="2">传真</td><td></td><td colspan="3">网址</td><td></td></tr>
<tr><td colspan="2">所属单位代码</td><td colspan="3"></td><td>所属单位名称</td><td colspan="4"></td></tr>
<tr><td colspan="2">经营范围</td><td colspan="8"></td></tr>
<tr><td colspan="10">管理人员信息</td></tr>
<tr><td colspan="2"></td><td>姓名</td><td>证件类型</td><td colspan="3">证件号码</td><td colspan="2">国籍</td><td>移动电话</td></tr>
<tr><td colspan="2">法定代表人
（负责人）</td><td></td><td></td><td colspan="3"></td><td colspan="2"></td><td></td></tr>
<tr><td colspan="2">财务负责人</td><td></td><td></td><td colspan="3"></td><td colspan="2"></td><td></td></tr>
<tr><td colspan="2">关务负责人</td><td></td><td></td><td colspan="3"></td><td colspan="2"></td><td></td></tr>
<tr><td colspan="10">出资者信息</td></tr>
<tr><td>序号</td><td colspan="3">出资者名称（姓名）</td><td colspan="2">国籍</td><td colspan="3">出资币制</td><td>出资金额</td></tr>
<tr><td>1</td><td colspan="3"></td><td colspan="2"></td><td colspan="3"></td><td></td></tr>
<tr><td>2</td><td colspan="3"></td><td colspan="2"></td><td colspan="3"></td><td></td></tr>
<tr><td>3</td><td colspan="3"></td><td colspan="2"></td><td colspan="3"></td><td></td></tr>
<tr><td colspan="10">所属报关人员信息</td></tr>
<tr><td>序号</td><td>姓名</td><td>证件类型</td><td colspan="3">证件号码</td><td colspan="2">移动电话</td><td colspan="2">申请办理类型</td></tr>
<tr><td>1</td><td></td><td></td><td colspan="3"></td><td colspan="2"></td><td colspan="2">□到岗　□变更　□离岗</td></tr>
<tr><td>2</td><td></td><td></td><td colspan="3"></td><td colspan="2"></td><td colspan="2">□到岗　□变更　□离岗</td></tr>
<tr><td>3</td><td></td><td></td><td colspan="3"></td><td colspan="2"></td><td colspan="2">□到岗　□变更　□离岗</td></tr>
</table>

注：《报关单位备案信息表》填表说明

1. 统一社会信用代码：市场主体、有统一社会信用代码的其他组织机构必须填写“统一社会信用代码”，办理临时备案的单位没有统一社会信用代码的可不填写。
2. 填表/打印日期：提交纸面《报关单位备案信息表》的，应填写填表日期。

3. 申请类型：根据申请办理业务的类型勾选，每次只能选择一个选项。
4. 申请报关单位类型：根据要申请的报关单位类型勾选，每次只能勾选一个选项。
5. 行政区划：填写住所（非法人组织、个体工商户为主要经营场所或主要办事机构所在地，下同）所在行政区划代码。
6. 所在地海关：填写住所所在地海关。
7. 统计经济区域：填写住所所在地统计经济区域代码。
8. 中文名称：市场主体填写《营业执照》上的“名称”或“企业名称”，其他组织机构按实际情况填写。
9. 英文名称：填写本单位的英文名称，申请临时备案的可不填写。
10. 住所（主要经营场所）：市场主体填写《营业执照》上的“住所”“企业住所”或“主要经营场所”，其他组织机构按实际情况填写。
11. 邮政编码：填写住所所在地的邮政编码。
12. 英文地址：填写住所的英文地址，申请临时备案的可不填写。
13. 组织机构类型：非市场主体根据《组织机构类型》（GB/T 20091-2021）填写2位组织机构类型及对应名称，市场主体可不填写。
14. 市场主体类型：市场主体填写《营业执照》上的“类型”或“市场主体类型”，非市场主体可不填写。
15. 行业种类：根据《国民经济行业分类》（GB/T 4754-2017）填写4位代码及对应名称。申请临时备案的可不填写。
16. 联系人：填写本单位负责海关业务的联系人姓名。
17. 固定电话：填写本单位联系人的固定电话。
18. 移动电话：填写本单位联系人的移动电话。
19. 电子邮箱：填写本单位联系人的电子邮箱。无电子邮箱的可不填写。
20. 传真：填写本单位的传真号码。无传真的可不填写。
21. 网址：填写本单位的网址。无网址的可不填写。
22. 所属单位代码：申请进出口货物收发货人分支机构、报关企业分支机构备案、变更的，应填写所属报关单位统一社会信用代码，其他可不填写。
23. 所属单位名称：申请进出口货物收发货人分支机构、报关企业分支机构备案、变更的，应填写所属报关单位名称，其他可不填写。
24. 经营范围：市场主体填写《营业执照》上的“经营范围”，其他可不填写。
25. 管理人员信息：申请进出口货物收发货人、报关企业、进出口货物收发货人分支机构、报关企业分支机构备案或变更的，应当填写法定代表人（负责人）、财务负责人、关务负责人信息，其他可不填写。其中法定代表人（负责人）信息中，法人填写法定代表人信息、合伙企业填写执行事务合伙人信息、个人独资企业填写投资人信息、个体工商户填写经营者信息、其他非法人机构填写负责人信息。
26. 姓名：填写相应管理人员的姓名。
27. 证件类型：填写相应管理人员的证件类型。证件类型包括：身份证、户口簿、护照、军官证、士兵证、港澳居民来往内地通行证、台湾居民来往大陆通行证、临时身份证、外国人居留证、警官证、其他证件。
28. 证件号码：填写相应管理人员的证件号码。
29. 国籍：填写相应管理人员的国籍。
30. 移动电话：填写相应管理人员的移动电话。
31. 出资者信息：外商投资企业、港澳台投资企业应当填写出资者信息，其他可不填写。出资者超过3名的，可另附页。
32. 出资者名称（姓名）：出资者为组织机构的，填写组织机构名称，出资者为自然人的，填写自然人姓名。
33. 国籍：填写出资者的国籍。
34. 出资币制：填写出资金额的币制。
35. 出资金额：填写出资金额。
36. 所属报关人员信息：办理报关单位备案、备案信息变更、注销时同时备案所属报关人员的到岗、变更、离职备案的，应一并填写报关人员相关信息，否则可不填写。一次填写报关人员信息超过10名的，可自行扩展表格或者另附页。姓名、证件类型、证件号码、移动电话比照管理人员信息相关填写说明填写。

37. 申请办理类型：根据报关人员实际情况填写。
38. 以上行政区划、所在地海关、统计经济区域、组织机构类型、市场主体类型、行业种类、证件类型、国籍、出资币制等信息，在通过“互联网+海关”或者国际贸易“单一窗口”等向海关提交电子申请时，可以通过相关系统提供的参数选择进行录入。

任务四 认识对外贸易管制

任务导入

中国跨境电商蓬勃发展，八达进出口公司成立跨境电商事业部，拟委托四通报关有限公司办理一批澳大利亚奶粉进口报关业务。该商品的监管条件是“7AB”，海关监管证件代码表中的“7”代表“自动进口许可证”，如果货物先存入跨境电商综试区保税仓库，是否需要办理自动进口许可证？拟在电商平台销售，是否允许跨境电商零售模式进口？

相关知识

一、对外贸易管制概述

对外贸易管制是指一国政府为了维护国家安全和宏观经济利益，以及履行所缔结或加入的国际条约的义务，所确立实行的各种管制制度、设立相应管制机构和规范对外贸易活动的总称。

为了维护国家的利益和信誉，保障对外经济、技术、文化交流的健康发展，我国对进出口货物的经营权限、禁止、限制、品质管理、收付汇等涉及政治、经济、文化、卫生的诸多方面均制定了相应的法律、法规，并提出了具体的进出境管制的要求。进出口收发货人或其代理人在通关过程中，必须严格遵守这些法律、法规，并按照相应的管理要求办理进出境手续。

我国对外贸易管制制度是一种综合管理制度，主要由海关监管制度、关税制度、进出口许可制度、出入境检验检疫制度、进出口收付汇管理以及贸易救济制度等构成。经过几十年的努力，我国已基本建立起并逐渐完善以《中华人民共和国对外贸易法》为核心的对外贸易管理与管制的法律体系，并依照这些法律、行政法规和我国履行国际公约的有关规定，自主实行对外贸易管制。贸易管制所涉及的法律渊源只限于宪法、法律、行政法规、行政规章以及相关的国际条约。

二、货物进出口许可管理制度

进出口许可是国家对进出口的一种行政管理制度，属于非关税措施。货物进出口许可管理制度是我国进出口许可管理制度的主体，其管理范围包括禁止进出口货物、限制进出口货物、自由进出口中部分实行自动许可管理的货物，如图1-10所示。

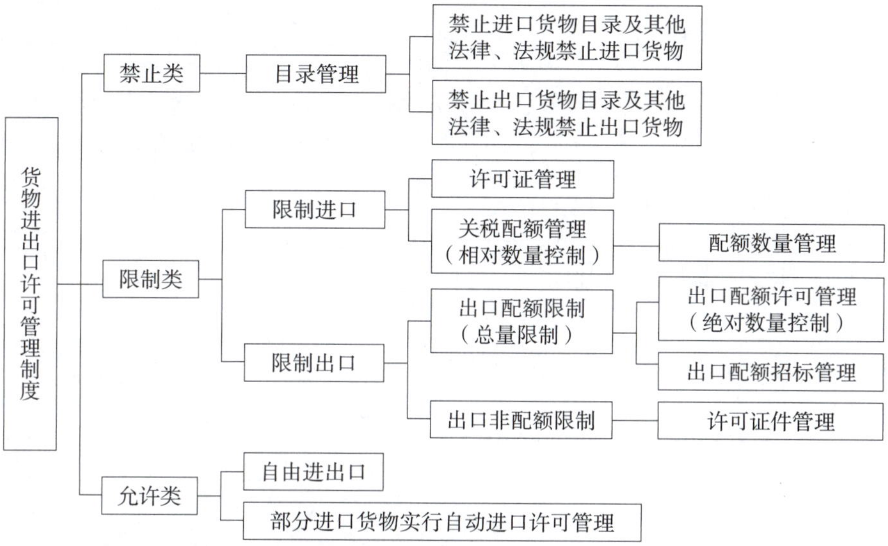

图1-10 货物进出口许可管理制度

（一）禁止进出口货物管理

为维护国家安全和社会公共利益，保护人民的生命健康，履行我国所缔结或者参加的国际条约和协定，国务院商务主管部门会同国务院有关部门，依照《对外贸易法》等有关法律法规，制定、调整并公布禁止进出口货物目录。海关依据国家相关法律法规对禁止进出口商品实施监督管理。

列入国家公布禁止进出口货物目录的商品以及其他法律法规明令禁止或停止进出口的商品，任何企业不得经营进出口。如表1-11和表1-12所示为截至2024年1月的禁止进出口货物管理明细表。

表1-11 禁止进口货物管理明细表（截至2024年1月）

目录	具体商品
《禁止进口货物目录》第一批：（1）保护我国生态环境和生态资源；（2）为履行我国所缔结或者参加的与保护世界自然生态环境相关的国际条约协定公布的	（1）属于破坏臭氧层物质的四氯化碳；（2）犀牛角、麝香、虎骨（世界濒危物种）

续表

目录	具体商品
《禁止进口货物目录》第二批：涉及生产安全、人身安全和环境保护的旧机电产品类	（1）旧压力容器类；（2）电器、医疗设备类；（3）汽车、工程及车船机械类
《禁止进口固体废物目录》：由原《禁止进口货物目录》第三、四、五批合并修订而成，涉及对环境有污染的14类125件固体废物	包括废动植物产品，矿渣矿灰及残渣，硅废碎料，废药物，杂项化学品废物，塑料废碎料及下脚料，废橡胶和皮革，回收（废碎）纸及纸板，废纺织原料及制品，废玻璃，金属和金属化合物废物，废电池，废弃机电产品和设备及其未经分拣处理的零部件、拆散件、破碎件、砸碎件等，其他
《禁止进口货物目录》第六批：（1）保护人的健康，维护环境安全；（2）履行《鹿特丹公约》和《关于持久性有机污染物斯德哥尔摩公约》	（1）长纤维青石棉（属于须淘汰的落后产品）；（2）二恶英等
《禁止进口货物目录（第七批）》商务部公告2020年第73号	氯丹、灭蚁灵、含汞二氧化锰原电池、直管型热阴极荧光灯
《禁止进口货物目录（第八批）》商务部公告2023年第21号	含西布曲明的混合药品（未配定剂量或制成零售包装的）、已配剂量含西布曲明的制剂、西布曲明及其盐类、六氯丁二烯、五氯苯酚及其盐类和酯类、三氯杀螨醇、全氟己基磺酸及其盐类和其相关化合物、多氯萘（包括二氯萘、三氯萘、四氯萘、五氯萘、六氯萘、七氯萘、八氯萘）、六溴环十二烷
《禁止进口货物目录（第九批）》商务部公告2023年第63号	十溴二苯醚、全氟辛基磺酸及其盐类和全氟辛基磺酰氟（PFOS类）、短链氯化石蜡、得克隆及其顺式异构体和反式异构体
依据《进出境动植物检疫法》禁止进境的货物	（1）动植物疫情流行的国家和地区有关动植物及其产品和其他检疫物；（2）动植物病源（包括菌种、毒种等）害虫及其他有害生物、动物尸体、土壤；（3）带有违反一个中国原则内容的货物及其包装；（4）以氯氟烃物质为制冷剂、发泡剂的家用电器产品和以氯氟烃物质为制冷工质的家用电器用压缩机；（5）滴滴涕、氯丹；（6）莱克多巴胺和盐酸莱克多巴胺
依据海关规章停止进口或不得进口的货物	（1）CFC-12为制冷工质的汽车及CFC-12为制冷工质的汽车空调压缩机（含汽车空调）；（2）旧服装；（3）Ⅷ因子制剂等血流制品；（4）氯酸钾、硝酸铵；（5）禁止进口和销售100瓦及以上普通照明白炽灯

表1-12 禁止出口货物管理明细表（截至2024年1月）

目录	具体商品
《禁止出口货物目录》第一批：（1）保护我国自然生态环境和生态资源；（2）为履行我国所缔结或者参加的与保护世界自然生态环境相关的国际条约和协定公布的	（1）四氯化碳、三氯三氟乙烷（属于破坏臭氧层物质）；（2）犀牛角、虎骨、麝香（世界濒危物种）；（3）发菜、麻黄草（有防风固沙作用）；（4）原木
《禁止出口货物目录》第二批：保护我国匮乏的森林资源	木炭
《禁止出口货物目录》第三批：（1）保护人类的健康，维护环境安全；（2）履行《鹿特丹公约》和《关于持久性有机污染物斯德哥尔摩公约》	（1）长纤维青石棉（属于须淘汰的落后产品）；（2）二恶英等
《禁止出口货物目录》第四批：天然砂	硅砂、石英砂；其他天然砂（对港、澳、台出口天然砂实行出口许可证管理）。
《禁止出口货物目录》第五批：森林凋落物和泥炭（无论是否经化学处理）	腐叶、腐根、树皮、树根等森林凋落物；沼泽（湿地）中，地上植物枯死、腐烂堆积而成的有机矿体
《禁止出口货物目录（第六批）》商务部公告2020年第73号	氯丹、灭蚁灵、含汞二氧化锰原电池、直管型热阴极荧光灯
《禁止出口货物目录（第七批）》商务部公告2023年第21号	六氯丁二烯、五氯苯酚及其盐类和酯类、三氯杀螨醇、全氟己基磺酸及其盐类和其相关化合物、多氯萘（包括二氯萘、三氯萘、四氯萘、五氯萘、六氯萘、七氯萘、八氯萘）、六溴环十二烷
《禁止出口货物目录（第八批）》商务部公告2023年第63号	十溴二苯醚、全氟辛基磺酸及其盐类和全氟辛基磺酰氟（PFOS类）、短链氯化石蜡、得克隆及其顺式异构体和反式异构体
依据我国相关法规，以及我国缔结或者参加的国际条约、协定的规定，不得出口的货物	主要有： （1）未定名或者新发现并有重要价值的野生植物； （2）原料血浆； （3）商业性出口的野生红豆杉及其部分产品； （4）劳改产品； （5）以氯氟烃物质为制冷剂、发泡剂的家用电器产品和以氯氟烃物质为制冷工质的家用电器用压缩机； （6）滴滴涕； （7）莱克多巴胺和盐酸莱克多巴胺

（二）限制进出口货物管理

我国限制进口的货物按照其管理方式可分为许可证件管理和关税配额管理，限制出口的货物按照其管理方式可分为配额管理和许可证件管理。进出口企业必须事先获得许可证件或配额才能向海关申报货物进出口，海关核实许可证件无误后才予以放行，但暂时进出境货物、进入特殊监管区货物等特殊情况免予验证管理，例如海关对综合保税区与境外之间进出的货物实行备案制管理，除法律、法规和规章另有规定外，境外货物进出综合保税区不受进出口配额限制，免验许可证。

国家实行限制进出口管理的货物必须依照国家有关规定取得国务院对外经贸主管部门或者由其会同国务院有关部门许可，方可进出口。如表1-13和表1-14所示为限制进出口管理方式明细表。

表1-13　限制进口管理方式明细表（截至2024年1月）

限制方式	许可证管理	进口关税配额管理	其他许可证件管理
主管部门	商务部	商务部、国家发改委	其他政府行政职能部门
管理方式	由商务部会同国务院其他有关部门制定并调整进口许可证管理目录，以签发许可证的方式对进口许可证管理目录的商品实行行政许可管理	国家对部分商品的进口规定进口数量总额并制定关税配额税率。国际贸易经营者经国家批准取得关税配额证后允许按照关税配额税率进口，如超出限额则按照配额外税率征税进口。配额方式有全球配额和国别配额	由各自相应的管理部门进行类别品种限制和发证管理
管理范围	（1）消耗臭氧层物质； （2）13类重点旧机电产品； （3）两用物项和技术进口（包括监控化学品管理条例监控目录所列物项、易制毒化学品、放射性同位素、商用密码进口许可清单）	（1）部分农产品（2024年粮食进口关税配额总量为：小麦963.6万吨，其中90%为国营贸易配额；玉米720万吨，其中60%为国营贸易配额；大米532万吨，其中50%为国营贸易配额） （2）部分化肥（2024年化肥进口关税配额总量为1365万吨。其中，尿素330万吨、磷酸氢二铵690万吨、复合肥345万吨）	（1）濒危野生动植物； （2）药品； （3）美术品； （4）民用爆炸物品； （5）音像制品； （6）黄金及其制品； （7）农药； （8）兽药； （9）有毒化学品等

表1-14　限制出口管理方式明细表（截至2024年1月）

限制方式	配额管理	许可证管理
主管部门	商务部及其他有关经济管理部门	商务部及其他政府职能部门

续表

管理方式	在一定时期内（一年）以规定绝对数量的方式限制出口，主要有两种方式： （1）出口配额许可证管理。由国家主管部门对获得配额的申请者发放各类配额证明。取得配额证明的申请者凭证明到商务主管部门申领出口许可证； （2）出口配额招标管理。由国家主管部门，采取招标分配的原则，经中标获得配额者，发放配额证明，中标者凭配额证明到商务主管部门申领出口许可证	国家主管部门在一定时期内，根据国家政治、军事、技术、卫生、环保、资源保护等领域的需要，以及履行我国加入或缔结的有关国际条约的规定，对部分商品的出口签发出口许可证件来实现各类出口限制措施
管理范围	实施出口配额许可证的商品范围：药料用人工种植麻黄草、活猪（对港澳）、活牛（对港澳）、活鸡（对香港）、锯材（2024年出口配额分别为114万千克、158.04万头、2.8万头、300万只、10万立方米） 实行出口配额招标管理的商品范围：甘草及甘草制品、蔺草及蔺草制品（2024年出口配额分别为520万千克、1700万千克）	（1）部分出口商品； （2）濒危物种出口； （3）两用物项和技术出口； （4）黄金及其制品出口； （5）消耗臭氧层物质等

（三）自由进出口管理

1．自由进出口概述

除国家禁止、限制进出口货物外的其他货物外，均属于自由进出口范围。但要注意的是，国家对部分属于自由进口的货物实行自动进口许可管理。

2．自动进口许可管理

自动进口许可管理是在任何情况下对进口申请一律予以批准的许可制度。实际上是对自由进口货物在进口前进行自动登记，目的是统计和监督。

货物自动进口许可管理是我国进出口许可管理制度中的重要组成部分，也是目前各国普遍使用的一种进口管理制度。如表1-15所示为自动进口许可管理明细。

免交自动进口许可证的情形：

（1）加工贸易项下进口并复出口的（原油、成品油除外）；

（2）外商投资企业作为投资进口或者在投资总额内生产自用的设备（旧机电产品除外）；

（3）货样广告品、实验品进口，每批价值不超过5000元人民币的；

（4）暂时进口的海关监管货物；

（5）进入中华人民共和国保税区、出口加工区等海关特殊监管区域及进入保税仓库、保税物流中心的属于自动进口许可管理的货物；

（6）加工贸易项下进口的不作价设备监管期满后留在原企业使用的。

表1-15　　自动进口许可管理明细

<table>
<tr><th>许可证件名称</th><th>发证机构</th><th>有效期</th><th>联网核查</th><th>代码</th><th>管理要点</th><th>管理范围</th></tr>
<tr><td>自动进口许可证（非机电产品）</td><td rowspan="2">商务部三级发证机构和地方机电产品进出口办公室发证</td><td rowspan="2">六个月</td><td rowspan="2">是</td><td>7</td><td rowspan="2">（1）“一批一证”；如“非一批一证”，使用不超过六次；
（2）大宗散装溢装5%以内（原油、成品油、化肥、钢材3%以内）免证</td><td rowspan="2">目录一由商务部发证的货物（1～24类）
目录二由商务部委托的省级地方商务主管部门或地方、部门机电办发证的货物（25～45类）</td></tr>
<tr><td>自动进口许可证（机电产品）</td><td>0</td></tr>
</table>

资料来源：《自动进口许可管理货物目录（2024年）》（商务部公告2023年第62号）。

（四）监管证件及检验检疫许可

要核实货物进出口时是否需要相关的许可证件，是否需要法定检验，可以通过查询商品监管条件的方式获知。查询监管条件可以通过工具书或网站进行。常见的关务查询工具书是《进出口税则（中英文对照版）》《进出口税则对照使用手册》以及《中国海关报关实用手册》。如图1-11所示，婴儿配方奶粉（商品编码19011010）的监管条件是“7AB”，其中“7”代表“自动进口许可证”（非机电产品）即进口前需要办理该证件，“A”代表“检验检疫”即入境检验检疫，“B”代表“电子底账”即出境检验检疫。

税则号列	货品名称	最惠（%）	普通	增值税率	出口退税	计量单位	监管条件
19.01	麦精；细粉、粗粒、粗粉、淀粉或麦精制的其他税目未列名的食品，不含可可或按重量计全脱脂可可含量低于40%；税目04.01至04.04所列货品制的其他税目未列名的食品，不含可可或按重量计全脱脂可可含量低于5%						
	-供婴幼儿食用的零售包装食品：						
1901.1010[暂]	---配方奶粉	5	40	17	15	千克	7AB
1901.1090[暂]	---其他	2	40	17	15	千克	AB
1901.2000	-供烘焙税目19.05所列面包糕饼用的调制品及面团	25	80	17	5.15	千克	AB
1901.9000[暂]	-其他	5	80	17	15	千克	AB

图1-11《进出口税则对照使用手册》截图

注：税则号列也称为商品编码。

1．监管证件的定义

监管证件是指海关依据对外贸易管理制度规定，对进出口货物实施实际监管的各种许可证件的分类标识。如表1-16所示为监管证件一览表。

表1-16 监管证件一览表

序号	监管证件名称	监管证件代码	发证部门
1	中华人民共和国进口许可证	1	商务部
2	中华人民共和国出口许可证	4	商务部
3	中华人民共和国两用物项和技术进口许可证	2	商务部
4	中华人民共和国两用物项和技术出口许可证	3	商务部
5	中华人民共和国自动进口许可证	7/O/v	商务部
6	中华人民共和国技术出口许可证	i	商务部
7	技术出口合同登记证	g	商务部
8	援外项目任务通知单	d	商务部
9	民用爆炸物品进口审批单	k	工信部
10	民用爆炸物品出口审批单	k	工信部
11	人类遗传资源材料出口、出境证明	V	科技部
12	古生物化石出境批件	z	自然资源部
13	有毒化学品进出口环境管理放行通知单	X	生态环境部
14	进口兽药通关单	R	农业农村部
15	农药进出口放行通知单	S	农业农村部
16	合法捕捞产品通关证明	U	农业农村部
17	非《进出口野生动植物种商品目录》物种证明	E/F	国家濒管办
18	《濒危野生动植物国际贸易公约》允许进出口证明书	E/F	国家濒管办
19	中华人民共和国野生动植物允许进出口证明书	E/F	国家濒管办
20	银行调运人民币现钞进出境证明文件	m	人民银行
21	黄金及黄金制品进出口准许证	J	人民银行
22	进口广播电影电视节目带（片）提取单	b	广电总局
23	音像制品（成品）进口批准单	f	新闻出版署
24	音像制品（版权引进）批准单	n	新闻出版署
25	赴境外加工光盘进口备案证明	Z	新闻出版署

续表

序号	监管证件名称	监管证件代码	发证部门
26	药品进口准许证	L	药监局
27	药品出口准许证	L	药监局
28	进口药品通关单	Q	药监局
29	麻精药品进出口准许证（含精神药物进出口准许证、麻醉药品进出口准许证）	I	药监局
30	军品出口许可证	/	国防科工局 军委装备发展部
31	农业转基因生物安全证书	/	农业农村部
32	国（境）外引进农业种苗检疫审批单	/	农业农村部
	引进种子、苗木检疫审批单	/	国家林草局
33	进口非特殊用途化妆品备案凭证	/	国家药品监督管理局
34	进口特殊用途化妆品卫生许可批件	/	国家药品监督管理局
35	特殊医学用途配方食品注册证书	/	市场监管总局
36	保健食品注册证书或保健食品备案凭证	/	市场监管总局
37	婴幼儿配方乳粉注册证明文件	/	市场监管总局
38	进口医疗器械备案/注册证	/	国家药品监督管理局
39	特种设备制造许可证及型式试验证书	/	市场监管总局
40	强制性产品认证证书或证明文件	/	市场监管总局
41	进口产品国外官方机构签发的证书（动物检疫证书、植物检疫证书、兽医卫生证书、熏蒸证书、检验证书、原产地证书、日本官方机构出具的放射性检测证明和原产地证明）	/	出口国家（地区） 政府和机构

注：《中华人民共和国自动进口许可证》（加工贸易）代码为“v”。

监管证件代码的证件信息，通常填报在报关单的“许可证”栏或“随附单证”栏。“/”代表未设监管证件代码，此类证件，另设企业产品许可类别代码，通常填报在涉检商品信息的“产品资质”栏，例如“进口非特殊用途化妆品备案凭证”填报在“产品资质”栏，选择检验检疫证件代码“526-进口（非）特殊用途化妆品行政许可批件”，并填报许可证编号。

2．监管证件联网核查

随着海关总署不断深化“放管服”改革，持续优化口岸营商环境，自2021年1月起，按照“能取消的取消，能退出口岸验核的退出验核”的要求（例如2021年1月1日起，我国全面禁止进口固体废物，生态环境部不再审批、发放限制进口类可用作原料的固体废物进口许可证，海关不再验核限制进口类可用作原料的固体废物进口许可证），我国进出口环节监管证件精简至41种，除音像制品（版权引进）批准单、军品出口许可证、进口产品国外官方机构签发的证书3种证件未实现联网外，其余38种监管证件均可通过国际贸易“单一窗口”实现网上申请、联网核查和无纸通关。通关物流环节单证无纸化、电子化和监管智能化、规范化水平大幅提升。监管证件联网核查流程如图1-12所示。

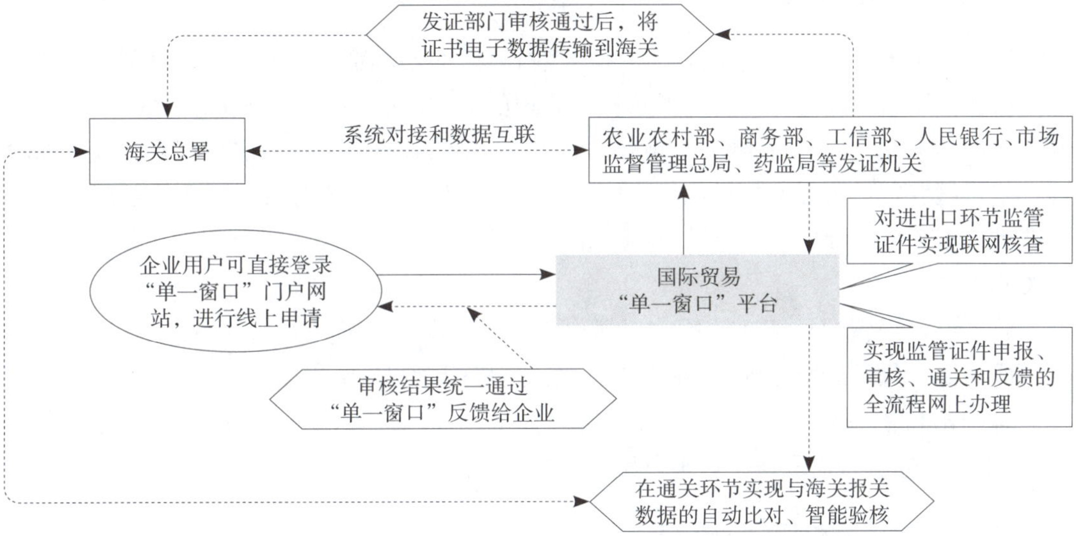

图1-12 监管证件联网核查流程

3．出入境检验检疫制度

出入境检验检疫制度也称为进出口商品合格评定制度，是贸易管制中非关税措施的重要组成部分。随着我国与世界经济的不断融合，许可证件管理等非关税措施将逐渐趋于弱化，而被世界各国普遍运用的进出口商品合格评定制度在众多国际公认标准的依托下将成为我国未来重要的非关税措施。出入境检验检疫制度的具体规定与实施。

关务观察

综合保税区实施检疫规定

依据《中华人民共和国海关综合保税区管理办法》署令〔2022〕256号规定，境外进入综合保税区的货物及其外包装、集装箱，应当由海关依法在进境口岸实施检疫。因口岸条件限制等原因，海关可以在区内符合条件的场所（场地）实施检疫。综合保税区运往境外的货物及其外包装、集装箱，应当由海关依法实施检疫。综合保税区与境外之间进出的交通运输工具，由海关按照进出境交通运输工具有关规定实施检疫。

综合保税区与中华人民共和国境内的其他地区（以下简称“区外”）之间进出的货物，区内企业或者区外收发货人应当按照规定向海关办理相关手续。除法律法规另有规定外，海关对综合保税区与区外之间进出的货物及其外包装、集装箱不实施检疫。

三、其他贸易管制制度

（一）国营贸易管理

为对关系国计民生的重要进出口商品实行有效的宏观管理，国家可以对部分货物的进出口实行国营贸易管理。实行国营贸易管理的货物的进出口业务只能由经授权的企业经营，但国家允许部分数量的国营贸易管理的货物的进出口业务由非授权企业经营的除外。实行国营贸易管理的货物和经授权经营企业的目录，由国务院商务主管部门会同国务院其他有关部门确定、调整并公布。未经批准擅自进出口实行国营贸易管理的货物，海关不予放行。

属于进口国营贸易管理的货物包括粮食（含小麦、玉米、大米）、棉花、食糖、原油、成品油、化肥6种。进口上述货物需取得进口国营贸易资格。

属于出口国营贸易管理的货物包括粮食（含玉米、大米）、棉花、钨、锑、白银5种。出口上述货物需取得出口国营贸易资格。

（二）货物贸易外汇管理制度

国家对出口货物的收汇、进口货物的付汇都要进行监督管理，主管部门是国家外汇管理局（简称外管局或外汇局）及各地的分支机构，管理依据是《中华人民共和国外汇管理条例》，外汇管理的目的是加强外汇管理，促进国际收支平衡，促进国民经济健康发展。

国家外汇管理局对货物外汇的主要监管方式包括以下几种。

1．企业名录登记管理

企业应当持有关材料到国家外汇管理局办理名录登记手续才能在金融机构办理贸易外汇收支业务。国家外汇管理局将登记备案的企业统一向金融机构发布名录，金融机构不得为不在名录内的企业办理贸易外汇收支业务。国家外汇管理局可根据企业的贸易外汇收支业务状况及其合规情况注销企业名录。

2．非现场核查

国家外汇管理局对企业在一定期限内的进出口数据和贸易外汇收支数据进行总量比对，核查企业贸易外汇收支的真实性及其与进出口的一致性。非现场核查是国家外汇管理局的常规监管方式。

3．现场核查

国家外汇管理局可对企业非现场核查中发现的异常或可疑的贸易外汇收支业务实施现场核查，也可对金融机构办理贸易外汇收支业务的合规性与报送信息的及时性、完整性和准确性实施现场核查。国家外汇管理局实施现场核查时，被核查单位应当配合国家外汇管理局进行现场核查，如实说明情况，并提供有关文件、资料，不得拒绝、阻碍和隐瞒。

4．分类管理

国家外汇管理局根据企业贸易外汇收支的合规性及其与货物进出口的一致性，将企业分为A、B、C三类。A类企业进口付汇单证简化，可凭进口报关单、合同或发票等任何一种能够证明交易真实性的单证在银行直接办理付汇，出口收汇无须联网核查，银行办理收付汇审核手续相应简化。对B类、C类企业在贸易外汇收支单证审核、业务类型、结算方式等方面实施严格监管，B类企业贸易外汇收支由银行实施电子数据核查，C类企业贸易外汇收支须经国家外汇管理局逐笔登记后办理。国家外汇管理局根据企业在分类监管期内遵守外汇管理规定的情况，对企业类别进行动态调整。如表1-17所示为外汇管理分类对比。

表1-17 外汇管理分类对比

项目	A类企业	B类企业	C类企业
管理原则	便利化管理	审慎监管	
审核单证	凭出口报关单、合同或发票等任何一种能够证明交易真实性的单证	审核相应的出口货物报关单和出口合同	
银行审核力度	无须联网核查	由银行实施电子数据核查；超过核准额度的须经外汇局逐笔登记后办理	须经外汇局逐笔登记后办理
可否提交电子单证办理	可以	不可以	
收汇资金是否需要进入待核查账户	不需要，可直接进入经常项目外汇账户或结汇	需要	
出口收入是否可以存放境外	可以	不得存放境外账户；外汇局可要求其调回境外账户资金余额	列入C类企业之日起30日内关闭境外账户并调回境外账户资金余额

（三）贸易救济措施

贸易救济措施是国家为了保护本国贸易安全而制定的措施。我国的贸易救济措施主要包括反倾销、反补贴和保障措施。贸易救济措施的管理目标主要通过设置进口货物的惩罚性临时关税来实现。如表1-18所示为贸易救济措施对比分析。

表1-18　贸易救济措施对比分析

措施	适用对象	具体条件	具体实施形式	实施期限
反倾销	主要针对不公平贸易或不公平竞争	低价倾销造成实质性损害	（1）临时反倾销措施：征收临时反倾销税；要求提供保证金、保函或其他形式的担保； （2）最终反倾销措施	临时反倾销措施不超过4个月，可延长至9个月
反补贴	主要针对不公平贸易或不公平竞争	政府经济性补贴导致进口国家的同类产品及其生产行业受到损害	（1）临时反补贴措施：征收临时反补贴税，以保证金、保函作为担保； （2）最终反补贴措施	临时反补贴措施不超过4个月
保障	公平条件下数量猛增的进口产品	进口产品的数量激增极大地挤占了进口国家国内同类产品的市场份额，并且对于进口国家的相关生产行业造成不利影响	（1）临时保障措施：提高关税； （2）最终保障措施：提高关税；数量限制；关税配额	临时保障措施200天，全部实施期限一般不超过4年，最长不得超过10年

四、跨境电商管制制度

跨境电商B2B进出口商品按照货物进行监管，贸易管制措施与一般贸易货物一致，此处不再赘述。跨境电商管制制度主要是为实现对于跨境电商零售商品和场所的有效管理而颁布的各种管理制度的总称。

（一）跨境电商零售商品管理

跨境电商零售进口商品实施“正面清单”“负面清单”管理；跨境电商零售进出口商品均须符合国家对于进出境物品的监管措施。

此外值得注意的是，保税电商（“1210/1239”模式）商品“一线”进区时需按货物监管要求执行，“二线”出区时参照物品监管要求执行。

1．正面清单管理

跨境电商零售进口商品清单又称为正面清单，是指对跨境电商零售进口（直购进口和网购保税进口）实施正面清单管理，非清单内商品不得以跨境电商零售进口方式入境销售。清单备注“仅限网购保税商品”，只能采用“1210/1239”模式进口，不能采用

“9610”模式进口。

为促进跨境电商零售进口健康发展，满足人民美好生活的需要，财政部、发展改革委、工业和信息化部、农业农村部、商务部、海关总署、中华人民共和国濒危物种进出口管理办公室联合发布《关于调整跨境电子商务零售进口商品清单的公告》（2022年第7号），自2022年3月1日起，优化调整跨境电商零售进口商品清单。

（1）增加了29项商品。此次调整，在《跨境电子商务零售进口商品清单（2019年版）》基础上，增加了滑雪用品、家用洗碟机、番茄汁、猫砂等涉及食品、假发制品、家具、游戏品、运动用品等29项消费需求旺盛的商品。

（2）删除1项商品。将“税则号列93070090”刀剑商品进行删除，强化对进境管制刀具的监管，筑牢口岸监管防线。

（3）调整清单商品的税则号列。根据近年来税则转版和税目调整，调整清单中商品的税则号列，新增“税则号列03061630”和“税则号列03061690”，删除了80项已作废的税则号列。

（4）调整206项商品的备注。为防止动植物疫病及有害生物传入和防范外来物种入侵，保护我国农林牧渔业生产安全、生态安全和公共卫生安全，在涉及的商品税目备注中增加“仅限网购保税商品”的备注。

经过调整，清单商品总数达到了1476个，从运动产品、家用电器、日常饮食等方面，丰富了国内市场供给，更好地满足人民美好生活需要，有利于进一步提升国内居民的消费潜力，促进形成国际消费中心，增强我国在经济交流上的国际影响力。同时，根据近年我国税则税目变化情况调整了部分商品的税则号列，细化了部分商品的备注和监管准入条件，进一步促进了跨境电商进口业务的全链条监管。

注：进口非清单内商品或进口未予海关联网电商平台商品，不能采用跨境电商零售渠道进口，但如果符合物品进境规定，可采用个人物品清关模式即行邮模式进境。

关务观察

跨境电商零售进口药品试点

2019年12月，“跨境医药电商试点”政策正式获得国家药监局批复。2021年5月，河南正式获批全国跨境电商零售进口药品试点。首批试点药品为已取得我国境内上市许可的13个非处方药，分别为：康腹止泻片、和胃整肠丸、金牌风油精、樟薄玉香软膏、活络油、普济丸、健妇胶囊、薄荷活络膏、薄荷护表油、岭南正红花油、岭南黑鬼油、肚痛健胃整肠丸、四季平安油。2022年4月，首单跨境电商零售进口药品是产地为香港的岭南正红花油，消费者在下单支付2分钟后，药品已完成通关，快递公司从位于河南郑州的河南保税物流中心医药仓库内取货后，以快递形式将药品发送给消费者。

2．负面清单管理

负面清单是指国家禁止经营的商品范围，也称为检验检疫负面清单，例如某商品的税则号列虽然列入正面清单，但是属于废旧物品（列入检验检疫负面清单），仍然不能采用跨境电商零售渠道进境。以下商品禁止以跨境电商形式进境。

（1）禁止进境的动植物及其产品和其他检疫物。《中华人民共和国进出境动植物检疫法》规定的禁止进境物品；未获得检验检疫准入的动植物产品及动植物源性食品；中华人民共和国农业农村部和中华人民共和国海关总署联合发布第470号公告《中华人民共和国禁止携带、寄递进境的动植物及其产品和其他检疫物名录》，列入该名录的商品禁止以跨境电商直购进口模式入境，名录具体内容如下。

①动物及动物产品类。活动物（犬、猫除外），包括所有的哺乳动物、鸟类、鱼类、甲壳类、两栖类、爬行类、昆虫类和其他无脊椎动物，动物遗传物质；（生或熟）肉类（含脏器类）及其制品；水生动物产品，干制、熟制、发酵后制成的食用酱汁类水生动物产品除外；动物源性乳及乳制品，包括生乳、巴氏杀菌乳、灭菌乳、调制乳、发酵乳，奶油、黄油、奶酪、炼乳等乳制品；蛋及其制品，包括鲜蛋、皮蛋、咸蛋、蛋液、蛋壳、蛋黄酱等蛋源产品；燕窝，经商业无菌处理的罐头装燕窝除外；油脂类，皮张，原毛类，蹄（爪）、骨、牙、角类及其制品；经加工处理且无血污、肌肉和脂肪等的蛋壳类、蹄（爪）骨角类、贝壳类、甲壳类等工艺品除外；动物源性饲料、动物源性中药材、动物源性肥料。

②植物及植物产品类。新鲜水果、蔬菜；鲜切花；烟叶；种子、种苗及其他具有繁殖能力的植物、植物产品及材料。

③其他检疫物类。菌种、毒种、寄生虫等动植物病原体，害虫及其他有害生物，兽用生物制品，细胞、器官组织、血液及其制品等生物材料及其他高风险生物因子；动物尸体、动物标本、动物源性废弃物；土壤及有机栽培介质；转基因生物材料；国家禁止进境的其他动植物、动植物产品和其他检疫物。

（2）其他禁止经营的商品。列入《危险化学品目录》《危险货物品名表》《〈联合国关于危险货物运输建议书规章范本〉附录三〈危险货物一览表〉》《易制毒化学品的分类和品种名录》和《中国严格限制进出口的有毒化学品目录》的物品；特殊物品（取得进口药品注册证书的生物制品除外）；含可能危及公共安全的核生化有害因子的产品；废旧物品；法律法规禁止进境的其他产品。

3．进出境物品监管制度

进出境物品分为禁止进出境物品、限制进出境物品、自由进出境物品三类。未列入《中华人民共和国禁止进出境物品表》《中华人民共和国限制进出境物品表》的物品，通常为自由进出境物品。以下具体介绍禁止进出境物品和限制进出境物品的范围。

（1）禁止进境物品包括：各种武器、仿真武器、弹药及爆炸物品；伪造的货币及伪造的有价证券；对中国政治、经济、文化、道德有害的印刷品、胶卷、照片、唱片、影片、录音带、录像带、激光视盘、计算机存储介质及其他物品；各种烈性毒药；鸦片、吗啡、海洛因、大麻以及其他能使人成瘾的麻醉品、精神药物；带有危险性病菌、害虫及其他有害生物的动物、植物及其产品；有碍人畜健康的、来自疫区的以及其他能传播疾病的食品、药品或其他物品。

（2）禁止出境物品包括：列入禁止进境范围的所有物品；内容涉及国家秘密的手稿、印刷品、胶卷、照片、唱片、影片、录音带、录像带、激光视盘、计算机存储介质及其他物品；珍贵文物及其他禁止出境的文物；濒危的和珍贵的动物、植物（均含标本）及其种子和繁殖材料。

注：赌博用筹码属于对中国政治、经济、文化、道德有害的印刷品、胶卷、照片、唱片、影片、录音带、录像带、激光视盘、计算机存储介质及其他物品；中药材及中成药类的有麝香、蟾酥、虎骨、犀牛角、牛黄等明确禁止进出境，其中配以微量麝香、蟾酥的成药在合理范围内可进出境，但含犀牛角和虎骨成分的严禁进出境。

（3）限制进出境物品定义：按照国家规定限值限量进出境或需经有关部门批准方可进出境的物品。

限制进境物品包括：无线电收发信机、通信保密机；烟、酒；濒危的和珍贵的动物、植物（均含标本）及其种子和繁殖材料；国家货币；海关限制进境的其他物品。

限制出境物品：金银等贵重金属及其制品；国家货币；外币及其有价证券；无线电收发信机、通信保密机；贵重中药材；一般文物；海关限制出境的其他物品。

注：微生物、生物制品、血液及其制品、人类遗传资源、管制刀具、卫星电视接收设备属于《中华人民共和国限制进出境物品表》所列“海关限制进境的其他物品”。

（二）跨境电商零售场所管理

跨境电商零售进出口商品监管作业场所必须符合海关相关规定。跨境电商监管作业场所经营人、仓储企业应当建立符合海关监管要求的计算机管理系统，并按照海关要求交换电子数据。

1．基本要求

开展跨境电商直购进口或一般出口业务的监管作业场所，应按照快递类或者邮递类海关监管作业场所规范设置。跨境电商网购保税进口（“1210”或“1239”模式）业务应当在海关特殊监管区域或保税物流中心（B型）内开展。

2．检疫、查验和物流管理

（1）对需在进境口岸实施的检疫及检疫处理工作，应在完成后方可运至跨境电商监管作业场所。

（2）网购保税进口业务，入区通关时以报关单或进境备案清单（备案清单效力等同于报关单，适用于区内企业报关；报关单适用于区外企业报关）方式进行申报，海关可以采取视频监控联网核查、实地巡查、库存核对等方式加强对网购保税进口商品的实货监管。

（3）海关实施查验时，跨境电商企业或其代理人、跨境电商监管作业场所经营人、仓储企业应当按照有关规定提供便利，配合海关查验。

（4）网购保税进口商品可在海关特殊监管区域或保税物流中心（B型）间流转，按有关规定办理流转手续。以“网购保税进口”（监管方式代码1210）海关监管方式进境的商品，不得转入适用“网购保税进口A”（监管方式代码1239）的城市继续开展跨境电商零售进口业务。网购保税进口商品可在同一区域（中心）内的企业间进行流转。

知识巩固

一、判断题

1. 我国目前所签订生效的各类国际条约，虽然不属于我国国内法的范畴，但就其效力而言可视为我国法律渊源之一。（　　）
2. 自动进口许可管理是在任何情况下对进口申请一律予以批准的进口许可制度。（　　）
3. 网购保税电商商品“一线”进区时需按货物监管要求执行，“二线”出区时参照物品监管要求执行。（　　）
4. 贸易救济措施是国家为了保护本国贸易安全而制定的措施。我国的贸易救济措施主要包括反倾销、反补贴、保障措施。（　　）
5. 为对关系国计民生的重要进出口商品实行有效的宏观管理，国家可以对部分货物的进出口实行国营贸易管理。（　　）
6. 我国限制进口的货物按照其管理方式可分为许可证件管理和关税配额管理，限制出口的货物按照其管理方式可分为配额管理和许可证件管理。（　　）

二、不定项选择题

1. 下列列入自动进口许可管理货物目录的货物，可免交自动进口许可证的是（　　）。
   A. 参加F1上海站比赛进口后须复出口的赛车
   B. 加工贸易项下进口并复出口的成品油
   C. 外商投资企业作为投资进口的旧机电产品
   D. 每批次价值超过5000元人民币的进口货样广告品
2. （　　）是针对进口产品激增的情况而采取的贸易救济措施。
   A. 反倾销措施　B. 反补贴措施　C. 保障措施　D. 知识产权措施
3. 目前，列入我国《禁止进口货物目录》的商品有（　　）。
   A. 麝香　B. 中成药　C. 木炭　D. 硅砂

4. 对实行“一批一证”的自动进口许可管理的大宗、散装的（　　），溢装上限为3%。

A．原油、成品油　　B．化肥

C．植物油　　D．钢材

5. 我国目前农药进出口的国家管理部门是（　　）。

A．农业农村部　　B．海关总署

C．商务部　　D．国家药品监督管理局

6. 许可证件“7”对应的是（　　）。

A．进口许可证　　B．出口许可证

C．自动进口许可证（机电产品）　　D．自动进口许可证（非机电产品）

7. 下列同时属于我国禁止进出口的是（　　）。

A．旧空调　　B．滴滴涕　　C．石英砂　　D．麻黄草

8. 关于两用物项和技术进出口许可证管理，表述正确的是（　　）。

A．两用物项和技术进口许可证实行“一批一证”制和“一证一关”制

B．两用物项和技术出口许可证实行“非一批一证”制和“一证一关”制

C．两用物项和技术进出口许可证有效期一般不超过一年，跨年度使用时，在有效期内只能使用到次年3月31日

D．两用物项和技术进出口许可证逾期后可以向发证机构申请延期

9. 以下监管证件代码表述正确的是（　　）。

A．《进口许可证》监管证件代码为“X”

B．《有毒化学品进出口环境管理放行通知单》监管证件代码为“L”

C．《两用物项和技术进口许可证》监管证件代码为“1”

D．《农药进出口登记管理放行通知单》监管证件代码为“S”

10. A公司是一家在海关办理了报关单位备案登记手续的国际贸易公司。该公司以CIF方式与国外B公司签订了一份进口600吨大豆的合同，并于2022年7月10日申领了一份自动进口许可证（非一批一证），以海运散装形式分两批进口。第一批已进口300吨。

请就本案例回答下列相关问题：

（1）关于CIF术语，下列描述正确的是（　　）。

A．CIF术语下，卖方负担货物在装运港越过船舷时的一切风险

B．CIF术语下，卖方负责办理出口清关手续

C．CIF术语下，卖方负责租船或订舱，并支付货物至目的港的运费

D．CIF术语下，卖方负责办理货物运输保险，支付保险费

（2）该自动进口许可证的有效截止日期是（　　）。

A．2023年7月10日　　B．2022年12月31日

C．2023年1月10日　　D．2022年10月10日

（3）凭着这份大豆自动进口许可证，该公司第二批最多可以进口（　　）大豆。

A．315吨　　B．309吨　　C．330吨　　D．318吨

（4）A公司可以采取的报关方式是（　　）

A．由A公司自己的报关员自理报关

B．委托国际货代公司代理报关

C．委托其他进出口公司代理报关

D．委托报关行代理报关

实训任务

八达进出口公司从澳大利亚进口一批奶粉（税则号列1901101090），总净重250M/T，拟在电商平台销售，是否可以采用跨境电商零售进口模式报关？如果拟在电商平台销售，先存入跨境电商综试区保税仓库，是否需要办理自动进口许可证？

相关资料：

商务部外贸实务查询服务：http://wmsw.mofcom.gov.cn/wmsw/；

中国自由贸易区服务网：http://fta.mofcom.gov.cn/；

中国贸易救济信息网：http://cacs.mofcom.gov.cn/index.shtml。

项目二

跨境电商通关准备

知识目标

- 理解跨境电商零售进出口企业、跨境电商B2B出口企业备案管理。
- 掌握跨境电商零售进口税款担保备案流程。
- 理解出口退（免）税备案含义与备案流程。
- 理解跨境收结汇的基本方式、贸易外汇收支企业名录登记流程。
- 理解海关知识产权保护、知识产权海关保护备案的含义。
- 理解进出口商品归类的定义、责任主体、预归类服务。
- 理解《商品名称及编码协调制度》《中华人民共和国进出口税则》层级结构与内容。
- 掌握商品归类基本操作程序与申报要素规范填报。
- 掌握保税电商设立保税物流账册、建立保税底账数据的流程。
- 理解跨境电商零售进口商品纳税主体、代收代缴义务人的责任与义务。
- 掌握跨境电商零售进口商品税费、行邮税、一般贸易税款的计算方法。

能力目标

- 能够准确描述跨境电商企业备案、商品备案、账册备案管理措施。
- 能够办理跨境电商企业备案、商品备案、账册备案、税款担保备案等手续。
- 能够判断商品申报要素，查询跨境电商零售进口商品编码。
- 能够根据具体商品情况，规划选择跨境电商或行邮渠道零售进口商品。

素质目标

- 理解跨境电商企业备案、商品备案、跨境电商零售进口税收制度设计背后的价值导向。
- 具备合规、团队合作、爱岗敬业意识，能合法合规设计跨境电商零售进口税务方案。

重点内容导图

- 跨境电商通关准备
  - 跨境电商企业相关备案
    - 跨境电商企业海关备案
    - 跨境电商零售进口税款担保备案
    - 出口退（免）税备案
    - 贸易外汇收支企业名录登记
    - 知识产权海关保护备案
  - 跨境电商商品备案
    - 跨境电商零售商品备案
    - 进出口商品归类
    - 跨境电商账册备案
  - 跨境电商税费规划
    - 跨境电商零售进口商品税收政策
    - 跨境电商零售进口商品税费计算
    - 行邮税及其税费计算
    - 跨境电商B2B税费计算

任务一 跨境电商企业相关备案

任务导入

中国跨境电商蓬勃发展，八达进出口公司跨境电商事业部业务蒸蒸日上，因此公司决定以事业部为基础，新成立一家跨境电商公司——广州中天网络科技有限公司，入驻广州空港跨境电子商务试验园区。新公司办理工商登记后，还须办理什么手续，才能开展跨境电商通关业务？

相关知识

一、跨境电商企业海关备案

跨境电商企业在海关办理业务需先进行报关单位备案，再办理跨境电商企业备案。备案时需选择正确的跨境电子商务企业类型，并上传有效证件。

（一）跨境电商企业备案管理规定

1．跨境电商零售进出口企业备案管理

根据海关总署《关于跨境电子商务零售进出口商品有关监管事宜的公告》（海关总署公告2018年第194号），跨境电子商务平台企业、物流企业、支付企业等参与跨境电子商务零售进口业务的企业，应当依据海关报关单位备案管理相关规定，向所在地海关办理备案；境外跨境电子商务企业应委托境内代理人向该代理人所在地海关办理备案。

跨境电子商务企业、物流企业等参与跨境电子商务零售出口业务的企业，应当向所在地海关办理信息登记；如需办理报关业务，向所在地海关办理备案。

2．跨境电商B2B出口企业备案管理

根据《关于开展跨境电子商务企业对企业出口监管试点的公告》（海关总署公告2020年第75号）《关于在全国海关复制推广跨境电子商务企业对企业出口监管试点的公告》（海关总署公告2021年第47号）规定，跨境电商企业、跨境电商平台企业、物流企业等参与跨境电商B2B出口业务的境内企业，应当依据海关报关单位备案有关规定，向所在地海关办理备案。

（二）跨境电商企业备案类型

办理海关备案，跨境电子商务企业类型包括电子商务企业、电子商务交易平台、支付企业、物流企业、物流企业（仅B2B）、监管场所经营人共6种类型，企业可以根据实际情况选择。

1. 电子商务企业

电子商务企业是指自境外向境内消费者销售跨境电商零售进口商品的企业（不包括在海关特殊监管区域或保税物流中心内备案的企业），或者境内向境外消费者销售跨境电商零售出口商品的企业。

2. 电子商务交易平台

电子商务交易平台是指在境内办理工商登记，为交易双方（消费者和跨境电商企业）提供网页空间、虚拟经营场所、交易规则、信息发布等服务，设立供交易双方独立开展交易活动的信息网络系统的经营者。

3. 支付企业

支付企业是指在境内办理工商登记，接受跨境电商平台企业或跨境电商企业境内代理人委托为其提供跨境电商零售进口支付服务的银行、非银行支付机构以及银联等。

4. 物流企业

物流企业是指在境内办理工商登记，接受跨境电商平台企业、跨境电商企业或其代理人委托为其提供跨境电商零售进出口物流服务的企业。

5. 物流企业（仅B2B）

物流企业（仅B2B）是指仅开展跨境电商B2B直接出口业务的物流企业。跨境电商B2B出口是指境内企业通过跨境物流将货物运送至境外企业或海外仓，并通过跨境电商平台完成交易的贸易形式。

6. 监管场所经营人

监管场所经营人是指跨境电商监管作业场所经营人。

（三）办理跨境电商企业备案流程

1. 未办理报关单位备案

报关企业备案或者进出口收发货人备案的企业，需要事先办理报关单位备案。

注：参与企业为首次办理海关备案的，首先备案为报关企业或者进出口货物收发货人，再由海关企管部门通过信息变更作业维护参与企业跨境电商类型。需要注意的是，企业在提交备案申请时，应在《报关单位备案信息表》的“经营范围”栏目中注明“跨境电子商务类型”“跨境电子商务网站网址”。

2. 已办理报关单位备案

报关企业备案或者进出口收发货人备案的企业，应申请进行企业信息变更，完成跨境电商企业类型维护。

（1）办理报关单位备案企业通过中国国际贸易单一窗口“企业资质”子系统或“互联网+海关”一体化网上办事平台“企业管理和稽查”子系统填写相关信息（依次点击“海关企业通用资质＞企业备案＞备案信息变更申请”，勾选所要备案的参与跨境电子商务企业类型），并提交申请，等待审核通过。所在地海关受理申请后，对申请材料齐全、符合法定形式的，在3个工作日内办结。

（2）企业可以登录中国国际贸易单一窗口“企业资质”子系统的“申请单查询”页面，查询备案申请受理情况。当页面显示“海关入库成功，转人工审核”时，表示申请已提交成功。当显示为“审核通过”时，表示海关已受理完成备案。如被退单，可以查看退单理由。如图2-1所示为备案信息变更申请。

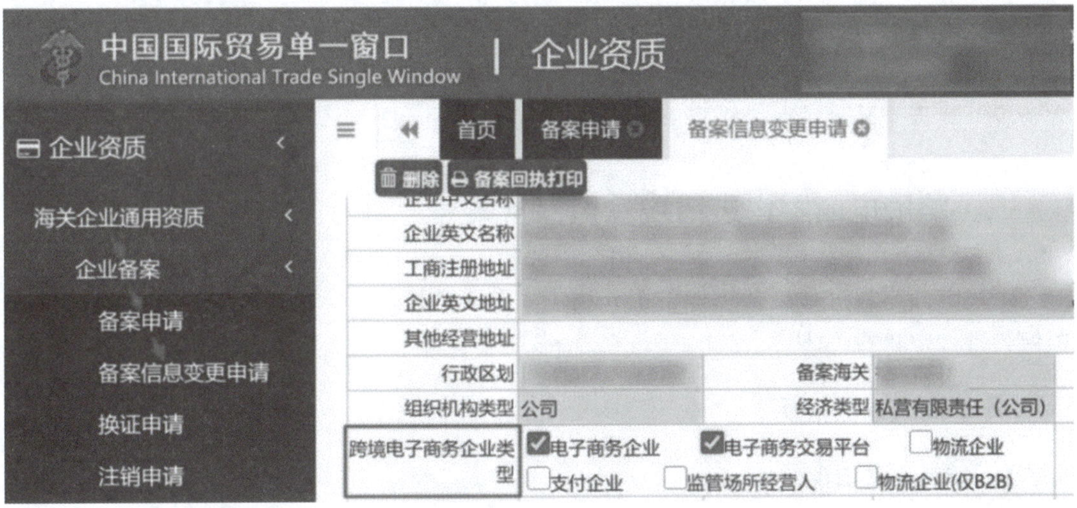

图2-1 备案信息变更申请

此外，企业还可以登录“中国海关企业进出口信用信息公示平台”输入企业名称或统一社会信用代码查询企业备案信息或在该公示平台“跨境电商企业名录”页面查询企业备案信息。

（四）办理跨境电商企业备案注意事项

1．变更企业类型

如变更“跨境贸易电子商务企业类型”栏目中的“电子商务企业”“电子商务交易平台”“物流企业”“支付企业”的，“报关单位备案信息表”的“经营范围”栏目中应注明跨境电商类型、跨境电商网站网址。

2．支付企业资质

支付企业为银行机构的，应具备银保监会或者原银监会颁发的《金融许可证》；支付企业为非银行支付机构的，应具备中国人民银行颁发的《支付业务许可证》，支付业务范围应当包括“互联网支付”。

3．物流企业资质

物流企业应获得国家邮政管理部门颁发的《快递业务经营许可证》。直购进口模式（海关监管方式代码“9610”）下，物流企业应为邮政企业或者已向海关办理代理报关备案的进出境快件运营人。

4．出口海外仓业务的企业资质

开展出口海外仓业务（海关监管方式代码“9810”）的跨境电商企业，应当为海关常规管理及以上信用等级企业，还应当在海关开展出口海外仓业务模式备案。备案时企业需提供的资料主要包括：《跨境电商海外仓出口企业备案登记表》《跨境电商海外仓信息登记表》、海外仓证明材料（企业按照自营海外仓、公共海外仓、电商平台海外仓和其他类型海外仓提供相应的证明材料）以及海关认为需要的其他资料。

注：海外仓证明材料主要包括海外仓所有权文件（自有海外仓）、海外仓租赁协议（租赁海外仓）、其他可证明海外仓适用的相关资料（如海外仓入库信息截图、海外仓货物境外线上销售相关信息）等。

二、跨境电商零售进口税款担保备案

跨境电商零售进口税款担保备案，属于海关事务担保，须按跨境电商零售进口税款担保管理规定进行办理。

（一）海关事务担保

1．海关事务担保概述

海关事务担保，是指与进出境活动有关的自然人、法人或者其他组织在向海关申请从事特定的经营业务或者办理特定的海关事务时，以向海关提交保证金、保证函等担保，承诺在一定期限内履行其法律义务的法律行为。

海关事务担保制度从本质上讲，是海关支持和促进对外贸易发展和科技文化交流的措施，既保障国家利益不被侵害，又利于进出境活动，促进对外贸易效率的提高。同时，担保制度对进出境活动的当事人也将产生较强的制约作用，促进企业守法自律，按时履行其承诺的诸如补交单证、补缴税款、按规定复出（进）口等义务。

《海关事务担保条例》主要规定了当事人申请提前放行货物的担保、当事人申请办理特定海关业务的担保、税收保全担保、免予扣留财产的担保。

在一定期限内多次办理同一类海关事务的，当事人可以向海关申请提供总担保；提供总担保后，当事人办理该类海关事务，不再单独提供担保。总担保的适用范围、担保金额、担保期限、终止情形等由海关总署规定。

2．海关保证金的分类

海关保证金是海关依法对海关管理相对人收取的担保资金，根据担保业务性质的不同分为以下四类。

（1）税款类保证金，是指海关征税工作中依据《海关法》《关税条例》《海关行政处罚实施条例》等法规收取的担保资金，适用于下列情形：

①海关尚未确定商品归类、完税价格、原产地、进口货物物品数量等征税要件的；

②正在海关办理减免税审批手续的；

③申请延期缴纳税款的；

④暂时进出境的；

⑤进境修理和出境加工的；

⑥因残损、品质不良或者规格不符纳税义务人申报进口或者出口无代价抵偿货物时，原进口货物尚未退运出境或者尚未放弃交由海关处理的，或者原出口货物尚未退运进境的；

⑦对缉私、稽查查获的执行风险较大的追征、补征税款的情形；

⑧其他按照有关规定应当收取税款类保证金的情形。

（2）风险类保证金，是指海关加贸、监管等工作中依法收取的担保资金，适用于下列情形：

①对加工贸易企业收取的保证金；

②对加工贸易货物备案征收的保证金；

③对从事转关运输企业收取的保证金；

④对加工区之间往来的货物、物品不能按照转关运输办理的企业收取的保证金；

⑤对进口货物收货人在申请减免滞报金期间因故需先行提取货物收取的保证金；

⑥对租赁进出口货物、物品收取的保证金；

⑦其他按照有关规定收取的保证金。

（3）案件类保证金，是指海关稽查、缉私和知识产权管理工作中依照《海关行政处罚实施条例》等法规收取的担保资金，适用于下列情形：

①有违法嫌疑的货物、物品、运输工具无法或者不便扣留的；

②当事人申请免予或者解除扣留有违法嫌疑的货物、物品、运输工具的；

③受海关处罚的当事人或者其法定代表人、主要负责人在出境前未缴清罚款、违法所得和依法追缴的货物、物品、走私运输工具的等值价款的；

④对涉及知识产权保护收取的保证金；

⑤其他依法可以收取保证金的情形。

（4）取保候审保证金，是指海关缉私部门对符合刑事诉讼法规定取保候审条件的走私犯罪嫌疑人决定取保候审时，责令走私犯罪嫌疑人保证其不妨碍、不逃避刑事诉讼活动而缴纳的一定数额的担保款项。

（二）跨境电商零售进口税款担保管理规定

由于跨境电商零售进口采用的是按时段汇总计征税款方式，因此海关总署2018年第194号公告第十六条要求，代收代缴义务人应当依法向海关提交足额有效的税款担保。

代收代缴义务人指取得企业海关编码的跨境电子商务平台企业、物流企业或申报企业。

担保形式一般为保证金、银行或者非银行金融机构的保函。保函要按照海关总署规定的担保保函标准格式开具，否则不能作为有效担保。

担保期限，单笔担保首次备案有效期为6个月，可以延期。担保超期自动失效，在担保可用金额中扣除相应额度。可用担保金额≤0时，跨境电商企业停止通关。

（三）跨境电商零售进口担保备案流程

代收代缴义务人申请办理税款担保时，需递交《进出口税款总担保申请表》《营业执照》《海关进出口货物收发货人备案回执》等相关资料，主管海关进行核批。

企业以保函形式开展担保的，应采用规范的跨境电子商务零售进口税款总担保保函标准格式，由商业银行出具；主管海关收取保函原件。

企业以保证金形式开展担保的，应根据主管海关开具的《海关保证金专用收据》支付保证金；主管海关根据《海关交（付）款通知书》《海关保证金专用收据》维护担保额度。

三、出口退（免）税备案

税务机关对出口企业或其他单位申请的出口退（免）税备案业务进行专项管理。出口企业或其他单位首次向税务机关申报出口退（免）税，应向主管税务机关办理出口退（免）税备案。

（一）出口退（免）税的含义

出口退（免）税，是指对出口货物劳务和适用增值税零税率的服务、无形资产等实行免征和退还增值税、消费税的法定制度。对于跨境电商而言，具体是指出口货物被退还其在国内生产和流通环节实际缴纳的消费税和增值税，或者免征应缴纳的消费税和增值税。

（二）出口退（免）税政策的意义

出口退（免）税政策主要是用来平衡国内出口商品的税收负担，使本国产品在进入国际市场时减去国内的含税成本，以增强在国际市场上的价格竞争力，对增强我国出口产品的国际竞争力，扩大出口，增加就业，保证国际收支平衡，增加国家外汇储备，促进国民经济持续快速健康发展发挥了重要作用。符合条件的出口企业应当按照出口货物退（免）税的法定程序申请及办理退（免）税的相关手续。

（三）出口退（免）税备案流程

在进行出口退（免）税备案前，须完成的事项：已完成一般纳税人登记（小规模纳税人出口仅适用免税政策）；用于接收出口退税款的账户已向主管税务机关进行银行存款账户账号信息备案。

（四）外贸综合服务企业代办退税政策

符合商务部等部门规定的外贸综合服务企业向主管税务机关备案，且企业内部已建立较为完善的代办退税内部风险管控制度并已向主管税务机关备案的，可向所在地主管税务机关集中代为办理国内生产企业出口退（免）税事项。

知识链接

外贸综合服务企业

根据商务部、海关总署、税务总局、质检总局、外汇局《关于促进外贸综合服务企业健康发展有关工作的通知》（商贸函〔2017〕759号）的规定，外贸综合服务企业是指具备对外贸易经营者身份，接受国内外客户委托，依法签订综合服务合同（协议），依托综合服务信息平台，代为办理包括报关报检、物流、退税、结算、信用保障等在内的综合服务业务和协助办理融资业务的企业。外贸综合服务企业是代理服务企业，应具备较强的进出口专业服务、互联网技术应用和大数据分析处理能力，建立较为完善的内部风险防控体系。例如，深圳市一达通企业服务有限公司是阿里巴巴集团全资收购的外贸综合服务企业，通过整合各项外贸服务资源和银行资源，为中小企业提供专业、低成本的通关、外汇、退税及配套的物流和金融服务。

四、贸易外汇收支企业名录登记

（一）跨境收结汇的基本方式

1．直接收款

跨境电商出口收款的银行间支付可细分为境外外汇账户收款、境内经常项目外汇账户收款或者跨境人民币账户收款。跨境出口电商应当依法取得对外贸易经营权后在外汇管理部门办理贸易外汇收支企业名录的登记手续，然后在银行开立经常项目外汇账户（如需通过境外账户或者离岸账户的需事先取得外汇局的批准）以办理收结汇手续。境内卖家可根据自身经营情况在境内银行开立单位或个人外汇账户。需要注意的是，开立个人外汇账户，个人结汇和购汇的年度总额分别有等值5万美元的限制。

2．采用第三方支付机构通道收款

经贸易外汇收支企业名录登记的支付机构可开展境外外汇支付业务，可以为跨境电子商务交易双方提供外汇资金收付及结售汇服务。

境外买家的付款在进入银行的外汇备付金账户之后，支付机构根据真实合法的交易背景，实现交易信息的逐笔还原，为出口电商办理结售汇业务。第三方支付机构解决了跨境电商平台单独对接各银行的难题，降低了平台开发成本及平台使用费率，为用户提供了更加友好的跨境支付操作界面，而且可在买家和卖家的交易中发挥货款监管的作用。因此，第三方支付机构通道是目前大多数跨境电商出口平台上境内卖家使用的收款模式。

（二）贸易外汇收支企业名录登记流程

具有真实货物贸易外汇收支业务需求的企业，凭《贸易外汇收支企业名录登记申请表》和《营业执照》通过现场或网上（国家外汇管理局数字外管平台）办理的方式向所在地外汇局申请办理名录登记后方可开展贸易外汇收支业务，对于不在名录的企业，银行和支付机构原则上不得为其办理货物贸易外汇收支业务。

银行和支付机构按规定凭交易电子信息办理货物贸易外汇收支业务时，对年度货物贸易收汇或付汇累计金额低于20万美元（不含）的小微跨境电商企业，可免予办理名录登记。

五、知识产权海关保护备案

（一）知识产权与知识产权海关保护

知识产权是指公民、法人或其他组织对其在科学技术和文学艺术等领域内，主要基于脑力劳动创造完成的智力成果所依法享有的专有权利，因此又称智力成果权。

知识产权海关保护是指海关对与进出口货物有关并受中华人民共和国法律、行政法规保护的商标专用权、著作权和与著作权有关的权利、专利权（以下统称知识产权）实施的保护。

具体到跨境电商的知识产权问题而言，为了克服电商领域假冒、侵权的顽疾，《电子商务法》已经明确规定了电商经营者，尤其是平台经营者的义务与责任。中国海关近年来也连续开展了“清风”“龙腾”等知识产权专项执法行动。

（二）知识产权海关保护备案的含义

知识产权海关保护备案（以下简称“知识产权备案”）是指知识产权权利人按照《中华人民共和国知识产权海关保护条例》的规定，将其知识产权的法律状况、合法货物的有关情况、知识产权许可使用情况和侵权货物进出口情况等内容以书面形式在海关总署进行登记，以便海关在对进出口货物的监管过程中能够主动对有关知识产权实施保护。

（三）知识产权备案的意义

知识产权备案是海关采取依职权保护措施的前提条件；知识产权备案有助于海关发现侵权货物；可以减轻知识产权权利人的经济负担；可以对侵权人产生震慑作用。

根据《中华人民共和国知识产权海关保护条例》的规定，知识产权权利人在向海关申请保护前不要求必须进行知识产权备案。但是，对知识产权权利人而言，备案与否有很大的差异，主要区别如表2-1所示。

表2-1 知识产权海关保护对比分析

项目	已海关备案的知识产权	未海关备案的知识产权
保护模式	依职权保护（主动保护）	依申请保护（被动保护）
保护措施	海关在监管过程中发现进出口货物有侵犯在海关总署备案的知识产权的嫌疑时，主动中止货物的通关程序并通知有关知识产权权利人，并根据知识产权权利人的申请对侵权嫌疑货物实施扣留的措施	知识产权权利人发现侵权嫌疑货物即将进出口时，向海关提出采取保护措施的申请，由海关对侵权嫌疑货物实施扣留的措施
处罚措施	海关有权对货物的侵权状况进行调查和对有关当事人进行处罚	海关对依申请扣留的侵权嫌疑货物不进行调查，知识产权权利人需要就有关侵权纠纷向人民法院起诉
担保措施	（1）知识产权权利人请求海关扣留侵权嫌疑货物，应提供担保： ①货物价值不足人民币2万元的，提供相当于货物价值的担保 ②货物价值为人民币2万元至20万元的，提供相当于货物价值50%的担保，但担保金额不得少于人民币2万元 ③货物价值超过人民币20万元的，提供人民币10万元的担保 （2）可依据规定向海关总署提供总担保（保函）	应当在海关规定的期限内向海关提供相当于货物价值的担保

（四）申请知识产权备案的主体

“知识产权权利人”指《中华人民共和国商标法》《中华人民共和国专利法》《中华人民共和国著作权法》中规定的商标注册人、专利权人、著作权人和与著作权有关的权利人。

使用知识产权的被许可人不能以自己的名义申请知识产权海关保护备案，但是可以接受商标注册人、专利权人、著作权人和与著作权有关的权利人的委托，以其代理人的身份并以权利人的名义提出申请，将被许可人添加为合法使用人。

（五）知识产权备案流程

申请人可以访问海关总署网站，点击进入“互联网+海关”栏目项下“我要办”＞“知识产权”＞“知识产权备案保护”版块，进入“知识产权海关保护备案子系统”进行备案申请。

1．注册知识产权海关保护备案子系统用户

通过“知识产权海关保护备案子系统”＞“办事入口”登录，填写用户信息提交至海关总署审核，海关总署会以书面形式将审核结果通知备案申请人。

2．录入备案申请数据

注册系统用户成功后，按照系统提示，在“备案申请”窗口内填写申请备案的知识产权和其他相关信息，同时上传有关附件。

3．提交备案申请数据

备案申请信息填写完整后，点击“提交”即可成功向海关总署递交申请。在海关总署未对备案申请审核前，备案申请人可以撤回申请，进行修改或者删除。

4．获得审核结果

海关总署会在收到备案申请人提交电子申请之日起30个工作日内作出是否准予备案的决定，并书面通知申请人。备案申请人可登录“知识产权海关保护备案子系统”查询申请进度。

（六）知识产权备案有效期

知识产权备案自海关总署准予备案之日起生效，有效期为10年。在知识产权有效的前提下，知识产权权利人可以在备案有效期届满前6个月内，向海关总署提出续展备案的书面申请并随附有关文件。续展备案的有效期自上一届备案有效期满次日起算，有效期为10年。

知识巩固

一、判断题

1. 办理海关备案，跨境电子商务企业类型包括电子商务企业、电子商务交易平台、支付企业、物流企业、监管场所经营人共5种类型。（　　）
2. 跨境电商零售进口采用的是按时段汇总计征税款方式，代收代缴义务人应当依法向海关提交足额有效的税款担保，单笔担保首次备案有效期为1年。（　　）
3. 没有向海关备案或者已备案的知识产权权利人，如果发现即将进出口的货物涉嫌侵犯其知识产权的，都可以向货物进出境地海关依法提出扣留侵权嫌疑货物的申请。（　　）
4. 知识产权备案是海关采取依职权保护措施的前提条件。（　　）
5. 海关事务担保制度是海关支持和促进对外贸易发展和科技文化交流的措施，既保障国家利益不被侵害，又利于进出境活动，促进对外贸易效率的提高。（　　）

6. 当商品归类不能确定的情况下，进口企业向海关提供足额税款担保可以向海关申请先放行货物。(　　)

二、不定项选择题

1. 深圳A贸易有限公司以 CIP PORT KELANG 条件向马来西亚B公司出口一批休闲鞋。于2022年11月6日向海关申报出口，经海关查验，发现鞋上标有某品牌标识并通知权利人C公司，权利人认为上述货物侵犯其在海关总署备案的知识产权，向海关提出了采取知识产权保护措施申请。

请就上述案例，回答下列相关问题：

(1) 下列说法错误的有(　　)。

A. 深圳A贸易有限公司负责办理运输和保险

B. 马来西亚B公司负责办理运输和保险

C. 深圳A贸易有限公司应将货物在马来西亚PORT KELANG交予客户

D. 深圳A贸易有限公司应将货物在深圳蛇口港交予船公司

(2) 根据《中华人民共和国知识产权海关保护条例》，深圳A贸易有限公司侵犯了知识产权海关保护中的(　　)。

A. 商标专用权　　B. 著作权

C. 与著作权有关的权利　　D. 专利权

(3) 海关对该批货物的知识产权保护模式属于(　　)，又称(　　)。

A. 依申请保护，主动保护　　B. 依申请保护，被动保护

C. 依职权保护，被动保护　　D. 依职权保护，主动保护

(4) C公司自接到海关的书面通知送达之日起，在(　　)工作日内必须提出扣留侵权货物的书面申请。

A. 1个　　B. 3个

C. 5个　　D. 7个

(5) 经海关调查认定该批货物侵犯知识产权，下列描述正确的是(　　)。

A. 深圳A贸易有限公司涉嫌走私货物罪，该批货物应予以没收

B. 该批货物消除侵权特征后可依法拍卖，拍卖所得款上交国库

C. 货物扣留期间的仓储费应当由深圳A贸易有限公司支付

D. 若海关销毁该批货物，C公司应当提供必要的协助

2. 知识产权海关保护备案自海关总署核准备案之日起生效，有效期为(　　)年。

A. 5　　B. 10　　C. 20　　D. 30

3. 由于跨境电商零售进口采用的是按时段汇总计征税款方式，因此海关总署要求，代收代缴义务人应当依法向海关提交足额有效的税款担保。代收代缴义务人指取得企业海关编码的(　　)。

A．跨境电子商务平台企业　　B．物流企业
C．申报企业　　D．支付企业

4．知识产权权利人办理知识产权海关保护备案，应当向（　　）提出申请。
A．海关总署　　B．直属海关
C．隶属海关　　D．直属海关或其授权的隶属海关

5．开立个人外汇账户，个人结汇和购汇的年度总额分别有等值（　　）万美元的限制。
A．1　　B．2　　C．5　　D．10

实训任务

绘制思维导图，总结跨境电商企业办理报关业务前的相关备案流程。

任务二 跨境电商商品备案

任务导入

广州中天网络科技有限公司是一家新成立的跨境电商公司，拟从事跨境电商零售进口业务，致力于为中国消费者提供高质量的境外品牌美妆、食品和日用品，深入产品原产地直接采购，从源头杜绝假货，委托四通报关有限公司进行跨境电商进口业务的关务规划，并办理跨境电商商品备案。

相关知识

一、跨境电商零售商品备案

跨境电商零售进口商品，受限于海关“正面清单”和检验检疫“负面清单”，因此开展业务前需要办理商品备案。对于商品备案，跨境电商企业及其代理人须按照所在地海关要求办理。如图2-2所示为跨境电商零售商品备案流程。

（1）已在海关备案的企业（以下简称“备案企业”）将需要销售的新商品信息按照规定格式录入或自动形成商品备案申请单，并通过“跨境贸易电子商务公共服务平台”提交海关审核。

（2）如需预归类服务可通过“跨境贸易电子商务公共服务平台”发送给预归类服务企业，待预归类服务企业反馈相关的预归类结果后，可以在该平台查询并导出相关结果表。

（3）备案企业发现商品备案申报信息有问题的，可以对原申请单作撤回处理并对原申请单作相应的修改、删除处理，然后将其重新发送给预归类服务企业；备案企业如果认为无需将新商品交由预归类服务企业进行预约服务，也可以选择自行将填好的预归类结果直接发送给海关进行备案。

（4）预归类服务企业登录平台后，可以接受和导出在跨境电子商务平台备案的企业发出的预归类申请（含撤回指令），并将核定好的归类结果表上传平台进行海关归类备案同时发送到对应的备案企业账户。当发现出具预约结果表有差错或者备案企业提交的申请资料有问题的，可以通过平台修改、发送新的预归类结果表。

（5）海关登录平台后，可以对备案企业自行提交或预归类服务企业提交的预归类商品信息表进行审核，如果有差错，可将结果直接反馈到对应的备案企业或者预归类服务企业，如果没有差错，将反馈系统生成的商品备案号。通过平台，预归类服务企业和备案企业均可以统计预归类数量。

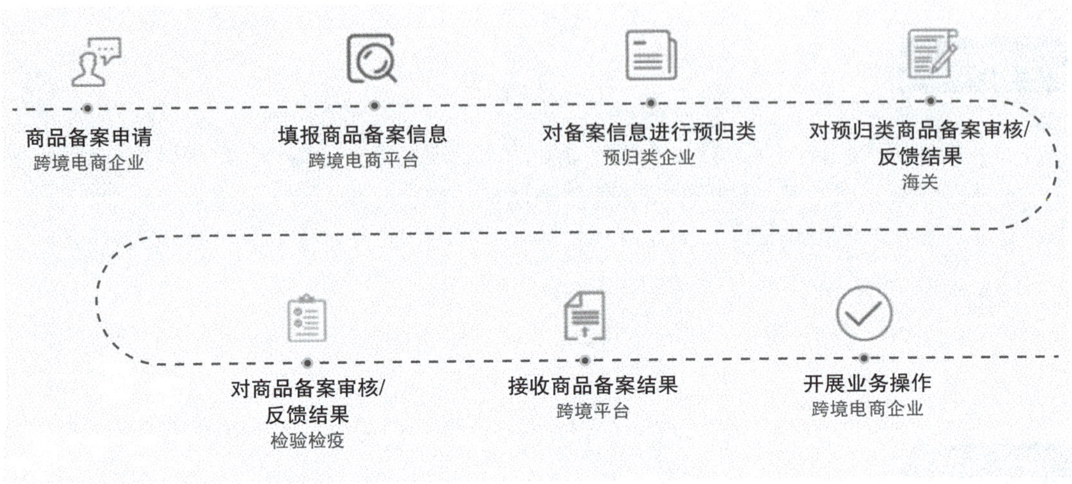

图2-2 跨境电商零售商品备案流程

注：预归类是指在商品进出口前确定商品编码（也称为税则号列）的行为。

二、进出口商品归类

（一）进出口商品归类的定义

进出口商品归类是指在《商品名称及编码协调制度》商品分类目录体系下，以《中华人民共和国进出口税则》为基础，按照《进出口税则商品及品目注释》《中华人民共和国进出口税则本国子目注释》以及海关总署发布的关于商品归类的行政裁定、商品归类决定的规定，确定进出口货物商品编码的行为。

（二）进出口商品归类的责任主体

《中华人民共和国进出口关税条例》第三十条、第三十一条规定，纳税义务人应当依法如实向海关申报，提供有关确定完税价格、进行商品归类等所需的资料；纳税义务人应当按照《进出口税则》规定的目录条文和归类总规则、类注、章注、子目注释以及其他归类注释，对其申报的进出口货物进行商品归类，并归入相应的税则号列。

《中华人民共和国海关进出口货物商品归类管理规定》第六条的规定，收发货人或者其代理人应当按照法律、行政法规规定以及海关要求如实、准确申报其进出口货物的商品名称、规格型号等，并且对其申报的进出口货物进行商品归类，确定相应的商品编码。

因此，进出口业务纳税义务人、收发货人是进出口商品归类的责任主体。

（三）预归类服务

1．归类预裁定

根据《中华人民共和国海关预裁定管理暂行办法（海关总署第236号令）》，在货物实际进出口前，申请人可以就“商品归类”“价格”“原产地”等海关事务申请预裁定。

预裁定的申请人应当是与实际进出口活动有关，并且在海关备案登记的对外贸易经营者。申请人应当在货物拟进出口3个月之前向其注册地直属海关提出预裁定申请。申请人进出口与《预裁定决定书》列明情形相同的货物时，应当按照《预裁定决定书》申报，并在报关单备注栏内填写：“预裁定+《预裁定决定书》编号”（例如：某份《预裁定决定书》编号为R-2-0100-2018-0001，则应当在备注栏内填写“预裁定R-2-0100-2018-0001”），海关予以认可。

归类预裁定决定书和归类预裁定进度，可通过“互联网+海关”和“中国电子口岸”查询，也可通过海关总署关税司、天津海关共同开发的微信公众号“海关归类一指通”查询。如图2-3所示为“海关归类一指通”微信公众号截图。

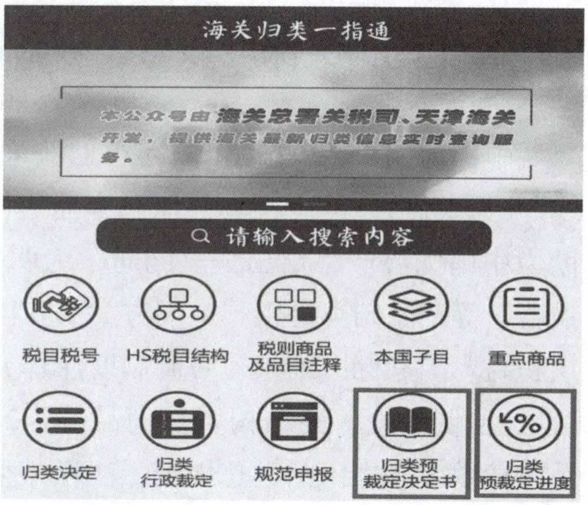

图2-3 “海关归类一指通”微信公众号截图

2．社会化预归类服务

社会化预归类服务指预归类单位受进出口货物经营单位委托，按照《中华人民共和国进出口货物归类管理规定》，对其拟进出口的货物预先确定商品的归类，并出具《进出口商品预归类意见书》的相关服务活动。

《进出口商品预归类意见书》根据商品情况、《进出口税则》及注释的相关规定，确定商品编码的指引性文书，通常包括对商品的分析（含商品中文名称、商品描述）、归类结论及依据或理由等内容。

（四）《商品名称及编码协调制度》

《商品名称及编码协调制度》（The Harmonized Commodity Description and Coding System，简称《协调制度》或HS），是指在原海关合作理事会商品分类目录和国际贸易标准分类目录的基础上，协调国际上多种商品分类目录而制定的一部多用途的国际贸易商品分类目录。在现实工作中，为了适用于海关监管、海关征税及海关统计，需要按照进出口商品的性质、用途、功能或加工程度等将商品准确地归入《协调制度》中与之对应的类别和编号。

随着新产品的不断出现和国际贸易结构的变化，世界海关组织（WCO）每隔若干年就要修订《协调制度》。自1988年《协调制度》生效以来，进行了多次修订，至今形成了1988年、1992年、1996年、2002年、2007年、2012年、2017年、2022年共八个版本。2022年版《协调制度》共有351组修订，修订后的《协调制度》共有6位数子目5609个，比2017年版《协调制度》增加了222个。新版《协调制度》通过对贸易中形成主要趋势的新产品以及与全球关注的环境和社会问题相关的产品进行列目，调整原有列目结构使《协调制度》适应当前贸易发展。

关务观察

中国海关深度参与《协调制度》（2022年版）修订工作

中国海关45组提案及修订意见获采纳，创历史新高，其中“玻璃车窗”“通信天线”“无人机”“不锈钢真空保温容器”等被列入了新版《协调制度》，解决归类争议，助力中国优势产品走出去。同时，为明确“微生物油脂”“3D打印机”“集成电路检测设备”等产品归类提供“中国方案”获得通过，并将北斗导航系统等中国元素及“单板层积材”国家标准纳入《协调制度注释》。

《协调制度》的结构贸易商品分为21个类、97个章（第77章是空章）。整个分类体系法律效力文本由归类总规则、注释（类注、章注、子目注释）和商品名称及编码表三部分组成。

1．归类总规则

《协调制度》归类总规则，位于《协调制度》文本的卷首，是指导整个《协调制度》商品归类的总原则。归类总规则共有6条，是商品具有法律效力的归类依据，适用于品目条文、子目条文以及注释无法解决商品归类的场合。

归类总规则

规则一　类、章及分章的标题，仅为查找方便而设。具有法律效力的归类，应按品目条文和有关类注或章注确定，如品目、类注或章注无其他规定，按以下规则确定。

关于规则一的解释：“类、章及分章的标题，仅为查找方便而设”。要将数以万计的商品归入编码表中的几千个子目之内并非易事，为便于查找编码，《协调制度》将一类或一章商品加以概括并冠以标题。由于现实中的商品种类繁多，通常情况下一类或一章标题很难准确地对本类、章商品加以概括，所以类、章及分章的标题仅为查找方便而设，不具有法律效力。换句话说，类章中的商品并不是全部都符合标题中的描述。例如：第十五类的标题为“贱金属及其制品”，但许多贱金属制品并不归入该类，如铜纽扣归入第九十六章“杂项制品”，贱金属制的机械设备归入第八十四章“核反应堆、锅炉、机器、机械器具及其零件”；第二十二章的标题为“饮料、酒及醋”，但是瓶装蒸馏饮用水却不归入该章，而应归入第二十八章“无机化学品”；针织束腰胸衣不能归入第六十一章“针织或钩编的服装及衣着附件”，而归入第六十二章“非针织或钩编的服装及衣着附件”，类似的例子还很多。

“具有法律效力的归类，应按品目条文和有关类注或章注确定，如品目、类注或章注无其他规定，按以下规则确定。”这里有两层含义。第一，具有法律效力的商品归类，是按品目名称和有关类注或章注确定商品编码；第二，品目归类时，应按照顺序运用归类依据，即规则一至规则四依次适用，确定品目。

规则二 （1）品目所列货品，应包括该项货品的不完整品或未制成品，只要在进口或出口时该项不完整品或未制成品具有完整品或制成品的基本特征；还应包括该项货品的完整品或制成品（或按本款可作为完整品或制成品归类的货品）在进口或出口时的未组装件或拆散件。

（2）品目中所列材料或物质，应视为包括该种材料或物质与其他材料或物质混合或组合的物品。品目所列某种材料或物质构成的货品，应视为包括全部或部分由该种材料或物质构成的货品。由一种以上材料或物质构成的货品，应按规则三归类。

关于规则二的解释：规则二分两大部分，第一部分实际上是扩大编码的商品范围，这里有两层意思：第一层意思是品目所列商品包括其不完整品或未制成品，只要其具有完整品或制成品的基本特征，就应包括在内。例如缺少一个轮胎或倒车镜等零部件的汽车，因其缺少的部件并不能影响产品本身的特征，故应按完整的汽车归类；缺少键盘的便携式电脑仍应按完整的便携式电脑归类等。第二层意思是还应视为包括该项货品的完整品或制成品在进口或出口时的未组装件或拆散件。已具备了成品的形状特征，但还不能直接使用，需经进一步加工才能使用的商品，例如已具有钥匙形状的铜制钥匙坯片按照铜制钥匙归类；已经裁剪成片的手套按照制成手套归类等；因运输、包装、加工贸易等原因，进口时未组装件或拆散的货品，例如机电产品的成套散件，此类成套散件只需简单组装即可成为完整成品。之所以这样规定，是因为编码品目有限，不可能将各种情况的商品一一列出。如果没有这项规则，则需将每缺一个零部件的商品单列一个子目，一是难以列全，二是浪费目录资源。

规则二第二部分，有两层意思。第一，品目中所列某种材料包括了该种材料的混合物或组合物，也是对品目商品范围的扩大；第二，其适用条件是加进去的东西或组合起来的东西不能失去原商品的特征，例如含10%柑橘皮的绿茶仍然是绿茶，按照绿茶归入品目09.02；天然软木塞，虽然外包一层纱布，但是并没有改变基本特征，因此还是按照天然软木制品归入品目45.03。如混合或组合后的商品失去原商品的特征，可归入两个及以上品目，则需要运用规则三。

规则三 当货品按规则二（2）或由于其他原因看起来可归入两个或两个以上品目时，应按以下规则归类：

①列名比较具体的品目，优先于列名一般的品目。但是，如果两个或两个以上品目都仅述及混合或组合货品所含的某部分材料或物质，或零售的成套货品中的某些货品，

即使其中某个品目对该货品描述得更为全面、详细，这些货品在有关品目的列名应视为同样具体；

②混合物、不同材料构成或不同部件组成的组合物以及零售的成套货品，如果不能按规则三（1）归类时，在本款可适用的条件下，应按构成货品基本特征的材料或部件归类；

③货品不能按规则三（1）或（2）归类时，应按税则号列顺序归入其可归入的最末一个品目。

关于规则三的解释：不论是按规则二（2）或其他任何原因归类，货品看起来可归入两个或两个以上品目时，应按以下规则归类，这是规则三运用的前提。

规则三的三条规则可概括为“具体列名、基本特征、从后归类”，这三条规则应按照先后次序依次加以运用。

规则三（1）主要内容是具体列名优先于一般列名的品目，例如汽车用钢化安全玻璃，看起来可以归入汽车零件（品目87.08）或钢化安全玻璃（品目70.07），品目70.07“钢化或层压的安全玻璃”更为具体，因此该商品归入该品目。

规则三（2）所称的“基本特征”一般可综合分析货品的外观形态、结构、功能、用途、最终使用目的、商业习惯、价值比例、社会习惯等多方面因素。例如魔术贴，由无纺布、聚丙烯离型胶带、聚乙烯薄膜等几种材料制成，其中纺织物部分起主要作用，应按照其纺织制品的基本特征归入品目63.07，而不是按照塑料制品归入第三十九章。

规则三（2）所称“零售的成套货品”（Goods put up in sets for retail sale）是指同时符合以下三个条件的货品：

①至少由两种看起来可归入不同编码的不同物品构成的；

②为了适应某一项活动的特别需要而将几件产品或物品包装在一起的；

③其包装形式适于直接销售给用户而货物无须重新包装的。

规则三（3）只能适用于不能按规则三（1）或规则三（2）归类的货品。如果一个商品可以归入两个或两个以上品目时，每个品目都同样具体，不存在基本特征，那么就按在商品编码表中位置靠后的那个品目进行归类。例如大麦（50%）和燕麦（50%）的等量混合物，即按照大麦（品目10.03）、燕麦（品目10.04）中的后一品目10.04归类。

规则四　根据上述规则无法归类的货品，应归入与其最相类似的品目。

关于规则四的解释：这条规则所述的“最相类似”，是指名称、功能、用途或结构上的相似。实际操作中往往难以统一认识。一般来说，这条规则较少使用。

规则五　除上述规则外，本规则适用于下列货品的归类：（1）制成特殊形状仅适用于盛装某个或某套物品并适合长期使用的，如照相机套、乐器盒、枪套、绘图仪器盒、项链盒及类似容器，如果与所装物品同时进口或出口，并通常与所装物品一同出售的，应与所装物品一并归类，但本款不适用于本身构成整个货品基本特征的容器；（2）除规则五（1）规定的以外，与所装货品同时进口或出口的包装材料或包装容器，如果通常是用来包装这类货品的，应与所装货品一并归类。但明显可重复使用的包装材料和包装容器可不受本款限制。

关于规则五的解释：解决货物包装物归类的专门条款。

规则五（1）仅适用于同时符合以下各条规定的容器：

①制成特定形状或形式，专门盛装某一物品或某套物品的，专门设计的，有些容器还制成所装物品的特殊形状；

②适合长期使用的，容器的使用期限与所盛装某一物品使用期限是相称的："在物品不使用期间，这些容器还起保护作用"；

③与所装物品一同进口或出口，不论其是否为了运输方便而与所装物品分开包装；单独进口或出口的容器应归入其应归入的相应品目；

④通常与所装物品一同出售的；

⑤包装物本身并不构成整个货品的基本特征，即包装物本身无独立使用价值。

规则五（1）不适用于本身构成整个商品基本特征的容器。例如，装有茶叶的银质茶叶罐，本身价值昂贵，远远超出茶叶的价格，并已构成整个货品的基本特征，因此应按银制品归入税则号列7114.1100。

规则五（2）实际上是对规则五（1）规定的补充。当包装材料或包装容器不符合规则五（1）条件时，如果通常是用来包装某类货品的，则应与所装货品一同归类。但本款不适用于明显可以重复使用的包装材料或包装容器，例如，装有压缩液化气体的钢瓶应按钢铁制品（品目73.11）和液化气（品目27.11）分别归类。

规则六　货品在某一品目项下各子目的法定归类，应按子目条文或有关的子目注释以及以上各条规则来确定，但子目的比较只能在同一数级上进行。除《协调制度》条文另有规定的以外，有关的类注、章注也适用于本规则。

关于规则六的解释：为解决某一品目下各级子目的法定归类而设定该规则。

以上规则一至规则五在必要的地方加以修改后，可适用于同一品目下的各级子目。

规则六中所称"同一数级"子目，是指同为五位数级或同为六位数级的子目。据此，当按照规则三（1）规定考虑某一物品在同一品目项下的两个及两个以上五位数级子目的归类时，只能依据有关的五位数级子目条文来确定哪个五位数级子目所列名称更为具体或更为类似。只有在确定了列名更为具体的五位数级子目后，而且该子目项下又再细分了六位数级子目时，才能根据有关六位数级子目条文考虑物品应归入这些六位数级子目中的哪个子目。

"除条文另有规定的以外，有关的类注、章注也适用于本规则"是指类、章注释与子目条文或子目注释不相矛盾时，类、章注释适用于子目归类的场合。如果类、章注释与子目条文或子目注释相矛盾时，应服从于子目条文或子目注释。例如，第七十一章注释四（二）所规定的"铂"的范围，与第七十一章子目注释二所规定的"铂"的范围不相同，在解释子目7110.11及7110.19的商品范围时，应采用子目注释二，而不应考虑该章注释四（二）。

2．注释

（1）《协调制度》中的注释是解释说明性的规定。位于类标题下的注释为类注释，简称类注；位于章标题下的注释为章注释，简称章注。如图2-4所示为类注和章注的中英文注释。

① 类注

第一类
活动物；动物产品

SECTION I
LIVE ANIMALS; ANIMAL PRODUCTS

注释：

一、本类所称的各属种动物，除条文另有规定的以外，均包括其幼仔在内。

二、除条文另有规定的以外，本《协调制度》所称干的产品，均包括经脱水、蒸发或冷冻干燥的产品。

Notes:

1. Any reference in this Section to a particular genus or species of an animal, except where the context otherwise requires, includes a reference to the young of that genus or species.

2. Except where the context otherwise requires, throughout the No-menclature any reference to "dried" products also covers products which have been dehydrated, evaporated or freeze-dried.

② 章注

第一章
活 动 物

Chapter 1
Live animals

注释：

本章包括所有活动物，但下列各项除外：

一、税目03.01、03.06、03.07或03.08的鱼、甲壳动物、软体动物及其他水生无脊椎动物；

二、税目30.02的培养微生物及其他产品；

三、税目95.08的动物。

Notes:

This Chapter covers all live animals except:

1. Fish and crustaceans, molluscs and other aquatic invertebrates, of heading No.03.01.03.06.03.07 or 03.08;

2. Cultures of micro-organisms and other products of heading No. 30. 02;

3. Animals of heading No. 95. 08.

图2-4 类注与章注

（2）《进出口税则商品及品目注释》（以下简称《税则注释》）是商品归类的重要依据之一。我国是《商品名称及编码协调制度公约》（以下简称《公约》）的缔约方，按照《公约》规定，中国海关根据世界海关组织编制的2022年版《商品名称及编码协调制度注释》，编制了我国2022年版《税则注释》。在《税则注释》中可查询品目注释、子目注释。如图2-5所示为《税则注释》截图。

01.05 家禽，即鸡、鸭、鹅、火鸡及珍珠鸡（+）：

— 重量不超过185克：

11 — — 鸡

12 — — 火鸡

13 — — 鸭

14 — — 鹅

15 — — 珍珠鸡

— 其他：

94 — — 鸡

99 — — 其他

品目注释

本品目仅包括所列的各种活家禽。鸡属家禽包括普通家鸡及阉鸡，但不包括其他活禽〔例如，鹧鸪、野鸡、鸽、野鸭、大雁（品目01.06）〕。

子目注释：

子目注释

子目0105.11、0105.12、0105.13、0105.14及0105.15

子目0105.11、0105.12、0105.13、0105.14及0105.15所列重量是指每一只家禽的重量。

图2-5《税则注释》截图

注释的作用在于准确限定子目、品目、章或类的范围，保证商品归类的唯一性和正确性。常见的形式有：排他法（用排除性条款列举某个子目、品目、章或类不包括的商品）、定义法（用一般定义法来限定某个子目、品目的范围或解释子目条文、品目条文及章、类中出现的专业术语或名词）、列举法（分为全部列举和不完全列举）。

以下注释包括协调制度类注、章注、子目注释（以第四类为例），综合运用各种形式：

第四类　食品；饮料、酒及醋；烟草、烟草及烟草代用品的制品；非经燃烧吸用的产品，不论是否含有尼古丁；其他供人体摄入尼古丁的含尼古丁的产品。

【注释】

本类所称“团粒”，是指直接挤压或加入按重量计比例不超过3%的黏合剂制成的粒状产品。

第十六章　肉、鱼、甲壳动物、软体动物及其他水生无脊椎动物，以及昆虫的制品

【注释】

（1）本章不包括用第二章、第三章、第四章注释六及品目05.04所列方法制作或保藏的肉、食用杂碎、鱼、甲壳动物、软体动物或其他水生无脊椎动物及昆虫。

（2）本章的食品按重量计必须含有20%以上的香肠、肉、食用杂碎、血、昆虫、鱼、甲壳动物软体动物或其他水生无脊椎动物及其混合物。对于含有两种或两种以上前述产品的食品，则应按其中重量最大的产品归入第十六章的相应品目。但本条规定不适用于品目19.02的包馅食品和品目21.03及21.04的食品。

【子目注释】

（1）子目1602.10的“均化食品”是指用肉、食用杂碎、血或昆虫经精细均化制成适合供婴幼儿食用或营养用的零售包装食品（每件净重不超过250克）。为了调味、保藏或其他目的，均化食品中可以加入少量其他配料，还可以含有少量可见的肉粒、食用杂碎粒或昆虫碎粒。归类时该子目优先于品目16.02的其他子目。

（2）品目16.04或16.05项下各子目所列的是鱼、甲壳动物、软体动物及其他水生无脊椎动物的俗名，它们与第三章中相同名称的鱼、甲壳动物、软体动物及其他水生无脊椎动物种类范围相同。

3．商品名称及编码表

商品名称及编码表由协调制度编码（简称HS编码）和商品名称构成（包括品目条文和子目条文），是《协调制度》商品分类目录的主体，从属于二十一类，分布在九十七章中（第七十七章是空章，仅有标题，保留为《协调制度》将来所用）。商品编码居左，商品名称居右。世界海关组织编制的《协调制度》编码共有6位数字，前四位为品目（其中前两位代表章的序号，例如“01”代表第一章），后两位为子目（包括一级子目和二级子目）。品目右侧的文字说明为品目条文，子目右侧的文字说明为子目条文。如图2-6所示为品目及品目条文。

Heading 品目	H.S. Code		
01.04		Live sheep and goats.	
	0104.10	-Sheep	
	0104.20	-Goats	
01.05		Live poultry, that is to say, fowls of the species *Gallus domesticus*, ducks, geese, turkeys and guinea fowls.	① 品目条文
		-Weighing not more than 185g:	
	0105.11	--Fowls of the species *Gallus domesticus*	
	0105.12	-- Turkeys	
	0105.13	-- Ducks	
	0105.14	--Geese	
	0105.15	--Guinea fowls	
		-Other:	② 子目条文（一级子目）
	0105.94	--Fowls of the species *Gallus domesticus*	
	0105.99	--Other	③ 子目条文（二级子目）

图2-6 品目及品目条文

HS编码被200多个国家和经济体使用，作为关税征收和国际贸易统计数据的基础。国际贸易中98%以上的商品都是按HS编码进行商品分类的。参与《协调制度》的国家，通常在6位HS编码的基础上，自行编制本国子目和本国注释，比如电动真空吸尘器（功率1000瓦，带有容积为10升的集尘袋）零件的HS编码为8508.70，该商品在中国的商品编码为8508.7010，该商品在欧盟的商品编码为8508.700020，该商品在美国的商品编码为8508.70.0000。如图2-7所示为HS CODE截图。

85.08		Vacuum cleaners.
		-With self-contained electric motor :
	8508.11	--Of a power not exceeding 1,500 W and having a dust bag or other receptacle capacity not exceeding 201
	8508.19	--Other
	8508.60	-Other vacuum cleaners
	8508.70	-Parts

图2-7 HS CODE截图

注：HS CODE 资料来自世界海关组织修订的2022年版《协调制度》，详细内容可查询该组织官网https://www.wcoomd.org/en/topics/nomenclature/instrument-and-tools/hs-nomenclature-2022-edition.aspx；中国商品编码资料来自国务院关税税则委员会关于发布的《中华人民共和国进出口税则（2024）》；欧盟商品编码资料来源于欧盟税收与关税委员会官方网站；美国商品编码资料来源于美国国际贸易委员会官方网站。

《协调制度》对商品分类遵循科学的分类原理和规则，采用常见的商品分类标志进行分类，使商品归类有章可循。《协调制度》基本上以商品所属的生产行业为“类”的划分依据，如第六类为化学工业及相关工业的产品，第十一类为纺织工业的产品等。通常以商品的自然属性（原材料及其制成品）或所具有的原理、功能及用途（制成品）为设“章”原则，如第二十八章无机化学品（自然属性相同），第五十七章地毯及其他铺地用品（功能相似）。类次及章次的编排，主要按照从简单到复杂（加工程度由低到高）、从农业（先动物、后植物）到工业的顺序，如活动物以及动物产品在第一类、植物产品在第二类、矿物产品在第五类、化学及相关工业产品在第六类、纺织制品在第十一类；又如在第十一类中第五十章、第五十一章为动物纤维，第五十二章、第五十三章为植物纤维。同章内按照原材料商品在前，半制成品居中，制成品居后的顺序编排，如第三十九章按照初级形态塑料（原材料）、塑料板（半成品）、塑料制用具（制成品）的顺序列目。

（五）《中华人民共和国进出口税则》层级结构

现行的《中华人民共和国进出口税则》（以下简称《进出口税则》）以《协调制度》为基础，结合我国实际进出口情况（国务院关税税则委员会根据中国与贸易伙伴贸易协议的签署内容和对外经济贸易发展的需要，每年对进出口税率进行调整）编制而成。

《进出口税则》结构与《协调制度》商品分类目录结构基本相同，也由归类总规则、注释和商品名称及编码表三部分组成。两者相比较，前者在商品名称及编码表增设了进口税率栏（最惠国税率、协定税率、特惠税率、普通税率），并将商品编码改称为“税则号列”，税则号列的前6位与《协调制度》完全一致，增设了第7、8位本国子目（分别是三级子目、四级子目）。我国海关商品编号有10位，按照《进出口货物商品归类管理规定》（海关总署第252号令）确定前8位商品编号，如有分拆子目的第9、10位商品编号的确定，则需要按照“相关规定”办理。如图2-8所示为《进出口税则》截图。

税则号列	中文货品名称	最惠国税率（%）	协定税率（%）	特惠税率（%）	普通税率（%）
	--鸡：				
0105.1110	--改良种用	0		0 受惠国LD	0
0105.1190	--其他	10	0 东盟AS，智利CL，新西兰NZ，秘鲁PE，哥CR，瑞士CH，冰岛IS，奥AU，香港HK，澳门MO，格GE 4 韩国KR 4.5 巴PK	0 缅甸MM，老挝LA，受惠国LD	50

图2-8 《进出口税则》截图

注：第9、10位商品编号是国家税收、货物管制、贸易救济及其他原因所设置的，比如暂定税率、两用物项管制、濒危物种管制、反倾销等，这些管理措施由财政部、商务部、国家濒管办、药监局及其他不同职能部门制定，并发布有关的公告、目录。而这些公告、目录就是我们在确定第9、10位商品编号时，需要参照的“相关规定”。在填制报关单的“商品编码”栏，需要填写10位编码，通常《进出口税则》的税则号列（也称商品编码）为8位，报关时，第9、10位用“00”补足即可。

下面以品目01.05为例说明我国商品分类目录的结构，如图2-9所示。

01.05	**家禽，即鸡、鸭、鹅、火鸡及珍珠鸡：**
	-重量不超过185克：
	--鸡：
0105.1110	---改良种用
0105.1190	---其他
	--火鸡：
0105.1210	---改良种用
0105.1290	---其他
	--鸭：
0105.1310	---改良种用
0105.1390	---其他
	--鹅：
0105.1410	---改良种用
0105.1490	---其他
	--珍珠鸡：
0105.1510	---改良种用
0105.1590	---其他
	-其他：
	--鸡：
0105.9410	---改良种用
0105.9490	---其他
	--其他：
0105.9910	---改良种用
	---其他：
0105.9991	----鸭
0105.9992	----鹅
0105.9993	----珍珠鸡
0105.9994	----火鸡

图2-9《进出口税则》01.05品目

品目01.05的分类结构也可解释如下，如图2-10所示。

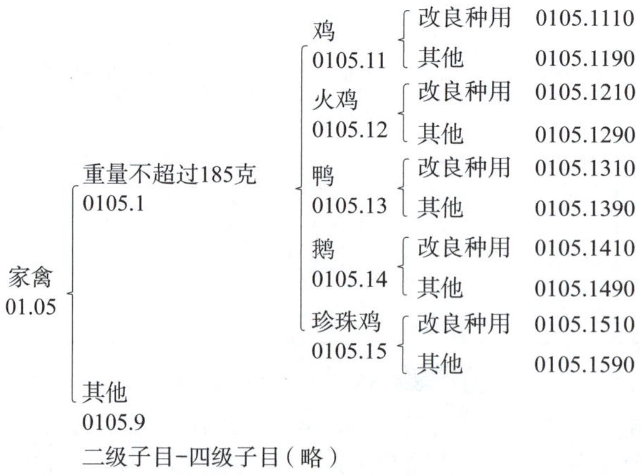

图2-10 品目01.05结构图

（六）商品归类基本操作程序

商品归类的基本操作程序是以《进出口税则》提供的具有法律效力的商品归类为依据，对进出口货物进行商品归类的操作。具体操作程序如下。

1．归类准备阶段

本阶段的主要任务是对商品归类信息的汇总和归纳整理。对于归类对象的进出口货物，一般应了解其名称（学名、别名等）、原材料（组分及含量等）、结构、规格、性能、制造原理、加工状况（方式、过程、程度等），以及功能和用途等相关信息，还应了解易混淆商品的区别等知识。商品归类信息获取的途径通常包括通过单证资料获取、通过看货取样获取、请教生产厂家、查询专业书籍以及浏览相关网站等。

2．归类操作阶段

（1）确定品目。明确归类商品的基本特征，查阅类、章标题，列出可能归入的类、章标题，查阅相应的类、章中的注释和品目条文、品目注释，在运用规则一无法确定品目的情况下，运用规则二至规则四，依次适用，确定品目；涉及包装的归类，运用规则五加以确定。

（2）确定子目。查阅所属品目的一级子目（也称“一杠子目”）条文和适用的注释，如无法直接确定，可将规则二至规则五关于确定品目的规则稍加修改来确定子目。依次重复完成前述程序，确定二、三、四级子目即第六、七、八位数，最终完成归类。注意同数级的子目才能进行比较。

（七）食品归类

食品主要归入第一类至第四类（第一章至第二十四章）。第四类商品主要由第一类的动物产品与第二类的植物产品经过超出了第一类、第二类的加工程度或加工范围所得到。如图2-11所示为第一类至第四类各章的对应关系。

食品归类

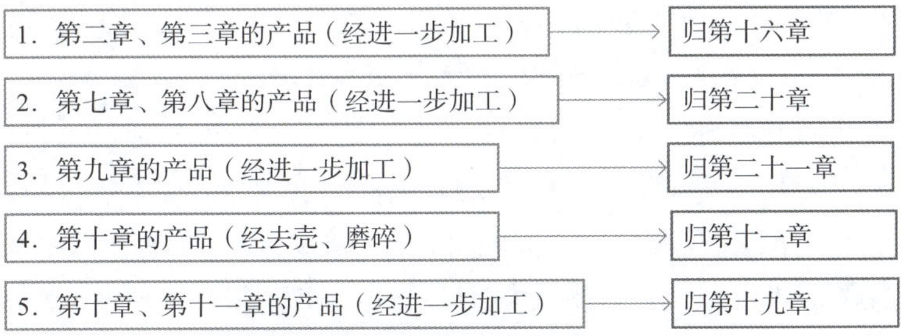

图2-11 第一类至第四类各章的对应关系

注：第二章的简单加工包括鲜、冷、冻、盐渍、盐腌、干制或熏制，切割、绞碎、不同品目混合、解朊酶嫩化；第三章的简单加工包括以上内容，以及熏制前热处理未使其失去特性，蒸或水煮过的带壳甲壳动物。

1．“均化食品”的归类

（1）子目1602.1000的“均化食品”。

归入条件：仅以肉、食用杂碎或动物血为基料；经精细均化制成专供婴儿食用或营养用；零售包装（每件净重不超过250克）。归类时该子目优先于品目16.02的其他子目。

例1：由牛肉经过精细均化制成供婴幼儿食用的净重200克的罐头，如何归类？

解析：按照均化食品归类。根据归类总规则一及六，应归入税则号列1602.1000。

例2：由牛肉经过精细均化制成供婴幼儿食用的罐头500克/瓶，如何归类？

解析：虽然题目产品专供婴儿食用，其加工方式为均化，但不符合1602.10子目注释的规定，因为题中的单位净重为500克而不符合1602.10要求的每件净重不超过250克的标准，因此不能按照均化食品归入1602.1000，只能按照普通牛肉罐头进行归类。根据归类总规则一及六，应归入税则号列1602.5010。

（2）子目2007.1000的“均化食品”。

归入条件：果实经精细均化制成供婴幼儿食用或营养用的零售包装食品（每件净重不超过250克）。为了调味、保藏或其他目的，均化食品中可以加入少量其他配料，还可以含有少量可见的果粒。归类时，子目2007.10优先于品目20.07的其他子目。

例3：由樱桃经过精细均化制成供婴幼儿食用的净重100克的食品，如何归类？

解析：应该按照均化食品归类。根据归类总规则一及六，应归入税则号列2007.1000。

（3）子目2104.2000的“均化混合食品”。

归入条件：两种或两种以上的基本配料，例如，肉、鱼、蔬菜或果实等，经精细均化制成供婴幼儿食用或营养用的零售包装食品（每件净重不超过250克）。为了调味、保藏或其他目的，可以加入少量其他配料，还可以含有少量可见的小块配料。

例4：婴儿均化食品，成分含量为21%猪肉（可见小肉块），40%马铃薯，30%菊苣属蔬菜，9%其他配料，净重200克，零售包装，如何归类？

解析：满足“均化混合食品”的归类要求。根据归类总规则一及六，应归入税则号列2104.2000。

例5：婴儿均化食品，成分含量为21%猪肉（可见小肉块），40%马铃薯，30%菊苣属蔬菜，9%其他配料，净重500克，零售包装，如何归类？

解析：虽然该题的名称叫婴儿均化食品，但是实际上并不符合子目注释中21.04的“均化混合食品”的规定“每件净重不超过250克的标准”，所以不归品目21.04。根据其含有21%猪肉这一条件，符合第十六章章注一“食品按重量计必须含有20%以上的香肠、肉、食用杂碎、动物血、鱼、甲壳动物、软体动物或其他水生无脊椎动物及其混合物”的条件，所以归入第十六章，而不是按照最大的含量“40%马铃薯”归类。因此根据归类总规则一及六，应归入税则号列1602.4990。

2．巧克力的归类

巧克力主要由可可膏及糖或其他甜物质组成，通常加有香料及可可脂，也有用可可粉及植物油替代可可膏的，有时还加入乳、咖啡、榛子、杏仁、橘皮等。巧克力通常按照可可制品归入第十八章。

根据第十八章章注一的排除条款，品目04.03、19.01、19.04、19.05、21.05、22.02、22.08、30.03、30.04的制品不归入该章。例如如下几种。

（1）裹巧克力的饼干及其他烘焙糕饼（品目19.05）。

（2）按重量计含全脱脂可可不超过6%的膨化或焙炒谷物（品目19.04）。

（3）含有任何比例可可的冰淇淋及其他冰制食品（品目21.05）。

（4）即可饮用的含可可饮料（例如，可可奶油），不论是否含酒精（第二十二章）。

例6：酒心巧克力（重量1公斤）如何归类？

解析：巧克力是一种由糖、可可脂、奶粉、香料、可可膏混合制成的食品。根据第十七章章注一（一）规定，第十七章不包括含有可可的糖食，根据归类总规则一及六，应归入税则号列1806.3100。

例7：酒心白巧克力（重量1公斤）如何归类？

解析：白巧克力是由糖、可可脂、奶粉及香料组成，因不含可可（可可脂仅是可可中的脂肪成分，不能看成是可可），所以不能归入第十八章，而应作为不含可可的糖食归入品目17.04。根据归类总规则一及六，应归入税则号列1704.9000。

3．乳品的归类

乳，又名奶，是哺乳动物从乳腺中分泌出来的白色不透明液体。乳是多种营养素的混合物，成分复杂，主要有水、脂肪、蛋白质、乳糖、矿物质、维生素、酶等。以乳为原料可以生产出各种乳制品，主要品种有奶油、消毒乳、炼乳、乳粉、酸乳、干酪、冰淇淋等。

未浓缩及未加糖（或其他甜物质）的乳及奶油归入品目04.01，浓缩或加糖（或其他甜物质）的乳及奶油归入品目04.02。常见的乳及奶油有下列品种。

（1）消毒乳。由原料乳经预处理，再经加热杀菌而制得。按加工要求不同，可分为巴氏灭菌乳和超高温灭菌乳。

（2）炼乳。由原料乳经预处理、加热杀菌后经真空浓缩而制得，一般浓缩至乳固体含量提高2～2.5倍。按加糖与否，分为甜炼乳与淡炼乳。

（3）乳粉。由原料乳经预处理、加热杀菌后经真空浓缩，再经喷雾干燥而制得，一般8份鲜乳可制得1份乳粉。根据需要，可加工成全脂乳粉、全脂加糖乳粉、半脱脂乳粉、脱脂乳粉等。

（4）奶油。原料乳经奶油分离机分离后得到的含脂率高的部分为奶油，不含脂肪的部分为脱脂乳。

品目04.01～04.04的乳品，除含有天然乳成分（例如添加维生素或矿物盐的乳）外，还可以含有乳品液态运输时为保持其天然浓度而加入的少量稳定剂（例如磷酸二钠、柠檬酸三钠、氯化钙）及少量抗氧剂或乳中一般没有的维生素。这些乳品还可含有加工所需的少量化学品（例如，碳酸氢钠），成粉状或粒状的乳品可含有防结素（例如磷脂、无定形二氧化硅）。

以乳品为基本成分制成的食品，则超出了第四章的范围，一般归入品目19.01，而冰淇淋及其他冰制食品则归入品目21.05。制成的食品不含乳，例如脱乳糖奶粉（抗过敏奶粉）、氨基酸奶粉，不能归入第四章，而应考虑归入第二十一章的兜底品目，品目21.06“其他税号未列名的食品”。

例8：全脂奶粉（脂肪含量23%），未加糖，450克/袋，如何归类？

解析：根据归类总规则一及六，归入税则号列0402.2100。

例9：含脱脂奶粉、豆粉、植物油、矿物质和维生素等多种添加物的某品牌婴儿配方奶粉，如何归类？

解析：根据归类总规则一及六，归入税则号列1901.1010。

例10：由蛋粉、奶粉、麦粉及可可组成的调制粉状食品（全脱脂可可含量为4%；非婴儿用；每件净重500克），如何归类？

解析：依据第十八章章注一的规定以及品目19.01的条文，商品应归入第十九章。根据归类总规则一及六，归入税则号列1901.9000。

例11：草莓风味全脂调制乳（全脂牛奶94.55%、白砂糖5.3%、草莓味食用香料0.1%、日落黄0.05%。加工工艺：原料验收—杀菌—标准化—原料混合—均质—超高温灭菌—包装。包装规格：250mL/瓶），如何归类？

解析：根据《税则注释》品目04.02的排他条款（二），该产品是添加有香料的含乳饮料，超出了品目04.02的商品范围。根据归类总规则一及六，归入税则号列2202.9900。

例12：巧克力奶（鲜牛奶80%、水13%、糖5.3%、朱古力粉0.6%、稳定剂0.6%、朱古力味食用香料0.5%。加工工艺：原料验收—杀菌—标准化—原料混合—均质—超高温灭菌—包装；包装规格：250mL/瓶），如何归类？

解析：根据《税则注释》品目04.02的排他条款（二），该产品是添加有香料的含乳饮料，超出了品目04.02的商品范围。根据归类总规则一及六，归入税则号列2202.9900。

（八）化妆盥洗品的归类

1．香水及花露水归入品目33.03

它们主要用于使人体散发香气，可制成液态、膏状或固态（包括条状）。

2．美容、化妆及护肤品归入品目33.04

（1）唇用化妆品，如唇膏；

（2）眼用化妆品，如眼睑膏、染眉毛（或睫毛）油、画眉笔等；

（3）指（趾）甲化妆品，如指（趾）甲膏、指（趾）甲油、指（趾）甲清洗剂等；

（4）其他美容品或化妆品及护肤品，如扑面粉、婴儿爽身粉、美容霜、粉底霜、营养霜、润肤油、防晒油或晒黑油等。

3．护发品归入品目33.05

本品目指专供人的头发用的洗发剂、烫发剂、定型剂、染发剂、护发剂（如润发油）等。注意，在某些洗发剂、护发剂中即使含有辅助性的药效及消毒成分，且这些成分具有治疗和预防疾病的作用，也不能按药品归入第三十章。

4．口腔用品归入品目33.06

本品目包括洁齿品（如牙膏、假牙清洗剂）、口腔清洁用品（如漱口剂）、假牙模膏（或粉）及单独零售包装的牙线。

例13：“液体口香糖”，20克/支，成分为食用酒精、香精、巴斯甜、甘油、山梨醇等，使用时喷于口腔，起清新口气的作用，如何归类?

解析：该产品用于口腔，属于口腔卫生用品，故应归入品目33.06。

5．其他化妆盥洗品归入品目33.07

（1）剃须用制剂、人体除臭剂及止汗剂、沐浴用制剂（例如香浴盐及泡沫浴用制剂）、脱毛剂、室内除臭剂；

（2）室内散香用制品，隐形眼镜片或假眼用药水，用香水或化妆品浸渍、涂布或包覆的纸、絮胎、毡呢及无纺织物，动物用盥洗品等。

（九）申报要素填报

1．申报要素概述

申报要素是海关规定的，在向海关进行进口或出口申报时，必须在《进口货物报关单》《出口货物报关单》《补充申报单》上填报的信息要素。海关把申报要素分为归类要素、价格要素、审单及其他要素三大类。

（1）归类要素是在商品归类过程中所必需的信息要素。如果归类要素不全，就无法确定商品编码归类是否正确。海关电脑系统自动审单或海关人工审单时，主要根据所填报的归类要素信息来判断和确定商品编码是否正确。

（2）价格要素是要确定所申报的商品价格是否合理所必需的信息要素。如果价格要素不全，海关就无法确定所申报的价格是否合理。例如品牌、包装规格等。

（3）审单及其他要素就是除了归类要素和价格要素之外的，海关认为需要的其他信息要素。例如外观、结构、尺寸等。

2．申报要素规范填报

规范申报是以满足海关监管、征税、统计等工作为目的，纳税义务人及其代理人依法向海关如实申报的行为，也是海关审单、依法监管的重要工作。申报要素的填报，须符合《中华人民共和国海关进出口货物报关单填制规范》《海关进出口商品涉税规范申报目录》（以下简称《规范申报目录》）的规定，满足海关归类、审价、贸易管制、监管的要求。如表2-2所示为规范申报要素审核标准说明。

表2-2 规范申报要素审核标准说明

项号	要素分类	申报注意点	备注
1	成分含量	“成分含量”是指：“成分”指货品所构成的部分或要素，一般指所含物质的种类；“含量”一般指所含物质的数量	乙烯-丙烯共聚物成分含量：乙烯-丙烯共聚物99%，炭黑1%。单体单元：乙烯8%；丙烯92%
2	规格型号	“规格型号”要素应同时申报货品的“规格”及“型号”；规格，主要表示大小尺寸等；型号，一般由一组字母和数字以一定规律编号组成，反映货品性质等级等	50章：丝线列明细度支数；织物列明幅宽；混纺产品列明丝含量。51章：丝线列明细度支数；织物列明幅宽；混纺产品列明成分含量，每平方米重量（克/平方米）
3	功能	货品的功效，与用途不能混淆	用途与功能应区分，如：（1）按摩器，用途：家用；功能：电动（脉冲）按摩肩部，促进血液循环等。（2）切割机，用途：工业用；功能：数控切割金属
4	用途	是指货品在出入境后的应用场合或下游产品	用途主要指适用场合或下游产品，除非目录中用途后有特别标明：如用途（适用机型）、用途（食用）、用途（观赏用）、用途（制花束或装饰用），51章用途（仅指纱线是否用于零售）等。常见用途错误填写如下：（1）自行车。错误填写为“交通工具”，应填写为竞赛用、山地用、越野用、家用等；（2）椅子。错误填写为“坐具”，应填写汽车用、家庭户内用等
5	原理	实现功能与用途的具体方式和规律	90138030液晶显示板，原理指显示屏工作原理，简单可分为：TFT、STN、OLED、TFD等（液晶技术类型，一般可分为IPS、VA、TN）
6	外观	货品的颜色形状等	3915的要素“外观”包含颜色、尺寸，部分企业仅申报颜色未申报尺寸
7	材质	“材质”是指货品按《进出口税则》中的材质分类原则所确定的具体材料种类	玻璃、塑料等，材质尽量具体，如PVC
8	品牌	与同市场内其他企业产品区分开的货品名称符号	没有品牌，应注明“无品牌”或“无牌”
9	包装	盛装货物的容器、材料及辅助物品等。主要指货物的直接包装，非外包装（报关单表头部分已有一栏“包装种类”用以填报外包装）	根据《规范申报目录》注解要求，28、30、32、33、34、38等章节商品的要素“包装”内容应足以判断是否零售包装，如“50升/桶（非零售包装）”笼统填写“纸箱”装或“桶”装均视为错误

续表

项号	要素分类	申报注意点	备注
10	签约日期	合同签订日，不同于定价日期	具体到日
11	拉丁名称	国际通用，动植物命名	勿填写成英文
12	来源	货品产生方式、场所	26章可填写矿砂产生源头，是天然开采，抑或冶钢产生，是否经筛选。采掘的应加填矿山名 例如：马尔科纳矿区天然开采，经筛选
13	加工方法	“加工方法”是指货品在出入境前的加工工艺或制造方法。“加工方法”指改变原材料、毛坯或半成品的形状、尺寸、性质或表面状态，使之达到规定要求的各种形状的方法	50章：纤维纱线产品仅指梳理工艺，即粗疏或精梳；对织物则指染整方法（漂白、练白）以及织造方法（机织物）。51章：对纤维原料指梳理工艺，即粗梳或精梳及脱脂、处理；对织物则指梳理工艺（粗梳或精梳）以及织造方法（机织物）
14	（规格）尺寸	货品的大小尺寸等	“规格”要素应申报完整，如块状物、板状物申报“长宽厚”，卷状物申报“宽幅、单层厚度、长度”，管状物申报“外径内径长度”等；必须申报，不能申报为无尺寸
15	品名	货品具体商业名称	37章商品申报的品名中应包括是否曝光、是否冲洗的内容。39章、40章：品名包括标准命名法名称或工商业通用俗称。39章商品有英文缩写的商品必须申报，如聚乙烯的缩写为PE。51章：应具体列出产品行业名称、种类，如动物细毛

进出口商品规范申报要素申报应重点注意以下事项。

（1）申报要素附带有“括号”，提示说明内容的，应根据实际商品判断其提示的说明内容之间是“或（or）”还是“和（and）”的关系，并准确申报。主要有三种情形：

①说明内容之间是“或（or）”关系的，应选择实际对应的项目申报，如品目25.19的申报要素“外观（粉末、粒状、块状等）”，应按实际申报“粉末”或“粒状”或“块状”或说明内容未列明的其他外观形状；

②说明内容之间是“和（and）”关系的，应逐项具体申报，如品目48.11的申报要素“规格（成条等、浸渍或涂布物、每平方米克重）”，应按实际逐项具体申报为“成条、浸渍甘油、300克/平方米”；

③说明内容之间既有“或（or）”又有“和（and）”关系的，应选择实际对应的项目分别申报，如品目08.02的申报要素“制作或保存方法（鲜、干、去壳、未去壳）”，应按实际分别申报“鲜、未去壳”或“干、去壳”。

（2）申报要素的填报内容应能够满足归类、价格审核等要求。如品目84.82项下滚珠轴承，申报要素“结构类型”应根据归类要求选择填写“调心球轴承”“深沟球轴承”“角接触轴承”“推力球轴承”等。

（3）对于针对某一级税号项下部分商品申报要求，如申报商品确属无需填报之特殊情形的，应填报为“无需报”。如税号28299000，其对应的申报要素“如为高氯酸铵请注明粒度”，如申报商品为溴酸盐、碘酸盐等，该要素的对应内容应填报为“无需报”。

（4）要求填写“中英文”的，应填写中文和英文。“拉丁学名”要素应填写国际通用的拉丁文或拉丁化的希腊文表达的正式学名，不应填写成英文名。

（5）“包装规格”要素，应注明具体包装和规格（单位包装容量×每包装单位数/包装单位），如750毫升×6瓶/箱。

（6）为了保证报关单规格型号栏显示的完整性，要素应填写明确，不能简单填报“是/否/有/无/非”等字样，如“是否野生”可填报“非野生”，没有品牌，应注明“无品牌”或“无牌”。

（7）48章纸张的“纤维种类及含量”、“规格（成条等、浸渍或涂布物、每平方米克重）”应填写具体，如“机械方法制木纤维100%，硫酸盐化学制浆”“成条，甘油涂布，200克/平方米”。

以下是规范申报范例，如表2-3所示。

例：某品目脱脂牛奶，申报要素如下所示。

表2-3　申报要素

税则号列	商品名称	申报要素		
		归类要素	申报要素	审单及其他要素
0401.1000	按重量计脂肪含量不超过1%	（1）制作或保存方法（未浓缩及未加糖或其他甜物质）；（2）脂肪含量按重量计；（3）成分含量	（1）包装规格（如1升/盒）；（2）品牌	

申报示例

税则号列	申报品名	申报要素		
		归类要素	申报要素	审单及其他要素
0401.1000	脱脂牛奶	（1）未浓缩、未加糖或其他甜物质；（2）脂肪含量0.1%；（3）100%纯牛奶	（1）1升/盒；（2）某牌	

注：“审单及其他要素”栏目为空，代表无须填报该栏目。

三、跨境电商账册备案

海关对跨境电商网购保税进口商品实行账册管理，以仓储企业为单元，开设海关网购保税进口专用电子账册，即保税物流账册。

1. 设立保税物流账册

各海关特殊监管区域及保税监管场所企业须在国际贸易“单一窗口”的加贸保税模块即金关二期系统完成账册设立工作。保税物流账册有两种类型，分别是“TW”账册（适用于特殊监管区域）和“L”账册（适用于保税监管场所）：“海关特殊监管区域”子系统进行“TW”账册备案；“保税物流管理”子系统进行“L”账册备案。如图2-12所示为国际贸易单一窗口“加贸保税”模块。

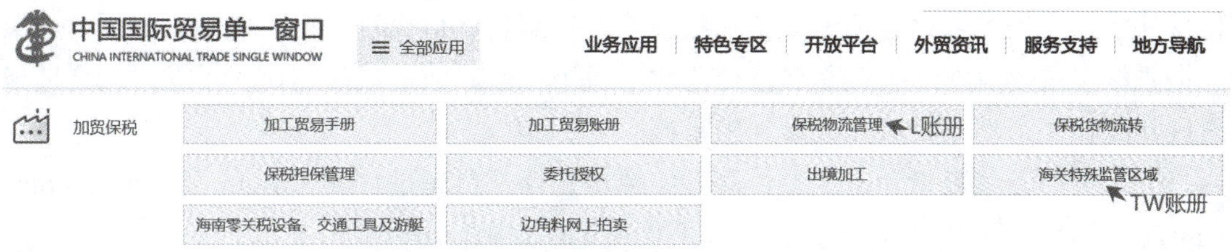

图2-12 国际贸易单一窗口“加贸保税”模块

保税物流账册为记账式账册，备案时仅需录入表头信息，无须进行表体（商品项）的备案。在金关二期系统的相关子系统的“数据录入”—“物流账册”模块中进行企业相关信息（标*号信息为必填项）的录入。录入完成并提交海关审批通过后，生成仓库账册号。如图2-13所示为物流账册（表头）。

首页物流账册 申报 打印 导出					
预录入统一编号		仓库账册号		企业内部编号	
*经营单位编码	********	经营单位社会信用代码		*经营单位名称	********
申报单位编码		申报单位社会信用代码		*申报单位名称	********
*申报单位类型	****	*主管海关	****	*主管海关区域场所类别	物流园区
申报类型	备案	*仓库代码	****	*仓库名称	********
仓库面积		仓库容积		*仓库地址	********
*联系人	***	*联系电话	********	*企业类型	****
*账册有效期	********	备案批准日期		变更批准日期	
*记账模式	****	账册执行标志		退税标志	
录入单位编码		录入单位社会信用代码		录入单位名称	
*录入日期	20240308	申报日期		备注	

图2-13 物流账册（表头）

2. 建立保税底账数据

在对库内商品进行盘点后，将正确商品信息和实际在库数量等信息，录入金关二期系统的保税核注清单（进口）表体栏的商品信息，按照“单一窗口平台核注清单导入模板”填制说明，将库存商品信息填写到“表体（成品）”页，填写注意事项。

（1）备案序号。物流账册内若无商品备案信息，此处为空；若已备案成功，填写已生成的备案序号。金关二期系统底账数据以备案序号维度进行管理。物流账册对商品料号无唯一性限制，即同一商品料号在金关二期系统物流账册内可生成不同备案序号。在导入商品信息时，要避免相同商品料号重复导入后产生多个备案序号的情况。应做到1个商品料号对应1个备案序号。

（2）商品名称。尽量减少或删除所有品名含有的空格。金关二期系统出区申报，保税核注清单申报品名与跨境电商统一版系统申报品名进行比对，比对成功后，再与金关二期系统保税物流账册备案品名进行比对。由于空格原因造成品名比对不通过，会造成出区保税核注清单申报失败或转人工审核。

（3）商品备案数量。每次上传商品的数量建议不要超过1000个SKU（Stock Keeping Unit最小库存单位），数据过大会造成上传或调取失败。

保税核注清单（进口）表体内导入商品信息后，“监管方式”填报“库存调整”，暂存检查无误即可提交申报，申报成功后转现场海关人工审单，人工审单通过后，在保税核注清单表体“自动备案序号栏”生成序号，完成保税商品备案即建立保税底账数据的。

保税物流账册备案成功的商品“产销国（地区）”不允许修改，应注意避免同一SKU生成不同备案序号。

知识巩固

一、判断题

1. 归类总规则二（二）用来直接确定混合品或组合品应归入的税号。（　　）
2. 隐形眼镜片清洗消毒、清洁等用药水，应按照杀菌剂归入3808.9290。（　　）
3. 保税物流账册为记账式账册，备案时仅需录入表头信息。（　　）
4. 保税物流账册有两种类型，分别是“TW”账册（适用于特殊监管区域）和“L”账册（适用于保税监管场所）。（　　）
5. 申报要素附带有“括号”，提示说明内容的，应根据实际商品判断其提示的说明内容之间是“或（or）”还是“和（and）”的关系，并准确申报，说明内容之间是“和（and）”关系的，应逐项具体申报。（　　）

二、不定项选择题

1.《协调制度》归类总规则的使用次序是（　　）。

A．规则一至四应依次顺序使用　　B．规则五至六应依次顺序使用

C．规则一至六应依次顺序使用　　　　D．以上答案均错误

2．进行商品归类时，下列不属于动植物类商品深加工方法的是（　　）。

A．香肠及类似产品的制作

B．蒸、煮、烤、煎、炸、炒等烹饪方法

C．盐腌、盐渍

D．精细均化

3．在进出口商品归类时，以下选项中不可以作为食用杂碎归类的产品是（　　）。

A．甲状腺　　　　B．胎盘

C．肝　　　　D．脑

4．海关把申报要素分为（　　）三大类。

A．归类要素　　　　B．价格要素

C．审单及其他要素　　　　D．附加要素

5．下列商品不属于品目85.09的是（　　）。

A．电动牙刷（0.2kg/台）　　　　B．家用空气增湿机（21kg/台）

C．地板打蜡机（25kg/台）　　　　D．电动水果榨汁机（5kg/台）

6．下列商品不归入《进出口税则》第十一类纺织原料及纺织制品的是（　　）。

A．电热毯　　　　B．大捆包装的纯棉材质的旧帽子

C．化学纤维制的无纺布　　　　D．纯棉制婴儿尿布

7．下列商品不归入《进出口税则》第二类第七章的是（　　）。

A．青葱　　　　B．大蒜

C．生姜　　　　D．蚕豆

8．无法区别是男式还是女式的服装，应（　　）。

A．按男式归类　　　　B．按女式归类

C．从后归类　　　　D．按男式女式都可

实训任务

1．商品归类

商品类别名称	商品描述	税则号列
马铃薯	鲜马铃薯	
	冷冻薯条（油炸处理过）	
	冷冻土豆泥（仅蒸煮过）	
	食用生土豆片（由添加食盐、味精等调味物质的土豆粉制成）	

续表

商品类别名称	商品描述	税则号列
均化食品	婴儿均化食品，罐头装，成分含量：30%牛肉（可见肉块）、70%胡萝卜，净重260克	
	密封塑料袋装婴儿均化食品，成分：30%牛肉（可见肉块）、65%胡萝卜、5%其他配料，净重为250克	
	由河鳗鱼肉45%、猪肉30%、牛肉25%组成的婴儿食用的食品，制成细腻糊状，零售包装，净重为250克	
	猪肝经精细均化制成的供幼儿食用的食品，200克/瓶	
茶	铁观音，一种半发酵的茶，包装每件净重4千克	
	马黛茶，用于泡制仅含少量咖啡的饮料	
	薄荷茶，一种草本植物的“茶”，用于消化肠胃，干制装于小袋中	
	人参茶，一种掺乳糖或葡萄糖的人参精混合品，用人参的新鲜果实，经科学方法提取浓缩精制而成	

2．根据背景资料，撰写归类意见书

（1）某品牌A+无糖婴儿配方奶粉。

该商品主要成分为：玉米糖浆固体53.62%、精炼植物油27.81%、牛奶分离蛋白13.16%、矿物质3.88%以及维生素等。其中牛奶分离蛋白是经物理过滤去除脱脂鲜奶中的乳糖后，经高温灭菌、高压固化及喷雾干燥而获得，主要成分为天然牛奶蛋白（含酪蛋白和乳清蛋白）等，无乳糖配方，适合患乳糖不耐受症的婴儿食用。

商品描述：

归类结论及依据或理由：

（2）某品牌薯片。

该品牌薯片是一种由马铃薯粉（42%±8%）、植物油（33%±12%）、玉米粉（6%±2%）、小麦淀粉（4%±1%）、糊精（3%±1%）、乳化剂（2%±1.5%）、食用盐（1%±1%）、葡萄糖（1%±1%）、香辣味调味粉（5.5%±2%）等配制而成的经油炸后可即食的薄片，其加工流程为生马铃薯→用清水洗净→加热煮熟→将马铃薯加工成粉末→加入淀粉、玉米粉、糊精、调料、葡萄糖→制成团状→将面团压制成片状→切割成薯片→将薯片在食用植物油中烹炸→将薯片撒上盐和调味料→将薯片装入罐中→装箱。

商品描述：

归类结论及依据或理由：

注：归类意见书范例

预归类服务意见书（范例1）

该商品为水饺（含猪肉30%，甜玉米30%，面粉40%），虽然猪肉的含量达到了20%，但由于水饺属于19.02的包馅食品，根据第十六章章注二的规定“不适用于品目19.02的包馅食品，不归入第十六章”。

根据归类总规则一及六，建议将其按包馅食品归入税则号列1902.2000。

预归类服务意见书（范例2）

商品中文名称：冷冻猪肉大葱馅包子

商品描述：冷冻猪肉大葱馅包子，规格：10个/盒，净重500克/盒；成分：包子馅由猪肉120克（24%）、葱30克（6%）、水及其他配料80克（16%）构成；包子皮由面粉、水及酵母等270克（54%）构成；加工方法：蒸熟后冷冻；用途：食用。

归类结论及依据或理由：根据《税则注释》品目19.02“本品目的面食是用硬麦粗粉或用面粉、玉米粉米粉、土豆粉等制成的未发酵产品”的规定，该商品属于发酵面食，因此不应作为包馅面食归入品目19.02。经计算按重量计猪肉占包子总重的24%，根据第十九章章注“一、本章不包括：（一）按重量计含香肠、肉、食用杂碎、动物血、昆虫、鱼、甲壳动物、软体动物、其他水生无脊椎动物及其混合物超过20%的食品（第十六章），但品目19.02的包馅食品除外”的规定，该商品应作为猪肉制品归入第十六章。该商品符合品目16.02品目条文“其他方法制作或保藏的肉、食用杂碎、动物血或昆虫”的规定，故根据归类总规则及六，建议将该商品按“其他方法制作或保藏的猪肉”归入税号1602.4990。

任务三 跨境电商税费规划

任务导入

广州中天网络科技有限公司是一家新成立的跨境电商公司，拟从事跨境电商零售进口业务，致力于为中国消费者提供高质量的境外品牌美妆、食品和日用品，深入产品原产地直接采购，从源头杜绝假货，委托四通报关有限公司进行跨境电商进口业务的关务规划，比较不同税费，选择合适的通关模式。

相关知识

一、跨境电商零售进口商品税收政策

（一）零售进口的纳税主体

消费者为跨境电商零售进口商品税款的纳税义务人；跨境电商平台、物流企业或报关企业为税款代扣代缴义务人，向海关提供税款担保，并承担相应的补税义务及相关法律责任。

（二）跨境电商平台、物流企业或报关企业的代收代缴义务

代收代缴义务人应当如实、准确向海关申报跨境电商零售进口商品的商品名称、规格型号、税则号列、实际交易价格及相关费用等税收征管要素。

为审核确定跨境电商零售进口商品的归类、完税价格等，海关可以要求代收代缴义务人按照有关规定进行补充申报。海关对符合监管规定的跨境电商零售进口商品按时段汇总计征税款，代收代缴义务人应当依法向海关提交足额有效的税款担保。海关放行后30日内未发生退货或修撤单的，代收代缴义务人在放行后第31日至第45日内向海关办理纳税手续。

二、跨境电商零售进口商品税费计算

（一）适用范围界定

所有通过与海关联网的电子商务交易平台交易，能够实现交易、支付、物流电子信息

“三单”比对的跨境电商零售进口商品，即跨境电商直购进口、网购保税模式进口的商品。

（二）计征方法

跨境电商零售进口商品税费的计征方法为从价税，不设免征税额。

（三）完税价格

（1）跨境电商综合税的完税价格为电商平台的实际交易价格（包括货物零售价格、国际运费和国际保险费）。

（2）优惠促销行为是电商常见的营销方式，海关对优惠促销价格认定如下所述：

①按照实际交易价格原则，以订单价格为基础确定完税价格，订单价格原则上不能为零；

②对直接打折、满减等优惠促销价格的认定应遵守公平、公开原则，即优惠促销应是适用于所有消费者，而非仅针对特定对象或特定人群的，海关以订单价格为基础确定完税价格；

③在订单支付中使用电商代金券、优惠券、积分等虚拟货币形式支付的“优惠减免金额”，不应在完税价格中扣除，应以订单价格为基础确定完税价格。

（四）计算方法及税率

1. 设置跨境电商零售进口单次限值（5000元人民币）和个人年度交易限值（26000元人民币）

在限值以内进口的跨境电商零售进口商品，关税税率设为0；进口环节增值税、消费税，取消免征额度，按法定应纳税额的70%征收（业内称为“跨境电商综合税”）。

跨境电商综合税

（1）第一种计算方法。

应纳税额=应征关税+应征消费税+应征增值税

法定计征的消费税税额=（完税价格+关税税额）÷（1−消费税税率）×消费税税率

法定计征的增值税税额=（完税价格+关税税额+法定计征的消费税税额）×增值税税率

限值内，应征关税为0，进口环节增值税、消费税按法定应纳税额的70%征收。

跨境电商综合税税额=（法定计征的消费税税额+法定计征的增值税税额）×70%

（2）第二种计算方法。

跨境电商综合税税率=［（消费税税率+增值税税率）÷（1−消费税税率）］×70%

跨境电商综合税税额=完税价格×跨境电商综合税税率

跨境电商综合税税额=完税价格×［（消费税税率+增值税税率）÷（1−消费税税率）］×70%

例14：某跨境电商平台销售某国外知名品牌面膜（商品编码3304990049），价格为220元人民币/盒（每盒含10片），且下单立减20元人民币（满减活动适用于平台所有订单），张女士购买了一盒。如果张女士购买该商品后，本年度内购买跨境电商产品未超过26000元人民币，那么本次交易她应缴纳的跨境电商零售进口税额为多少元人民币？

解析：本案例的面膜，单笔金额和年度金额均在限值内，应征收跨境电商综合税，即关税为0，进口环节增值税、消费税，按法定应纳税额的70%征收。

高档化妆品征收消费税。依据《关于调整化妆品消费税政策的通知》（财税〔2016〕103号），高档化妆品是指销售价格在10元/毫升（克）或15元/片（张）及以上的美容、修饰类化妆品和护肤类化妆品。

完税价格=220-20=200元（每盒含10片）

销售价格为20元/片＞15元/片，属于高档化妆品。须征收消费税、增值税。

通过查询《报关实用手册》《进出口税则对照使用手册》或通关网，该商品消费税税率为15%，增值税税率为13%，如图2-14所示为面膜税率通关网查询结果。

商品编码	3304990049				
商品名称	包装标注规格为“片”或“张”的其他美容品或化妆品及护肤品				
申报要素	1：品名；2：品牌类型；3：出口享惠情况；4：用途；5：包装规格；6：品牌（中文或外文名称）；7：GTIN；8：CAS；9：其他				
法定第一单位	千克	法定第二单位	件		
最惠国进口税率	1%	普通进口税率	150%	暂定进口税率	
消费税率	完税价大于等于15元：15%，完税价小于15元：0	出口关税率		出口退税率	13%
增值税率	13%	海关监管条件	AB	检验检疫类别	M/N
商品描述	包装标注规格为“片”或“张”的其他美容品或化妆品及护肤品包括防晒油或晒黑油，但药品除外				

图2-14 通关网查询结果（面膜）

（1）第一种方法。

法定计征的消费税税额=（完税价格+关税税额）÷（1-消费税税率）×消费税税率

=（200+0）÷（1-15%）×15%=35.29（元）

法定计征的增值税税额=（完税价格+关税税额+法定计征的消费税税额）×增值税税率

=（200+0+35.29）×13%=30.59（元）

跨境电商综合税税额=（法定计征的消费税税额+法定计征的增值税税额）×70%

=46.12（元）

（2）第二种方法。

跨境电商综合税税额=完税价格×[（消费税税率+增值税税率）÷（1-消费税税率）]×70%

=200×[（15%+13%）÷（1-15%）]×70%=46.12（元）

以上两种方法计算结果一致。

跨境电商综合税无免征税额，0元起征，因此该商品应征46.12元人民币的跨境电商零售进口税费。

2．完税价格超过5000元单次交易限值但低于个人年度交易限值（26000元人民币）

订单下仅一件商品时，可以自跨境电商零售渠道进口，按照货物税率全额征收关税和进口环节增值税、消费税，交易额计入年度交易总额。

增值税实行从价计税办法计算，消费税、关税均有从价计税、从量计税，或者从价和从量复合计税（复合计税）等办法计算应纳税额。跨境零售进口商品的消费税、关税的征收实行从价计税办法，因此以下税额均为实行从价计税办法计算的应纳税额。

（1）第一种计算方法。

应纳税额=应征关税税额+应征消费税税额+应征增值税税额

应征关税税额=完税价格×关税税率

法定计征的消费税税额=（完税价格+关税税额）÷（1-消费税税率）×消费税税率

法定计征的增值税税额=（完税价格+关税税额+法定计征的消费税税额）×增值税税率

（2）第二种计算方法。

运用计税常数进行计算，具体公式如下所示：

$$应纳税额=完税价格\times \frac{关税税率+增值税税率+消费税税率+关税税率\times 增值税税率}{1-消费税税率}$$

例15：某跨境电商平台销售一款原产于瑞士的机械手表（商品编码9102110000），价格为6000元/只。如果李先生购买该商品，本年度内购买跨境电商产品未超过26000元，那么本次交易他应缴纳的跨境电商零售进口税额为多少元人民币?

解析：本案例的手表，单笔金额超过5000元，年度未超过限额，可通过跨境电商零售渠道进口，但应按照货物税率全额征收关税和进口环节增值税、消费税。

高档手表征收消费税。根据《关于调整和完善消费税政策的通知》（财税〔2006〕33号）附件《消费税新增和调整税目征收范围注释》规定：“高档手表是指销售价格（不含增值税）每只在10000元（含）以上的各类手表”。因此该案例手表不属于高档手表，不征收消费税。

经过进出口商品税率查询，该商品关税税率（中国—瑞士自由贸易协定）5%，增值税税率为13%。如图2-15所示为机械手表贸易税费查询结果。

（1）按照第一种方法计算。

应征关税税额=完税价格×关税税率=6000×5%=300（元）

法定计征的消费税税额=0

法定计征的增值税税额=（完税价格+关税税额+法定计征的消费税税额）×增值税税率

=（6000+300+0）×13%=819（元）

应纳税额=应征关税税额+应征消费税税额+应征增值税税额=300+0+819=1119（元）

（2）按照第二种方法计算。

$$应纳税额=完税价格\times \frac{关税税率+增值税税率+消费税税率+关税税率\times 增值税税率}{1-消费税税率}$$

=6000×（5%+13%+0+5%×13%）÷（1-0）=1119（元）

两种方法计算结果一致，该商品应征1119元人民币的跨境电商零售进口税费。

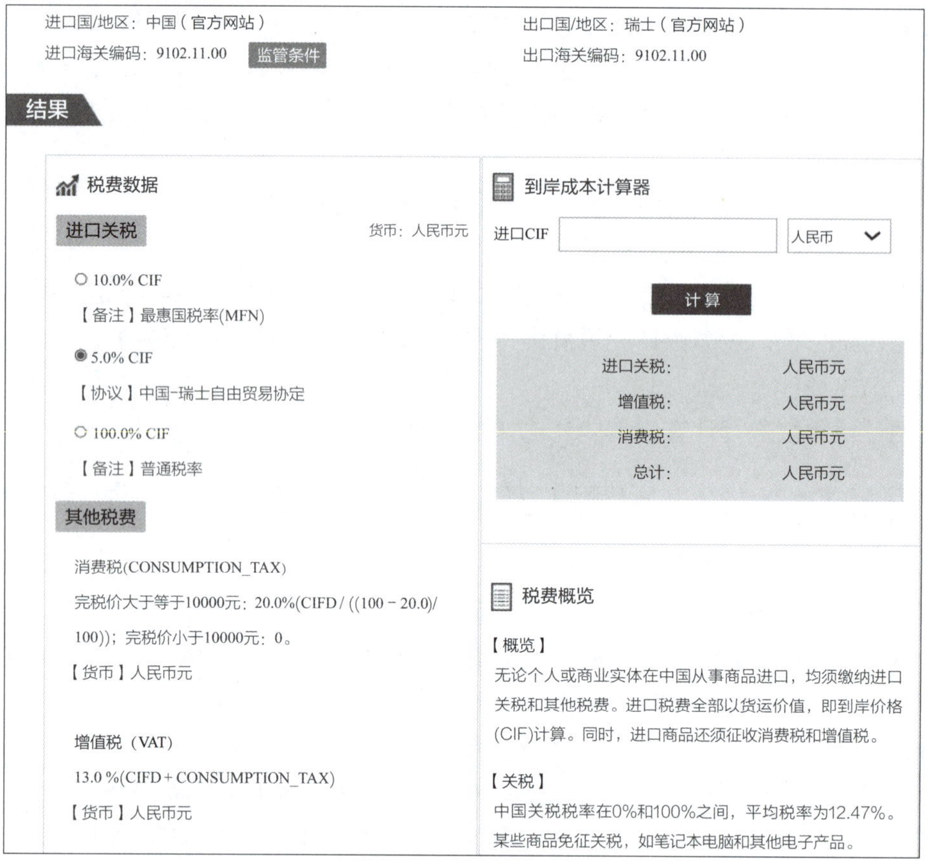

图2-15 商务部外贸实务查询服务网“贸易税费”查询结果（机械手表）

3．年度交易总额超过个人年度交易限值（26000元人民币）

该情况应按一般贸易管理。

三、行邮税及其税费计算

（一）定义及适用范围界定

对非贸易属性的进境行李、邮递物品等，将关税和进口环节增值税、消费税三税合一，合并征收进境物品进口税，俗称行邮税。

行邮税的征税对象是进境物品，设有单独的税率表，根据物品类别的划分设有相应的单一的进口税率。

行邮税

（二）征税对象及纳税义务人

行邮税的征税对象是进境物品，具体指准许应税进口的旅客行李物品、个人邮递物品及其他个人自用物品。进境物品的纳税义务人是携带物品进境的入境人员、进境邮递物品的收件人，以及以其他方式进口物品的收件人。

（三）计征公式及规定

1．计算公式

行邮税=完税价格×行邮税率

2．完税价格及税率

2019年海关总署63号公告文件修订的《中华人民共和国进境物品完税价格表》（以下简称《完税价格表》）作为核定行邮物品完税价格及税率的依据。

实际购买价格是《完税价格表》列明完税价格的2倍及以上，或是《完税价格表》列明完税价格的1/2及以下的物品，进境物品所有人应向海关提供销售方依法开具的真实交易的购物发票或收据，并承担相关责任。

3．起征额

行邮税起征额为50元人民币，少于或等于50元免征。

4．邮递物品限值

根据《关于调整进出境个人邮递物品管理措施有关事宜》（海关总署公告2010年第43号）规定，个人寄自或寄往港、澳、台地区的物品，每次限值为800元人民币；寄自或寄往其他国家和地区的物品，每次限值为1000元人民币。进出境个人邮递物品仅有单次限额，无年度限额。

个人邮寄进出境物品超出规定限值的，应办理退运手续或者按照货物规定办理通关手续。但邮包内仅有一件物品且不可分割的，虽超出规定限值，经海关审核确属个人自用的，可以按照个人物品规定办理通关手续。

例16：孙女士在某海外电商平台邮购某国外知名品牌面膜一盒（每盒含20片），价格为200元人民币。该海外电商平台未与我国海关联网，本次交易她应缴纳的行邮税税额为人民币多少元?

解析：查询《完税价格表》，详见表2-4。

表2-4 《完税价格表》（截取部分内容）

税号	品名及规格	单位	完税价格（人民币：元）	税率
09020261	一面膜	张、瓶	20	完税价格≥10元/毫升（克）或完税价格≥15元/片（张）的，税率为50%
09020262	一面膜	张、瓶	20	完税价格＜10元/毫升（克），完税价格＜15元/片（张）的税率为20%

注：行邮税《完税价格表》的税号与《进出口税则》税号不一致，是海关单独设置的物品税率表。《进出口税则》税号，适用于货物以及跨境电商零售进口商品。表2-4《完税价格表》中的第四栏“完税价格”是指海关规定的完税价格单价，第五栏“税率”中的完税价格是指实际购买价格。

该面膜200元/盒（每盒含20片），每片10元，小于15元，税率为20%。

海关规定的“完税价格”为20元/片，每盒含20片，完税价格为400元。

1/2进境物品完税价格（海关）＜实际购买价格＜2倍进境物品完税价格（海关），即“200元＜实际购买价格＜800元”区间，采用海关规定的完税价格进行计算；如果超出此范围，则采用实际购买价格作为完税价格进行计算。

货物实际购买价格为200元，为《完税价格表》列明完税价格的1/2及以下的物品，因此采用实际购买价格进行计算。

行邮税=完税价格×行邮税率=200×20%=40（元）

行邮税≤50元人民币免征，因此该笔交易行邮税为0。

例17：孙女士在某海外电商平台邮购某国外知名品牌面膜一盒（每盒含20片），价格为220元人民币。该海外电商平台未与我国海关联网，本次交易她应缴纳的行邮税税额为多少元人民币？

解析：该面膜220元/盒（每盒含20片），每片11元，小于15元，税率为20%。

海关规定的“完税价格”为20元/片，每盒含20片，完税价格为400元。

1/2进境物品完税价格（海关）＜实际购买价格＜2倍进境物品完税价格（海关），采用海关规定的完税价格进行计算。

货物实际购买价格为220元，属于以上区间（200＜220＜800），因此采用海关完税价格进行计算。

行邮税=完税价格×行邮税率=400×20%=80（元）

因此该笔交易行邮税为80元人民币。

四、跨境电商B2B税费计算

跨境电商B2B进出口与一般贸易税费计算相同。跨境电商B2B进口货物通常征收进口关税、进口环节海关代征税（消费税和增值税），跨境电商B2B出口货物征收出口关税。值得注意的是，我国征收货物出口关税的情况较少，依据《进出口税则》(2024）仅102个税号的商品征收出口关税（例鳗鱼苗、矿砂、黄铜丝等）。我国主要出口货物一般无须征收出口关税，并且享受出口退（免）税政策。

关税、增值税、消费税的起征额度均为人民币50元，不足50元的不予征收，与行邮税不同，此处免征不含50元。

（一）关税与关税税额的计算

1．关税概述

关税是由海关代表国家，按照国家制定的关税政策和公布实施的税法及进出口税则对进出关境的货物和物品征收的一种流转税。海关征收关税的依据是国家制定的法律和行政法规。根据《海关法》的规定，征收关税是海关的一项主要任务。未经法律的授权，其他任何单位和个人均无权征收关税。

关税是国家税收的重要组成部分，是国家中央财政收入的重要来源，也是世界贸易组织允许缔约方保护其境内经济的一种手段，其基本作用在于体现国家主权，推动国家的经济建设。

2．进出口关税的计征规定

（1）关税分类。按照计征标准或计税方法，关税可分为从价税、从量税、复合税、滑准税。其中，从价税是以货物、物品的价格作为计税标准，以应征税额占货物价格的百分比为税率，价格和税额成正比例关系的关税。我国对进出口货物征收关税主要采用从价税计税标准。

（2）纳税义务人。按照《关税条例》规定，进口货物的收货人、出口货物的发货人、进境物品的所有人，是关税的纳税义务人。

（3）有关税率的计征规定。进口关税设置最惠国税率、协定税率、特惠税率、普通税率、关税配额税率等税率。对进口货物在一定期限内可以实行暂定税率。出口关税设置出口税率。对出口货物在一定期限内可以实行暂定税率。

进出口货物应当适用海关接受该货物申报进口或者出口之日实施的税率。确定进出口货物关税税率应首先确定货物被海关接受申报的时间。

（4）有关完税价格的计征规定。进出口货物的成交价格及有关费用以外币计价的，海关按照该货物适用税率之日所适用的计征汇率折合为人民币计算完税价格。完税价格采用四舍五入法计算至分。海关每月使用的计征汇率为上一个月第三个星期三（第三个星期三为法定节假日的顺延采用第四个星期三）中国人民银行公布的外币对人民币的基准汇率；以基准汇率币种以外的外币计价的，采用同一时间中国银行公布的现汇买入价和现汇卖出价的中间值（人民币元后采用四舍五入法保留4位小数）。如果上述汇率发生重大波动，海关总署认为必要时，可另行规定计征汇率，并对外公布。

3．进口货物关税税额计算

（1）完税价格的计算。进口货物的完税价格，由海关以该货物的成交价格为基础审查确定，并且应当包括货物运抵中华人民共和国境内输入地点起卸前的运输及其相关费用、保险费。

进口货物的保险费，应当按照实际支付的费用计算。如果进口货物的保险费无法确定或者未实际发生，海关应当按照“货价加运费”两者总额的3‰计算保险费，其计算公式如下。

保险费=（货价+运费）×3‰

海关确定进口货物完税价格共有进口货物成交价格估价方法、相同货物成交价格估价方法、类似货物成交价格估价方法、倒扣价格估价方法、计算价格估价方法、合理方法6种估价方法。上述估价方法应当依次采用，纳税义务人向海关提供有关资料后，可以申请颠倒“倒扣价格法”和“计算价格法”的适用次序。

依据《中华人民共和国海关审定进出口货物完税价格办法》，计入完税价格与不计入完税价格的项目，如表2-5所示。

表2-5 完税价格项目列表

计入完税价格项目	不计入完税价格项目
目的港前运保费	出口地通关费、目的港后运输费，进口报关费及其后其他费用
佣金或经纪费（出口人支付的）	购货佣金（进口人支付的）
包装费用（包括材料费和劳务费）、容器费用	进口环节税费及其他国内税
和进口货物相关的特许权使用费	建设、安装、装配、维修或者技术援助费用
保修费	境内复制进口货物费用（如光盘、配方复制等）
返还给卖方的转售收益	境内外技术培训及境外考察费用
协助的价值	境外检验费用
货物运输过程中的仓储费	经营过程中考虑，与运输过程无关的仓储费
海运滞期费发生在货物起卸前，即货物实际卸货开始时已经产生滞期的费用	滞期费发生在货物起卸后，即货物实际卸货开始时尚未产生滞期的费用
起运港码头装卸费（Original Terminal Handling Charge，OTHC），或在中转港产生的码头操作费（Terminal Handling Charge，THC）	目的港码头操作费（Destination Terminal Handling Charge，DTHC），即卸货港码头装卸费

例18：某企业进口货物价格FOB10000美元，技术转让费2000美元，设备安装费800美元，国际运输运费200美元，保险费率0.3%，试计算该批货物的进口完税价格（设汇率为1美元=7.1元人民币）。

解析：国际运输运费、保险费、技术转让费均计入完税价格，安装费不计入完税价格。

保险费=（货价+运费）×3‰=（10000+200）×3‰=30.6美元

完税价格=FOB货价+运费+保险费+技术转让费=12230.6美元=86837.26元人民币

该批货物的进口完税价格为86837.26元人民币。

（2）进口关税的适用税率。根据《进出口关税条例》的规定，国务院设立关税税则委员会，负责《进出口税则》的税目、税则号列和税率的调整和解释，报国务院批准后执行；决定实行暂定税率的货物、税率和期限；决定关税配额税率；决定征收反倾销税、反补贴税、保障措施关税、报复性关税以及决定实施其他关税措施；决定特殊情况下税率的适用，以及履行国务院规定的其他职责。

执行国家有关进出口关税减征政策时，首先应当在最惠国税率基础上计算有关税目的减征税率，然后根据进口货物的原产地及各种税率形式的适用范围，将这一税率与同一税目的特惠税率、协定税率、进口暂定税率进行比较，税率从低执行，但不得在暂定税率基础上再进行减免。适用普通税率的进口货物，其他税率均不适用，此时税率是“从高适用”。如表2-6所示为进口货物适用税率汇总表。

表2-6　进口货物适用税率汇总表

货物可选用的税率	适用税率
同时适用最惠国税率、进口暂定税率	应当适用暂定税率
同时适用最惠国税率、减征税率	优先适用减征税率
同时适用减征税率、进口暂定税率、协定税率、特惠税率	应当从低适用税率
适用普通税率的进口货物，存有进口暂定等税率	适用普通税率
适用关税配额税率、其他税率	关税配额内的，适用关税配额税率，配额税率基础上，还设有暂定税率的，适用暂定税率；关税配额外的，根据具体情况可从低适用不同税率

（3）计算公式。

实行从价计税办法计算进口关税税额=完税价格×进口关税税率

进口货物完税价格通常以CIF成交价格为基础并经海关审定，因此通常情况下，进口关税税额计算公式如下所示。

进口关税税额=CIF×进口从价关税税率

注：CIF价格是人民币价格，如果用外币成交，要按照适用的计征汇率折合为人民币计算完税价格。

例19：某企业从我国澳门地区进口哥斯达黎加产的扁核桃（未去壳）一批，500USD/MT CIF Shanghai，共计100公吨。已知该商品的最惠国税率24%，年度暂定税率10%，中国与哥斯达黎加的协定税率1.6%，CEPA澳门税率为0。试计算该批货物的进口关税（设计征汇率为1美元=7.1元人民币）。如图2-16所示为《进出口税则》（2024）截图。

序号	税则号列	货品名称	最惠国税率（%）	协定税率（%）	特惠税率（%）	普通税率（%）
697	0802.1100	--未去壳	24△10	0　东盟AS，智CL，新西兰NZ，秘PE，瑞CH，冰IS，韩KR，澳AU，格GE，东盟^{R}AS^{R}，澳^{R}AU^{R}，新西兰^{R}NZ^{R}，柬KH，港HK，澳门MO 1.6　哥CR 4.8　毛MU 16.8　韩^{R}KR^{R} 17.5　日^{R}JP^{R} 22.4　尼NI	0　受惠国LD	70

图2-16《进出口税则》（2024）截图

注：“澳^{R}”代表《区域全面经济伙伴关系协定》（RCEP）及相关协议适用于澳门地区；“澳门MO”代表《（内地与澳门关于建立更紧密经贸关系的安排）货物贸易协议》（简称CEPA协议）适用于澳门地区；“哥CR”代表《中华人民共和国政府和哥斯达黎加共和国政府自由贸易协定》及相关协议适用于哥斯达黎加。△表示暂定税率。

解析：货物原产于哥斯达黎加，不适用CEPA澳门税率。同时适用最惠国税率、进口暂定税率，应当适用暂定税率。同时适用暂定税率和协定税率，应遵循从低适用的原则，因此选择中国与哥斯达黎加的协定税率1.6%作为计税税率。

进口关税税额=CIF×进口从价关税税率=500×100×7.1×1.6%=5680（元）

该批货物的进口关税税额为5680元人民币。

关务前沿

CEPA 澳门 CEPA 香港 RCEP 协定 现状与未来展望

2023年是内地与香港特别行政区、澳门特别行政区签署关于建立更紧密经贸关系的安排（CEPA）20周年。20年来，CEPA已成为深港澳经贸互通、优势互补、拉动经济持续快速增长的重要力量。预计CEPA将继续促进内地与港澳间经济融合和共同发展，为未来创造更多互惠共赢的成果。

澳门特区经济及科技发展局表示，自CEPA实施以来至2023年9月，澳门企业利用CEPA零关税优惠政策出口至内地的货值达14亿澳元，为澳企业共节省累计超过9000万澳元关税。

深圳毗邻香港，自CEPA实施以来，深圳一直是港产货物进入内地市场的最主要口岸之一。港产零关税货物从深圳文锦渡、皇岗、深圳湾、莲塘等口岸进口。据统计，截至2023年5月，20年来经深圳口岸累计进口香港CEPA货物346.8亿元，减让关税30.2亿元。年度享惠货值由2004年的2.6亿元，提高至2022年的23.4亿元，进口货值占全国近三成，居全国首位。

中国积极落实《区域全面经济伙伴关系协定》（RCEP），有利于维护全球供应链稳定。中国高效实施RCEP各项条款，加强与其他成员国间的国际合作，有助于提升区域内供应链的韧性。2023年9月，中国国际贸易促进委员会发布的《RCEP实施的经济效应评估报告》显示，RCEP对区域贸易和供应链的促进作用十分明显。2023年，中国实现RCEP原产地证书签证金额达72.1亿美元，同比增长5.54%，签证份数达21.81万份，同比增长38.15%。这说明RCEP实施两年来，区域贸易成本大幅降低，为其他成员国及其企业带来实实在在的收益。国际货币基金组织预测，2022年至2028年，RCEP成员的GDP将增长13.3万亿美元，该增量将比美国和欧盟的GDP增量总和高17%。

4．原产地规则

（1）定义。为适应国际贸易的需要，并为执行本国关税及非关税方面的贸易措施，进口国必须对进出口商品的原产地进行认定。为此，各国以本国立法形式制定出其鉴别货物“国籍”的标准，这就是原产地规则。

（2）分类。从是否适用优惠贸易协定来分，原产地规则分为两大类：一类为优惠原产地规则，另一类为非优惠原产地规则。适用优惠贸易协定，需要符合“原产地认定标准”和“直接运输”的要求，并提交优惠贸易协定原产地证书。

（3）原产地认定标准。在认定货物的原产地时，会出现以下两种情况：一种是货物完全是在一个国家（地区）获得或生产制造，另一种是货物由两个或两个以上国家（地区）生产或制造。

原产地认定标准包括完全获得标准（如农产品或矿产品，以产品的种植、开采或生产国为原产国）和实质性改变标准（对于经过多个国家或地区加工、制造的产品，以最后完成实质性加工的国家为原产国）。

（4）直接运输。直接运输是指优惠贸易协定项下进口货物从该协定成员国或者地区直接运输至中国境内，途中未经过该协定成员国或者地区以外的其他国家或者地区。

为便利各优惠贸易安排中“直接运输”条款的实施，对于经香港或澳门之外的第三方中转的自贸协定项下货物，进口单位申报适用协定税率或特惠税率时向海关提交符合要求的运输单证；对经香港或澳门中转的货物，可提交“中转确认书”或符合规定的运输单证，海关可不再要求提交中转地海关出具的证明文件。

5．出口货物关税税额计算

出口货物的完税价格由海关以该货物的成交价格为基础审查确定，包括货物运至中华人民共和国境内输出地点装载前的运输及其相关费用、保险费。

我国出口货物完税价格以FOB价格为基础审核确定，如出口货物采用其他术语成交，均需视情况将其他术语转换为FOB价格，并且按照规定，需将出口货物价格中包含的出口关税税额予以扣除。

出口货物完税价格=FOB（中国境内口岸）价格-出口关税。

出口关税税额=出口货物完税价格×出口关税税率

出口货物完税价格=FOB÷（1+出口关税税率）

出口关税税额=FOB÷（1+出口关税税率）×出口关税税率

在CIF下成交时：

出口货物完税价格=CIF-（国际运输及其相关费用、保险费）÷(1+出口关税税率）

在EXW下成交时：

出口货物完税价格=（EXW+国内运输及其相关费用、保险费）÷（1+出口关税税率）

例20：某企业出口一批货物到美国，成交价格为CIFC3%（含3%佣金的CIF含佣价，也可写成CIF3，省去百分号）西雅图USD10000，该货物从大连至西雅图的海运运费为600元人民币，保险费为200元人民币，海关接受申报日适用的人民币对美元基准汇率为1美元=7.1968元人民币。出口关税税率为10%。试计算该批货物的出口关税税额。计算结果保留2位小数。

CIF净价=CIF含佣价×（1-佣金率）=10000×（1-3%）=9700（美元）

汇率为1美元=7.1968元人民币，因此9700美元=69808.96元人民币

FOB净价=CIF净价-运费-保险费=69808.96-600-200=69008.96（元人民币）

出口关税税额=FOB ÷（1+出口关税税率）×出口关税税率

出口关税税额=69008.96 ÷（1+10%）×10%

=6273.54（元）

该批货物的出口关税税额为6273.54元人民币。

（二）消费税税额计算

消费税是以消费品的流转额作为征税对象的各种税收的统称。消费税实行从价计税、从量计税，或者从价和从量复合计税（简称复合计税）的办法计算应纳税额。实行从价计税与“跨境电商零售进口商品税费计算”中消费税的计算一致，此处不再赘述。其他两种应纳税额计算公式如下所示。

实行从量计税办法计算的应纳税额=销售数量×定额税率

实行复合计税办法计算的应纳税额=销售额×比例税率+销售数量×定额税率

例21：某市举办啤酒节活动，由某企业从德国进口啤酒10万瓶（500毫升/瓶），成交总价CIF Qingdao12万美元，已知关税从量税为0，增值税税率为13%，进口消费税税率如下：进口完税价格＜370美元/吨的麦芽酿造啤酒，税率为220元/吨；进口完税价格≥370美元/吨的麦芽酿造啤酒，税率为250元/吨，1千克=0.988升。试计算应缴的消费税（设美元汇率为1美元=7.1元人民币）。计算结果保留2位小数。如表2-7所示为截至2024年1月的消费税税率一览表。

解析：500毫升/瓶=0.5升/瓶，10万瓶，1千克=0.988升

该批啤酒重量为0.5升×100000÷0.988=50607.29千克≈50.61吨

完税价格为 12万美元÷50.61吨≈2371.07美元/吨

完税价格＞370美元/吨，消费税税率为250元/吨

消费税=销售数量×定额税率=［0.5×100000÷（0.988×1000）］×250=12651.82（元）

应缴的消费税为12651.82元人民币。

表2-7 消费税税率一览表（截至2024年1月）

税目	税率		
	生产（进口）环节	批发环节	零售环节
一、烟			
1. 卷烟			
（1）甲类卷烟	56%加0.003元/支	11%加0.005元/支	
（2）乙类卷烟	36%加0.003元/支		
2. 雪茄烟	36%		

续表

税目	税率		
	生产（进口）环节	批发环节	零售环节
3．烟丝	30%		
4．电子烟	36%	11%	
二、酒			
1．白酒	20%加0.5元/500克（或者500毫升）		
2．黄酒	240元/吨		
3．啤酒			
（1）甲类啤酒	250元/吨		
（2）乙类啤酒	220元/吨		
4．其他酒	10%		
三、高档化妆品	15%		
四、贵重首饰及珠宝玉石			
1．金银首饰、铂金首饰和钻石及钻石饰品			5%
2．其他贵重首饰和珠宝玉石	10%		
五、鞭炮焰火	15%		
六、成品油			
1．汽油	1.52元/升		
2．柴油	1.2元/升		
3．航空煤油	1.2元/升		
4．石脑油	1.52元/升		
5．溶剂油	1.52元/升		
6．润滑油	1.52元/升		
7．燃料油	1.2元/升		
七、摩托车			
1．气缸容量250毫升	3%		
2．气缸容量在250毫升（不含）以上	10%		
八、小汽车			
1．乘用车			

续表

税目	税率		
	生产（进口）环节	批发环节	零售环节
（1）气缸容量（排气量，下同）在1.0升（含1.0升）以下的	1%		
（2）气缸容量在1.0升以上至1.5升（含1.5升）的	3%		
（3）气缸容量在1.5升以上至2.0升（含2.0升）的	5%		
（4）气缸容量在2.0升以上至2.5升（含2.5升）的	9%		
（5）气缸容量在2.5升以上至3.0升（含3.0升）的	12%		
（6）气缸容量在3.0升以上至4.0升（含4.0升）的	25%		
（7）气缸容量在4.0升以上的	40%		
2．中轻型商用客车	5%		
3．超豪华小汽车	按子税目1和子税目2的规定征收		10%
九、高尔夫球及球具	10%		
十、高档手表	20%		
十一、游艇	10%		
十二、木制一次性筷子	5%		
十三、实木地板	5%		
十四、电池	4%		
十五、涂料	4%		

资料来源：根据《中华人民共和国消费税暂行条例》《中华人民共和国消费税暂行条例实施细则》《关于对电池涂料征收消费税的通知》《关于调整化妆品消费税政策的通知》《关于对电子烟征收消费税的公告》等整理。

（三）增值税概述

在中华人民共和国境内销售货物或者提供加工、修理修配劳务以及进口货物的单位和个人，为增值税的纳税人，应当缴纳增值税。

自2019年4月1日起，增值税一般纳税人发生增值税应税销售行为或者进口货物，原适用16%税率的，税率调整为13%；原适用10%税率的，税率调整为9%。详见《关于深化增值税改革有关政策的公告》（财政部 税务总局 海关总署公告2019年第39号）。

进口货物的增值税应当由我国海关进行征收，增值税应当由纳税人向海关缴纳，其取得的海关完税凭证均可作为增值税进项税额抵扣凭证。进口货物的增值税的计算与“跨境电商零售进口商品税费计算”中增值税计算一致，此处不再赘述。

知识巩固

一、判断题

1. 根据《进出口关税条例》的规定，国务院设立关税税则委员会，负责《进出口税则》的税目、税则号列和税率的调整和解释，报国务院批准后执行。(　　)
2. 进口货物的增值税应当由我国海关进行征收，增值税应当由纳税人向海关缴纳。(　　)
3. 关税是由海关代表国家，按照国家制定的关税政策和公布实施的税法及进出口税则对进出关境的货物和物品征收的一种流转税。(　　)
4. 适用优惠贸易协定，需要符合“原产地认定标准”和“直接运输”的要求，并提交优惠贸易协定原产地证书。(　　)
5. 出口货物的完税价格由海关以该货物的成交价格为基础审查确定，包括货物运至中华人民共和国境内输出地点装载前的运输及其相关费用、保险费。(　　)
6. 进口货物的完税价格，由海关以该货物的成交价格为基础审查确定，并且应当包括货物运抵中华人民共和国境内输入地点起卸前的运输及其相关费用、保险费。(　　)

二、不定项选择题

1. 跨境电子商务零售进口（　　）需要征收消费税。

   A．面部精华100mL/瓶，CNY 743.00

   B．抗蓝光眼霜精华15mL/瓶，CNY 317.00

   C．焦点小眼影1.5g/支，CNY 104.00

   D．变色唇膏3.2g/支，CNY 224.00

2. 以下关于个人物品邮递入境的监管政策描述正确的是（　　）。

   A．寄自或寄往港、澳、台地区以外的国家和地区的物品，每次限值为1000元人民币

   B．对于个人邮寄进境物品，海关依法征收关税、增值税、消费税

   C．应征税额不超过人民币50元的，海关予以免征

   D．个人邮寄进境物品超出规定限值的，必须办理退运手续

3. 某公司进口一批货物，载货运输工具于2022年7月8日申报进境，次日该公司向海关申报电子数据被系统退单。经确认相关信息，该公司于7月10日重新向海关发送申报电子数据并于当日收到电子放行回执信息，该公司于7月11日向现场海关提交纸质报关单证，该批货物的申报日期是（　　）。

   A．7月8日　　B．7月9日　　C．7月10日　　D．7月11日

4. 上海A公司进口一批货物，运输工具于2023年3月31日申报进境，次日海关接受申报，4月2日海关查验后货物正常，当日缴纳税费后提取货物送至公司仓库。则该批货物适用的汇率是（　　）中国人民银行公布的基准汇率（币制为美元）。

A. 2023年2月22日　　B. 2023年3月15日

C. 2023年4月5日　　D. 2023年3月8日

5. 跨境电子商务零售进口商品，其完税价格包括（　　）。

A. 实际交易价格

B. 实际交易价格+国内运费+国内保险费

C. 货物采购价格+国际运费+国际保险费

D. 货物零售价格+国内运费+国内保险费

6. 在中华人民共和国境内（　　）为增值税的纳税人，应当缴纳增值税。

A. 销售货物或者提供加工的单位和个人

B. 修理修配劳务的单位和个人

C. 进口货物的单位和个人

D. 以上均错误

7. 消费税实行（　　）的办法计算应纳税额。

A. 从价计税　　B. 从量计税

C. 从价和从量复合计税　　D. 以上均错误

8. 我国规定（　　）有权签发出口货物原产地证书。

A. 海关

B. 中国国际贸易促进会及其地方分会

C. 制造商

D. 出口商

实训任务

请完成跨境电商零售进口税费规划，案例背景如下所述。

一件商品从海外发货至国内，合规的入境方式主要有三种：一般贸易、跨境电商零售进口和行邮渠道。以购买一盒某国外品牌西洋参切片为例，在跨境电商平台上销售价格为350元/盒（100克）。作为跨境电商公司，应为消费者利益考虑，合理规划进口税费，进口该西洋参切片，应选择跨境电商零售进口还是行邮渠道入境（计算过程中如有小数，保留小数点后两位）？请解释原因。

附1 《进出口税则》税率

进口最惠国税率、普通税率、暂定税率

税号	商品名称	进口最惠国税率	进口普通税率	进口暂定税率
1211201100	鲜或干的西洋参	7.5%	70%	

进口消费税税率、增值税税率

进口消费税税率	增值税税率
0	9%

附2 《完税价格表》税率

税号	品名及规格	单位	完税价格（人民币：元）	税率
01000000	食品、饮料、药品			
01010000	—食品			
01010400	——参	千克	2000	13%
01010700	——奶粉	千克	200	13%
01010800	——调味品	千克	200	13%
01019900	——其他食品	件、千克	另行确定	13%

附3 查询网址

1. 商品编码查询网址：

立刻查http://www.likecha.com/

2. 税费查询网址：

（1）商务部外贸实务查询服务http://wmsw.mofcom.gov.cn/wmsw/；

（2）通关网http://www.hscode.net/IntegrateQueries/QueryYS；

（3）互联网+海关进出口税率查询

http://online.customs.gov.cn/ociswebserver/pages/jckspsl/index.html；

（4）国家税务总局出口退税查询

https://hd.chinatax.gov.cn/nszx2023/cktslcx2023.html。

项目三

跨境电商零售进口通关

知识目标

- 理解直购进口的内涵、特点、业务单证及责任主体。
- 熟悉直购进口参与企业的业务范围、通关业务操作流程、海关监管流程以及监管的主要内容。
- 了解保税货物的内涵与分类、保税物流与保税加工的内涵、来料加工与进料加工的区别、保税服务的定义。
- 了解六种形态的海关特殊监管区的区别、保税物流中心（A型）和保税物流中心（B型）的区别。
- 理解网购保税进口与直购进口的异同。
- 掌握网购保税海关监管、通关流程。

能力目标

- 能够缮制直购进口通关单证并设计关务通关方案。
- 能够根据业务背景，设计网购保税通关方案。
- 能够缮制并审核进境货物备案清单。
- 能够进行直购进口、网购保税进口业务的关务合规性审查。

素质目标

- 具备合规开展直购进口、网购保税进口的意识，能防范和化解关务风险。
- 理解直购进口、网购保税进口的法律法规制度设计背后的价值导向、底层逻辑。

重点内容导图

- 跨境电商零售进口通关
  - 直购进口通关
    - 直购进口概述
    - 直购进口的特点
    - 直购进口业务单证及责任主体
    - 直购进口通关流程
    - 直购进口海关监管
  - 网购保税进口通关
    - 保税概述
    - 海关特殊监管区与保税监管场所
    - 网购保税进口概述
    - 网购保税进口海关监管
    - 网购保税进口通关流程

任务一 直购进口通关

任务导入

广州中天网络科技有限公司拟从事跨境电商零售进口业务，致力于为中国消费者提供高质量的境外品牌美妆、食品和日用品，深入产品原产地直接采购，从源头杜绝假货，委托四通报关有限公司进行跨境电商进口业务的关务规划，并办理相关日用品进口的通关手续、缮制通关单证。

相关知识

一、直购进口概述

直购进口是跨境电商零售进口的一种主要模式，海关监管方式代码“9610”（全称“跨境贸易电子商务”，简称“电子商务”），适用于境内个人或电子商务企业通过电子商务交易平台实现交易，并采用“清单核放、汇总申报”模式办理通关手续的电子商务零售进口商品（通过海关特殊监管区域或保税监管场所一线的电子商务零售进口商品除外，即不包括网购保税进口商品）。

9610概述

在跨境电商零售平台发展的早期，直购进口是主要的进口模式。虽然随着电商平台实力不断发展强化及国家政策扶持力度加大，以及网购保税进口开始发展起来，但直购进口也有自身的特有优势，目前在跨境电商零售进口中仍然具有重要的地位。

直购进口是跨境电商海淘购物转型的重要渠道之一。在此模式下，国内消费者在跨境电商平台上购买商品（属于“正面清单”的商品）完成网上购物和电子支付，跨境电商企业的海外分拨中心或海外仓以国际邮包或国际快件的方式寄送给消费者。直购进口因其在商品种类的多样性上具有优势，多被经营品类较宽泛的跨境电商平台及海外电商企业所采用。

直购进口关务主体包括海关完成备案手续的跨境电商平台企业、跨境电商企业、支付企业、物流企业、跨境电商报关企业（代理报关模式下的跨境电商企业代理人）；通常在国际贸易“单一窗口”或跨境电商公共服务平台，进行订单申报、收款单申报、运单申报、清单申报、入库明细单申报；直购进口的货物，经过货物运输（主要采用空运、少量货物经过海运）发往国内海关跨境电商监管场所（简称“货物进场”），在直购进口理货上线区，海关对进口包裹实施非侵入式查验，完成报关手续后，装车发货，货物运离海关跨境电商监管场所，进行国内快递尾程派送，即完成出区派送。直购进口业务图，如图3-1所示。

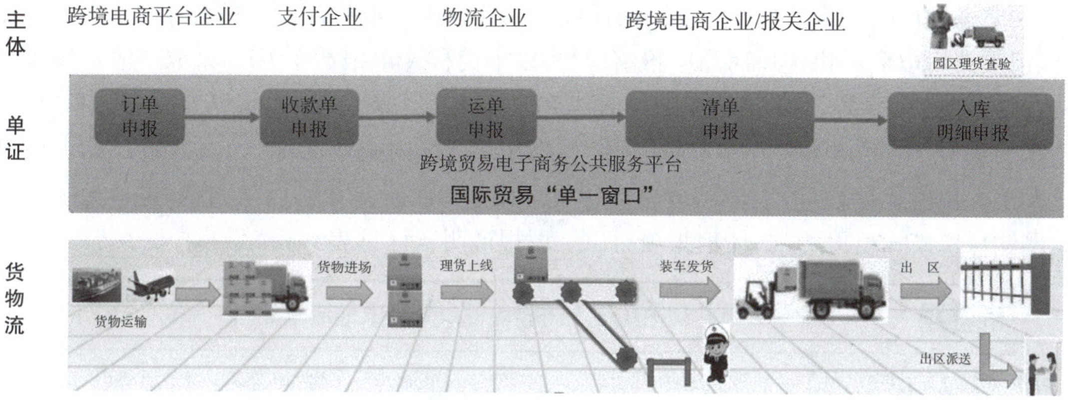

图3-1 直购进口业务图

二、直购进口的特点

直购进口具备以下特点。

（1）商品类别多样，利于新商品快速跨境销售。跨境直购进口销售品类宽泛琐碎、不易批量备货的商品，有利于新上市产品开展跨境销售，便于跨境电商企业新品试水。需要注意的是，对于《跨境电子商务零售进口商品清单》（2022年版）（以下简称“正面清单”）中备注标明的“仅限网购保税商品”也不适用，因此在判断是否通过直购进口模式入境时，应当关注并遵守“正面清单”的备注要求。

（2）“先下单后发货”模式，无须先期大量备货，有效避免货物积压以及批量退货等问题，节省境内仓储环节及成本。基于用户体验而产生的定制产品，即非标品，通过跨境直购进口方式将更加灵活。跨境直购进口使用的商品不限于海关特殊监管区域及保税物流中心（B型）内的仓储场所（以下简称“保税仓”）既有的商品范围。

（3）通关环节简便灵活。直购进口模式下境外商品从境外供应商或海外仓直运入境，无须经境内保税仓“入区通关、出区通关”通关手续及其他监管要求，直接从监管作业场所入境通关。具有信息化、阳光化、便捷化的特点。

（4）物流时间相对较长、物流成本相对较高，这是跨境直购进口较为突出的缺点。相对于网购保税进口而言，直购进口的发货地在境外，采用国际快件方式寄递，物流时效平均4～7天，甚至更长，单件商品的运费相比于大货集运的平均单价成本更高。

三、直购进口业务单证及责任主体

直购进口业务单证主要包括：《跨境电子商务零售进口商品申报清单》（以下简称《申报清单》）、电子订单、支付单、运单、撤销申请单、退货申请单、入库明细单等。以上单据中，电子订单、支付单、运单分别由各责任主体向监管部门实时传输施加电子签名的跨境电商零售进口电子信息，并对数据真实性承担相应责任。

直购进口时，跨境电商企业境内代理人或其委托的报关企业应提交《中华人民共和国海关跨境电商零售进口商品申报清单》（以下简称《申报清单》），采取“清单核放”方式办理报关手续。《申报清单》由表头和表体组成。表头部分总计42项，其中第11项“账册编号”、第25项“区内企业代码”、第26项“区内企业名称”，直购进口无须填报（网购保税模式填报）。表体部分总计19项，其中“账册备案料号”，直购进口无须填报（网购保税模式填报）。具体填报项目以及填报说明，详见表3-1。

表3-1　中华人民共和国跨境电商零售进口商品申报清单数据

序号	中文名称	必填项	说明
清单表头			
1	预录入编号	否	电子口岸的清单编号（B+8位年月日+9位流水号）
2	订单编号	是	电商平台的原始订单编号
3	电商平台代码	是	电商平台识别标识
4	电商平台名称	是	电商平台名称
5	电商企业代码	是	电商企业的海关备案登记（备案）编码（18位）
6	电商企业名称	是	电商企业的海关备案登记（备案）名称
7	物流运单编号	是	物流企业的运单包裹面单号
8	物流企业代码	是	物流企业的海关备案登记（备案）编码（18位）
9	物流企业名称	是	物流企业的海关备案登记（备案）名称
10	担保企业编号	否	需与清单有关企业一致（电商企业或平台，申报企业）
11	账册编号	否	保税模式填写具体账号，用于保税进口业务在特殊区域辅助系统记账（出区通关核减）
12	清单编号	否	海关审结的清单编号（4位关区+4位年+1位进出口标记+9位流水号）
13	进出口标记	是	I–进口，E–出口
14	申报日期	是	申报时间以海关入库反馈时间为准，格式：YYYYMMDD
15	申报地海关代码	是	/

续表

序号	中文名称	必填项	说明
16	进口口岸代码	是	商品实际出我国关境口岸海关的关区代码 JGS/T 18《海关关区代码》
17	进口日期	是	时间格式：YYYYMMDD
18	订购人证件类型	是	1–身份证；2–其他
19	订购人证件号码	是	海关监控对象的身份证号
20	订购人姓名	是	海关监控对象的姓名，要求个人实名认证
21	订购人电话	是	海关监管对象的电话，要求实际联系电话
22	收件人地址	是	收件人的地址，实际为运单收货人地址，不一定为个人实名认证的订购人住址
23	申报企业代码	是	申报单位的海关备案登记代码（18位）
24	申报企业名称	是	申报单位的海关备案登记名称
25	区内企业代码	否	网购保税模式必填，用于区内企业核扣账册
26	区内企业名称	否	网购保税模式必填，用于区内企业核扣账册
27	监管方式	是	默认为1210/9610区分保税或一般模式
28	运输方式	是	海关标准的参数代码《JGS–20 海关业务代码集》——运输方式代码。直购指跨境段物流运输方式。网购保税按出区通关
29	运输工具编号	否	直购进口必填。进出境运输工具的名称或运输工具编号填报内容应与运输部门向海关申报的载货清单所列相应内容一致；同报关单填制规范
30	航班航次号	否	直购进口必填。进出境运输工具的航次编号
31	提运单号	否	直购进口必填。提单或运单的编号，直购必填
32	监管场所代码	否	针对同一申报地海关下有多个跨境电商的监管场所，需要填写区分；海关特殊监管区域或保税物流中心（B型）不需要填报
33	许可证号	否	商务主管部门及其授权发证机关签发的进出口货物许可证的编号
34	启运国（地区）	是	直购模式填写
35	运费	是	物流企业实际收取的运输费用
36	保费	是	物流企业实际收取的商品保价费用
37	币制	是	人民币（代码：142）
38	包装种类代码	否	海关对进出口货物实际采用的外部包装方式的标识代码，采用1位数字表示，如木箱、纸箱、桶装、散装、托盘、包、油罐车等

续表

序号	中文名称	必填项	说明
39	件数	是	件数（包裹数量）
40	毛重（公斤）	是	商品及其包装材料的重量之和，计量单位为千克
41	净重（公斤）	是	商品的毛重减去外包装材料后的重量，即商品本身的实际重量，计量单位为千克
42	备注	否	/
		清单表体	
43	序号	是	从1开始连续序号（一一对应关联电子订单）
44	账册备案料号	否	1210保税进口出区通关业务（必填），支持保税模式的账册核扣
45	企业商品货号	否	电商平台自定义的商品货号（SKU）
46	企业商品品名	否	电商平台的商品品名
47	商品编码	是	海关对进出口货物规定的类别标识代码，采用海关综合分类表的标准分类，总长度为10位数字代码，前8位由国务院关税税则委员会确定，后2位由海关根据代征税、暂定税率和贸易管制的需要增设
48	商品名称	是	中文名称，同一类商品的名称。任何一种具体商品可以并只能归入表中的一个条目
49	商品规格型号	是	满足海关归类、审价以及监管的要求为准。包括品名、牌名、规格、型号、成分、含量、等级等
50	条码	否	商品条形码一般由前缀部分、制造厂商代码、商品代码和校验码组成。没有条形码填“无”
51	原产国（地区）	是	海关标准的参数代码《JGS-20 海关业务代码集》国家（地区）代码表填写代码
52	贸易国	否	按海关规定的《国别（地区）代码表》选择填报相应的贸易国（地区）代码
53	币制	是	人民币（代码：142）
54	数量	是	/
55	法定数量	是	/
56	第二数量	否	/
57	计量单位	是	海关标准的参数代码《JGS-20海关业务代码集》——计量单位代码
58	法定计量单位	是	海关标准的参数代码《JGS-20海关业务代码集》——计量单位代码

续表

序号	中文名称	必填项	说明
59	第二计量单位	否	海关标准的参数代码《JGS-20海关业务代码集》——计量单位代码
60	单价	是	成交单价
61	总价	是	总价=成交数量×单价
62	备注	否	/

知识链接

跨境电商直购进口“清单核放”

根据海关总署要求，开展跨境电商直购进口（监管方式代码9610）的电子商务企业、物流企业、监管场所经营企业应当按照规定向海关备案，并通过电子商务通关服务平台实时向电子商务通关管理平台传送交易、支付、仓储和物流等数据，海关跨境进口统一版系统接收三单（订单、运单、支付单）数据后由电商企业/代理申报企业在跨境电商企业申报端系统向海关申报清单。由海关统一进行数据信息比对，并检查申报单的逻辑关系，核对企业、商品、个人的备案情况，核放商品。

根据海关总署公告2018年第113号（关于修订跨境电子商务统一版信息化系统企业接入报文规范的公告）的规定，支持提供跨境电商零售统一版信息化系统（以下简称“跨境统一版系统”）清单录入功能。跨境电商企业或其代理人可登录“互联网+海关”一体化网上办事服务平台使用“跨境电商”功能进行清单录入、修改、申报、查询等操作。企业对于其向海关所申报及传输的电子数据承担法律责任。具体如表3-2所示。

表3-2 直购进口业务单证及责任主体

序号	业务单证	责任主体	数字签名
1	（进口）申报清单	电商企业或其代理人	是
2	电子订单	电商企业或电商平台或受委托的快件运营人、邮政企业	是
3	支付单	支付企业或受委托的快件运营人、邮政企业	是
4	运单	物流企业	是

续表

序号	业务单证	责任主体	数字签名
5	运单状态	物流企业	是
6	撤销申请单	电商企业或其代理人	是
7	退货申请单	电商企业或其代理人	是
8	入库明细单	海关监管作业场所经营企业	是

四、直购进口通关流程

跨境电商企业完成备案手续（企业备案、税费担保备案）；消费者完成网上交易后，跨境电商企业将“电子订单”信息、跨境物流企业将“电子运单”信息、支付企业将“支付凭证”信息发送至国际贸易“单一窗口”或跨境电商通关服务平台进行申报。服务平台集齐“三单”（订单、支付单、运单）信息后，按照入境申报现有模式（“先下单后发货”模式），自动生成申报清单供有报关报检资质的企业进行申报。海关监管场所（邮政快件监管中心、邮政国际邮件处理中心）分拣，完成包裹出区申报，申报单证包括入库明细单、进口清单，放行包裹捆绑车辆配送出区，货物完成尾程派送后，消费者进行货物签收，运单状态信息由物流企业反馈给跨境电商服务平台，跨境电商企业或其代理人进行事后集中缴纳税款。直购进口通关流程如图3-2所示。

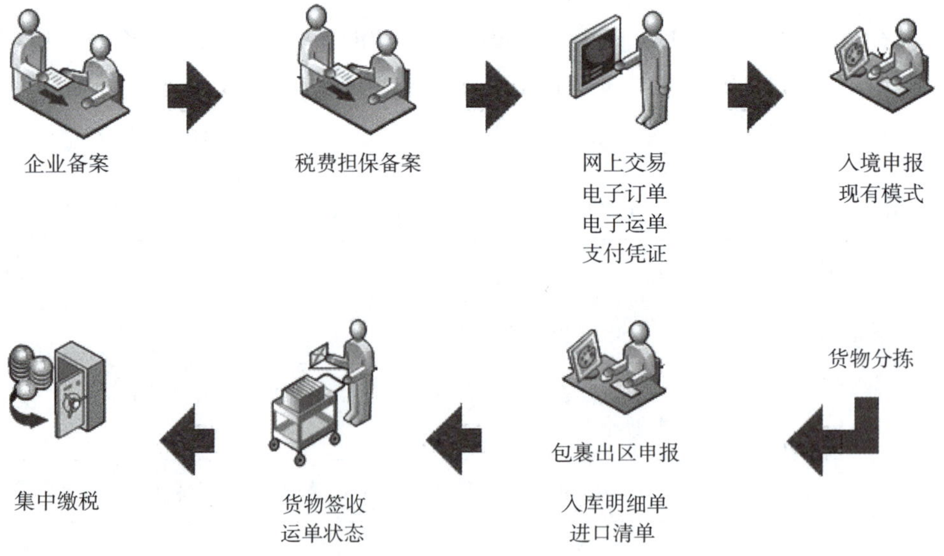

图3-2 直购进口通关流程示意图

五、直购进口海关监管

（一）直购进口海关监管流程

如图3-3所示为直购进口海关监管流程，具体解释如下。

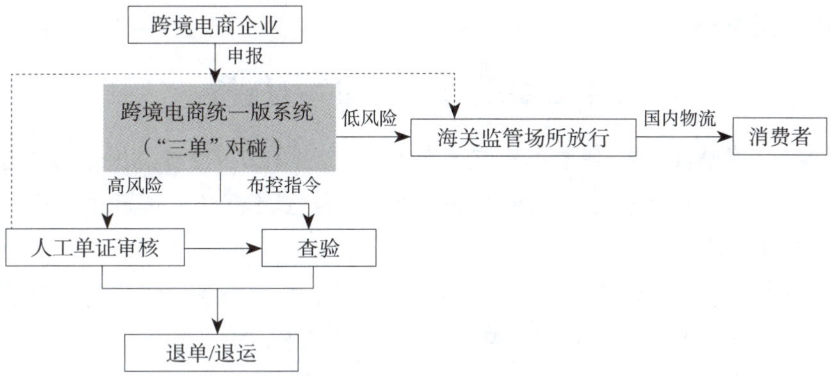

图3-3 直购进口海关监管流程图

1．企业申报

直购进口模式下，消费者在跨境电商平台下单后，申报企业通过跨境电商统一版系统进行申报，并向海关推送“三单”信息。其中，申报企业可以委托物流公司或代理报关公司代为申报。

2．海关审单

海关在接收到申报企业向海关推送的“三单”信息后，系统会自动核对申报信息的内容与格式，如果申报信息存在错误，系统会自动将信息原路退回；如果信息无误，系统会将信息传送至审单中心，由海关关员对申报信息进行专业化人工审核，主要审核申报商品的价格、原产地、HS编码等，进而对每票商品作出风险评估。对高风险商品选择布控查验，对低风险商品选择直接放行。

3．海关查验

被审单环节布控抽中的商品，海关会进行实货查验。实货查验主要是为了确认实际货物与申报信息是否相符，例如，实货的品名、数量、规格、原产地、HS编码与申报数据是否相符，另外还需核实实货是否存在瞒报、夹藏等违法现象。海关查验环节至关重要，一方面有效维护了国门安全，将危害国家安全的货物拒之门外，另一方面有效保证了应税尽税。

4．海关征税

目前，海关多采用线上支付的方式征收税款，凭跨境电商企业或其代理人出具的保证金或保函按月集中征税。同时，海关还实施“税款担保、集中纳税、代扣代缴”征税模式（须提前办理税款担保备案手续），这提高了税款征收和通关验放的时效。直购进口征税按照《关于跨境电商零售进口税收政策的通知》执行。

5．海关放行

直购进口商品在审单完成后直接放行或在查验完成后放行，此时申报企业可以从海关监管仓库中将商品提走，也可以委托物流公司将商品提走，最终将商品运送至消费者手中。

知识链接

为什么要进行“三单”对碰?

“三单”信息就是海关公告中的交易信息、支付信息、物流信息。相对应的“三单”就是订单、支付单、运单（也叫物流单），是在消费者下单后由不用类型主体的企业分别推送的。

订单由电商企业推送电子订单数据，支付单由支付企业推送支付单数据，运单由仓储物流服务商推送运单数据。在三单对碰环节中，除了这三单之外，还有一个非常重要的信息是清单信息。清单是由仓储或物流企业推送，清单信息包含“三单”中的订单、商品、支付、物流的相关信息。

“三单”包含哪些重要的信息?

订单信息包括订购人信息、订单号、支付单号、物流单号及商品信息等。支付单信息包括支付人信息、支付金额、订单号、支付单号等。运单信息包括分物流单号、订单号、商品信息、收货人信息等。

“三单对碰”是海关总署的明确要求，早在2014年第12号、2014年第57号公告中就提出，开展跨境电商进口业务的企业应当按照规定向海关传输交易、支付、仓储和物流等数据。由海关校验每一笔交易订单信息和消费者信息的真实性，促进跨境电商的合规化发展。海关总署2018年第194号公告中进一步强调，开展跨境电商零售进口业务的跨境电商平台企业、跨境电商企业境内代理人应对交易真实性和消费者（订购人）身份信息真实性进行审核，并承担相应责任；身份信息未经国家主管部门或其授权的机构认证的，订购人与支付人应当为同一人。

（二）直购进口海关监管的主要内容

1．进口商品以及申报主体行为合法性

我国海关在对直购进口商品进行监管时，既要监管商品，又要监管申报主体。例如，国家明令禁止象牙、枪支弹药及其零件、毒品、反动宣传品入境，一旦查获，全部没收，并对申报主体进行处罚。如果涉及数量较大且情节严重，将移交缉私局并立案调查。对于申报主体，海关也会审核其申报资质，并对其所有的申报行为进行实时监控。

2．申报信息真实性

直购进口商品具有“小批量、低价值”的特点，申报主体除了代理报关企业或物流企业，也可能由寄件人自行申报。有的寄件人为了偷逃税款，提供给海关的申报信息与实际商品不相符，对于这种违法行为，海关必须在审单、查验过程中认真严谨，对商品的实际情况作出准确的判断。

3．申报价格合理性

海关对商品价值的判定主要是根据发票，然而有的商家为了降低成本，提高产品竞争力，故意开具价格相对较低的发票以达到少交税款的目的。以“诚信守法便利，失信违法惩戒”为原则，海关在查验过程中要对商品的实际价值作出判断，审核申报价格是否合理。

案例阅读

跨境电商直购进口违规案例

某海关对当事人进口商品进行查验时，发现以直购进口的商品包含创口喷雾、脚气消毒片、静脉曲张片等药品。该批药品不属于跨境电商正面清单的范畴，属于国家限制进出口的物品，且当事人未提供进口药品和销售药品的许可。当事人进口国家限制进口的商品未提交许可证件，根据有关法律规定，海关决定对当事人涉案进口商品不予放行，并处以罚款。

请认真阅读上述案例，思考如何避免类似违规案件的发生？

知识巩固

一、判断题

1. 直购进口通常采用“先下单后发货”模式，无须先期大量备货，有效避免货物积压以及批量退货等问题。(　　)
2. 跨境电商零售进出口商品在申报前，跨境电商企业或其代理人、物流企业应当如实向海关传输三单信息，三单信息是指交易、支付和物流电子信息。(　　)
3. 直购进口商品具有“小批量、低价值”的特点。(　　)
4. 我国海关在对直购进口商品进行监管时，既要监管商品，又要监管申报主体。(　　)

5. 直购进口业务单证主要包括申报清单、电子订单、支付单、运单、撤销申请单、退货申请单、入库明细单等。(　　)

二、不定项选择题

1. 跨境电商零售进口业务类型适用的海关监管方式不包括(　　)。

A. 0110　　B. 9610　　C. 1210　　D. 1239

2. 某跨境电商从韩国进口一批零售商品，以保税模式进入郑州(试点城市)保税物流中心(B型)做网购销售，入区应采用的监管方式是(　　)。

A. 区内物流货物(代码"5034")

B. 物流中心进出境货物(代码"6033")

C. 保税电商(代码"1210")

D. 电子商务(代码"9610")

3. 小王通过某境外电商平台购买了一双价值500元人民币的鞋子(随附购物发票)，店家寄到国内，她收到国内邮局"国际邮件办理手续通知单"，要求她去办理个人物品纳税手续，这种情况小王应该办理的海关手续是(　　)。

A. 按照电子商务(代码"9610")申报进口

B. 按照保税电商(代码"1210")申报进口

C. 按照保税电商A(代码"1239")申报进口

D. 缴纳个人物品税金后提取包裹

4. 直购进口包括(　　)。

A. 商品类别多样，有利于新商品快速跨境销售

B. "先下单后发货"模式，无须先期大量备货

C. 通关环节简便灵活

D. 物流时间相对较长、物流成本相对较高

5. 直购进口海关监管的主要内容包括(　　)。

A. 进口商品合法性　　B. 申报主体行为合法性

C. 申报信息真实性　　D. 申报价格合理性

6. 直购进口业务中进口申报清单的责任主体是(　　)。

A. 跨境电商企业或其代理人　　B. 跨境电商企业或跨境电商平台

C. 支付企业　　D. 物流企业

7. 直购进口禁止入境商品包括(　　)。

A. 象牙　　B. 枪支弹药及其零件

C. 毒品　　D. 反动宣传品

8. 海关关员对申报信息进行专业化人工审核，主要审核申报商品(　　)。

A. 价格　　B. 原产地

C. HS编码　　D. 以上均错误

实训任务

1．根据任务导入以及《中华人民共和国进出口税则（2024）》，填写下列商品备案表的税则号列、法定计量单位。

税则号列	商品名称	法定计量单位	成交单位
	睫毛修复液		瓶
	化妆水		瓶
	面膜		盒
	洗发水		瓶
	牙膏		盒
	保温杯		个
	冻原只海参		只

2．请查询《跨境电子商务零售进口商品清单（2019年版）》《跨境电子商务零售进口商品清单调整表（2022年版）》，分析上题所列的商品，哪些可以采用直购进口（监管代码“9610”）通关？

3．请绘制思维导图解析直购进口（监管代码“9610”）通关流程。

任务二 网购保税进口通关

任务导入

广州中天网络科技有限公司为广州黄埔综合保税区内企业，拟进口一批冻海参在跨境电商平台零售，货物从冰岛Thorlakshofn港口启运，经香港中转，佛山勒流港入境，转关运输到广州黄埔综合保税区，委托四通报关有限公司办理通关手续，作为关务人员，请为该笔业务设计通关方案，并办理通关手续，缮制相关单证。

相关知识

一、保税概述

“保税”中的“保”是英文“bonded”的音译，意为“保留征税”，“保而不征”或者“有条件缓征”。世界海关组织（World customs organization，WCO）主持制定与修订的《京都公约》（Kyoto Convention）中，对保税的适用提出两个基本制度，即“海关保税储存制度”和“暂准进口在国内加工制度”，与之相对应的是在我国使用较多的“保税物流”和“保税加工”两个概念。因此，保税制度的内涵一般从两个维度进行类型划分。从保税业务的类型上，可以分为保税物流、保税加工、保税服务；如果涉及海关管理方式和制度适用，则还要区分海关特殊监管区域内、关境内海关特殊监管区外（简称“境内区外”）。

（一）保税物流

保税物流是指保税业务经营者经海关批准将货物在纳税暂缓状态下从供应地到需求地的有效流动，包括采购、运输、存储、简单加工、增值服务、检测、分销、配送、流转、调拨等环节，以及为实现这一流动而进行的计划、管理、控制过程。

保税物流货物是经海关批准未办理纳税手续进境在境内进行分拨、配送或储存后复运出境的货物，也称作保税仓储货物。已办结海关出口手续尚未离境经海关批准存放在海关专用监管场所或特殊监管区域的货物，带有保税物流货物的性质。保税物流货物在境内储存后的流向除了境外，还可以留在境内按照其他海关监管制度办理相应的海关手续，如保税加工、正式进口等。

（二）保税加工

保税加工是指经营者经海关批准，对未办理纳税手续进境的货物，进行实质性加工或装配，以及相关配套业务的生产性经营行为。在产业链上体现为来料加工、进料加工等形式。

来料加工指料件由境外企业提供，经营企业不需要付汇进口，按照境外企业的要求进行加工或者装配，只收取加工费，制成品由境外企业销售的经营活动。该项交易形式，通常由境内有进出口业务经营权的贸易或生产型企业与境外客商通过签订委托加工合同的方式实施。

进料加工指料件由经营企业付汇进口，制成品由经营企业外销出口的经营活动。该项交易形式，通常由境内有进出口业务经营权的贸易或生产型企业与境外客商（进出口对应或非对应）通过签订对口或非对口合同的方式实施。来料加工和进料加工两种保税形式的异同如表3-3所示。

表3-3 来料加工与进料加工对照表

项目	来料加工	进料加工
物权	境外企业	境内经营企业
原料采购	境外企业	境内经营企业
兑付外汇	否	是
保税	是	是
利润来源	加工费	销售利润
营销风险	境外企业	境内经营企业
出口退税政策	增值税不征不退	增值税免抵退税

关务观察

“保转免”新政落地

海口市叠加运用保税加工转免税销售政策与综合保税区政策，形成了保税加工转免税销售、跨境电商销售、一般贸易销售方式，率先创设多元化、自由化、智慧化的“保税加工”销售模式。主要做法是打造多元化保税加工销售新模式；创设自由化的货物转结新机制；打造智慧化的货品监管无感新模式。

具体而言，海口综合保税区区内加工企业利用境外原辅料（或国内原辅料）加工成品后，采取三种模式销售：一是按一般贸易模式，缴税进入国内市场销售，或按照现有政策转境外市场销售；二是通过账册互转模式，可结转跨境电商企业，按跨境电商模式销售出区；三是通过转免税品企业，按免税商品销售。此项制度创新提高了综合销售竞争力，降低了综合销售成本，扩大了综合销售规模。海口综合保税区已经开展钻石、燕窝等产品的保税加工转免税销售。

（三）保税服务

保税服务主要指适应国家保税政策的配套服务，包括研发、检测、维修、展示等，以及衍生出保税交易、融资租赁、离岸结算等新业态。保税服务具体包括保税维修、保税检测、保税拍卖、保税展示交易、保税研发、跨境电商（网购保税模式）、保税租赁、期货保税交割等。

二、海关特殊监管区与保税监管场所

（一）海关特殊监管区

海关特殊监管区是经国务院批准，设立在中华人民共和国关境内，具有特殊功能和享受特殊政策，由海关实施封闭监管的特定经济区域。

目前一共有六种形态的海关特殊监管区，从最早的保税区到出口加工区、保税物流园区、保税港区及综合保税区和跨境工业区。综合保税区，整合优化各种特殊区域的政策和功能，是海关特殊监管区域的最高形态。目前新设海关特殊监管区域均统一命名为综合保税区，原有海关监管区域也正加快整合优化，最终统一转型升级为综合保税区，将发展成为具有全球影响力和竞争力的加工制造中心、研发设计中心、物流分拨中心、检测维修中心、销售服务中心。海关特殊监管区域的主要区别，如表3-4所示。

表3-4　海关特殊监管区域的主要区别明细表

类型	综合保税区	保税区	出口加工区	保税物流园区	保税港区	跨境工业区
审批机构	国务院					
港口功能	专门通道和卡口与港口相联系	无	无	专门通道和卡口与港口相联系	口岸与保税区融为一体	口岸与保税区融为一体
物流功能	有	有	2007年起从无到有	有	有	有

续表

类型	综合保税区	保税区	出口加工区	保税物流园区	保税港区	跨境工业区
出口退税	国内货物入区退税	国内货物入区并离境才能办理退税	国内货物入区退税	国内货物入区退税	国内货物入区退税	国内货物入区退税
储存期限	无	货物存储期限以合同有效期为准，到期可延期或结转	无	无	无	无
可开展业务	大致与保税港区相同，除了没有港口作业	流通加工；仓储；商品展示；国际转口贸易；国际贸易；其他	出口加工；仓储；商品展示；国际转口贸易；研发检测、维修；其他	存储货物；流通加工；国际转口贸易；国际采购、分销和配送；国际中转；检测、维修；商品展示；其他	存储货物；加工制造；国际转口贸易；国际采购、分销和配送；国际中转；检测、售后维修、研发；商品展示；港口作业；其他	存储货物；加工制造；国际转口贸易；国际采购、分销和配送；国际中转；检测、维修、研发；商品展示、展销；其他
海关管理	港口与区域分属2个海关监管	区域海关监管	区域海关监管	港口与区域分属2个海关监管	1个海关统一监管	1个海关统一监管

关务观察

门户枢纽的南沙路径：以开放大平台集聚发展新动能

2022年6月14日，《广州南沙深化面向世界的粤港澳全面合作总体方案》（简称《南沙方案》）正式发布。两年来，南沙不断拓展与港澳合作的深度广度，立足湾区、协同港澳、面向世界，持续深化面向世界的粤港澳全面合作，开创开发开放新局面。

南沙综合保税区地处粤港澳大湾区地理几何中心，毗邻南沙港区，方圆80公里范围汇聚了大湾区11座城市以及五大国际机场。2008年广州南沙保税港区设立；2020年广州南沙保税港区整合优化为广州南沙综合保税区。2023年广州南沙综合保税区验收合格。

2024年1月海关总署发布2022年度全国综合保税区发展绩效评估结果，南沙综合保税区“规模效益”“质量效益”“业态创新”三类指标位列全国综合排名前20%，“业态创新”位列全国第五位，“跨境电商业务进出口值”指标更是位列全国综合排名第一。

2023年前三季度，南沙综保区进出口867.7亿元，同比增长约6%；南沙跨境电商进出口为734.8亿元，同比增长约179%；南沙汽车外贸实现进出口额为49.1亿元，同比增长约420%。

（二）保税监管场所

1．保税仓库

保税仓库是指经海关批准设立的专门存放保税货物及其他未办结海关手续的仓库，分为公用型保税仓库、自用型保税仓库、专用型保税仓库（主要包括液体保税仓库、备料保税仓库、寄售维修保税仓库）。

海关对保税仓库实施计算机联网管理，并可以随时派人员进入保税仓库检查货物的收、付、存情况及有关账册。保税仓储货物可以进行包装、分级分类、加刷唛码、分拆、拼装等简单加工，不得进行实质性加工。

保税仓储货物，未经海关批准，不得擅自出售、转让、抵押、质押、留置、移作他用或者进行其他处置。存储期限为一年，确有正当理由，经海关同意可予以延期；除特殊情况外，延期不得超过一年。

2．保税物流中心

保税物流中心有A型和B型两种。保税物流中心（A型）是指经海关批准，由中国境内企业法人经营，专门从事保税仓储物流业务的保税监管场所。保税物流中心（B型）是指经海关批准，由中国境内一家企业法人经营，多家企业进入并从事保税仓储物流业务的保税监管场所。保税物流中心（A型）和保税物流中心（B型）的主要区别，如表3-5所示。

表3-5 保税物流中心（A型）和保税物流中心（B型）的主要区别明细表

区别	保税物流中心（A型）	保税物流中心（B型）
构成和主要特征	中国境内企业一家法人经营，分为自用型或公共型	中国境内一家企业法人经营，多家企业入驻，具有公共性特征
审批和验收程序	由所在地海关受理申请，报直属海关审批，并由主管海关按照规定进行审核验收，验收合格后，由直属海关向企业核发《保税物流中心（A型）注册登记证书》（有效期3年）	由直属海关受理审核后报海关总署会同有关部门审批，并由海关总署会同有关部门或者委托被授权的机构按照规定进行审核验收，《保税物流中心（B型）注册登记证书》（有效期3年）
企业资格条件	物流中心经营企业注册资本最低为3000万元人民币。物流中心不得转租、转借他人经营，不得下设分中心	物流中心经营企业，注册资本不低于5000万元人民币；中心内企业注册资本最低限额为500万元人民币，属企业分支机构的，该企业注册资本不低于1000万元人民币

续表

区别	保税物流中心（A型）	保税物流中心（B型）
保税存储期限	一年	两年
功能	自用型物流中心以一个大型物流公司为主，满足跨国公司集团内部物流开展保税货物仓储、简单加工、配送等功能	多家保税物流企业，可开展保税货物仓储、简单加工、全球采购和国际分拨、配送、转口贸易和国际中转等

三、网购保税进口概述

（一）网购保税进口的含义

网购保税进口，海关监管方式代码为1210（全称为“保税跨境贸易电子商务”，简称“保税电商”），由海关总署公告2014年第57号确定，适用于境内个人或电子商务企业在经海关认可的电子商务平台实现跨境交易，并通过海关特殊监管区域或保税监管场所进出的电子商务零售进境商品。依据海关总署公告2018年第194号文件、商财发〔2018〕486号文件的规定，适用“网购保税进口”（监管方式代码“1210”）进口政策的商品，按照个人自用进境物品监管，不执行有关商品首次进口许可批件、注册或备案要求，但对相关部门明令暂停进口的疫区商品和对出现重大质量安全风险的商品启动风险应急处置时除外。值得注意的是，开展网购保税进口（监管方式代码“1210”）业务区域有限，仅限于跨境电商零售进口试点城市（地区），如表3-6所示。

1210概述

表3-6 跨境电商零售进口试点城市（地区）范围一览表

文件依据	跨境电商零售进口试点城市（地区）范围
《关于完善跨境电商零售进口监管有关工作的通知》（商财发〔2018〕486号）	北京、天津、上海、唐山、呼和浩特、沈阳、大连、长春、哈尔滨、南京、苏州、无锡、杭州、宁波、义乌、合肥、福州、厦门、南昌、青岛、威海、郑州、武汉、长沙、广州、深圳、珠海、东莞、南宁、海口、重庆、成都、贵阳、昆明、西安、兰州、平潭37个城市（地区）
《关于扩大跨境电商零售进口试点的通知》（商财发〔2020〕15号）	石家庄、秦皇岛、廊坊、太原、赤峰、抚顺、营口、珲春、牡丹江、黑河、徐州、南通、连云港、温州、绍兴、舟山、芜湖、安庆、泉州、九江、吉安、赣州、济南、烟台、潍坊、日照、临沂、洛阳、商丘、南阳、宜昌、襄阳、黄石、衡阳、岳阳、汕头、佛山、北海、钦州、崇左、泸州、遵义、安顺、德宏、红河、拉萨、西宁、海东、银川、乌鲁木齐50个城市（地区）和海南全岛

续表

文件依据	跨境电商零售进口试点城市（地区）范围
商务部、发展改革委、财政部、海关总署、税务总局、市场监管总局等六部门联合印发《关于扩大跨境电商零售进口试点、严格落实监管要求的通知》（商财发〔2021〕39号）	将跨境电商零售进口试点范围扩大至所有自贸试验区、跨境电子商务综合试验区、综合保税区、进口贸易促进创新示范区、保税物流中心（B型）所在城市（及区域）

注：跨境电子商务综合试验区的范围，详见项目一所述。

（二）网购保税进口的适用企业

网购保税进口的产品主要以终端消费品为主，适用于品类相对集中、备货量大的跨境电商企业，在价格和时效上具有优势，可以满足人们对消费品质及消费多元化的追求，对吸引中国海外旅游购买消费回流、刺激国内行业发展有着重要作用。

跨境电商企业利用海关特殊监管区域政策和保税仓储政策，将其在跨境电商交易平台销售的商品提前大批量发往保税区等特殊监管区域，一旦境内消费者通过跨境电商交易平台生成订单，该商品能够迅速从特殊监管区域内单件发出，利用跨境电商综合保税区“境内关外”的特征备货，由跨境电商企业或物流公司向海关保税区办理通关手续，由物流公司分装运送至消费者，达到降低采购成本、提升消费体验的目的。这种模式适用于品类相对专注、备货量大的跨境电商企业。

（三）网购保税进口的特点

（1）网购保税进口实际上是对海关特殊监管区域政策的灵活运用，特殊监管区域的最大特点就是“境内关外”，其提供的绿色清关通道为商品从区内到境内（二线监管）通关提供便利，商品从境外到区内则有较为严格的海关监管（一线监管）。

（2）在保税备货模式下，申报的完税价格为跨境电商交易平台定价，与直购进口的规定一致。

（3）商品拟从特殊监管区域出区向海关申报前，跨境电商企业（跨境电商交易平台）、支付企业、物流企业分别通过跨境电商通关服务平台向海关传输订单、支付凭证和运单，由海关实行“三单”对碰无误后予以放行。

依托上述特点，网购保税进口相比直购进口而言，先期区内备货使得消费者下单后商品通关物流时效更快、成本更低。

（四）网购保税进口与直购进口的异同

就零售商品而言，网购保税进口（监管方式代码“1210”）与直购进口（监管方式代码“9610”）的商品首次进口要求相同，均按照个人自用物品监管，在入境环节都须符合检疫要求，比如宠物粮食需要提供检疫许可证，燕窝制品需要提供生产国与生产企业合格证明，包括其他政府批文、原产地国家有关证明等用于办理入境手续。

不同之处在于，因网购保税进口（监管方式代码“1210”）商品需批量进入海关特殊监管区域或保税监管场所，监管更有保障，所以在《跨境电子商务零售进口商品清单》中规定的商品、范围等方面比直购进口（监管方式代码“9610”）更广。例如，2019年版清单新增的冻牡蛎（蚝）、冻扇贝、冻章鱼等居民餐桌上的海鲜类商品以及大部分鲜花类产品，2022年版清单新增的其他扇贝（税则号列03072910）、番红花，由于检疫准入要求较高，只能通过1210网购保税方式进口，即网购保税进口商品的范围更广，适用于《跨境电子商务零售进口商品清单》内的全部商品。网购保税进口和直购进口的对比分析，如表3-7所示。

表3-7 网购保税进口和直购进口的对比分析

项目	网购保税进口（代码“1210”）	直购进口（代码“9610”）
模式类型	进口B2B2C模式	进口B2C模式
实施区域范围	2021年将跨境电子商务零售进口试点扩大至所有自贸试验区、跨境电子商务综合试验区、综合保税区、进口贸易促进创新示范区、保税物流中心（B型）所在城市（及区域）	原则上任何城市都可以开展
商品首次进口要求	按个人自用进境物品监管	按个人自用进境物品监管
物流模式	一般以海运方式批量运至海关特殊监管区域或保税物流中心（B型），待国内消费者下单后，再运送至消费者	商品在国外打包，统一通过航空等国际物流运输至国内海关监管作业场所，按照小包逐个向海关申报，海关放行后运递至消费者
退货管理	国内进行，退货手续简单	国际物流操作，涉及国外海关清关
模式特征	利用海关特殊监管区域或保税物流中心（B型）“境内关外”的政策优势备货达到降低采购成本、提升消费体验的目的	与海关联网的跨境电商平台在境内消费者下单后将“三单”信息传输给海关，商品通过海关跨境电商专门监管场所入境
适用电商主体	适用于品类相对专注、备货量大的跨境电商企业	适用于销售品类宽泛琐碎、不易批量备货的跨境电商企业

（五）网购保税进口商品监管要求

（1）网购保税商品应符合以下三个条件：一是属于《跨境电子商务零售进口商品清单》内，限于个人自用并满足跨境电商零售进口税收政策规定的条件；二是通过与海关联网的电子商务交易平台交易，能够实现交易、支付、物流电子信息“三单”比对；三是未通过与海关联网的电子商务交易平台交易，但进出境快件运营人、邮政企业能够接受相关电商企业、支付企业的委托，承诺承担相应法律责任，向海关传输交易、支付等电子信息。

（2）网购保税商品属于跨境电子商务零售进口商品，究竟是按照货物还是个人物品监管，海关政策经过多次调整，目前执行有效的商财发〔2018〕486号文件以及海关总署公告2018年第194号文件，均规定适用“网购保税进口（监管方式代码“1210”）”相关进口政策的商品，按照个人自用进境物品监管。这里所说的“按照个人自用物品监管”有两层意思：一是该类商品不同于货物需按一般贸易方式进境，可以不执行有关商品首次进口许可批件、注册或备案要求，但如果该类商品出现质量安全等风险时需要消费者个人承担，相关部门明令暂停进口的疫区商品和对出现重大质量安全风险的商品启动风险应急处置时除外；二是该类商品仅限个人使用，禁止二次销售。

四、网购保税进口海关监管

网购保税进口业务主要依托海关特殊监管区域或保税物流中心［下称“区域（中心）”］开展，商品从境外整批进境，以小包裹形式零散出区，海关对区域（中心）内网购保税商品实施电子账册管理，主要涉及入区通关、保税仓储、出区通关等环节。此外，网购保税商品还可以根据企业的具体需求在不同区域之间流转、在同一区域（中心）内不同企业间流转，以及与保税货物之间状态互换。上述这些环节均需要办理海关通关手续，受到海关的监管。

与直购进口（监管方式代码“9610”）的不同之处在于，因网购保税进口业务须通过区域（中心）开展，海关监管作业需进一步细分为“入区通关”和“出区通关”两个环节，“入区通关”和“出区通关”海关监管流程分别如图3-4和图3-5所示。

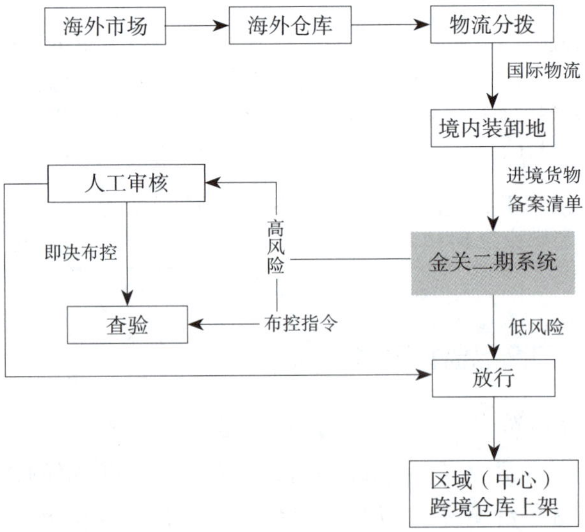

图3-4 网购保税进口“入区通关”海关监管流程图

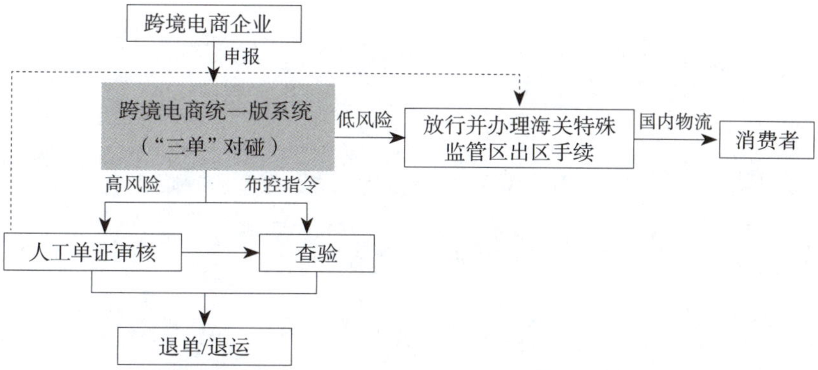

图3-5 网购保税进口“出区通关”海关监管流程图

知识链接

海关金关工程二期 Golden Customs Project Ⅱ

海关金关工程二期（以下简称“金关二期”）是在海关金关工程（一期）和海关2010工程建设基础上，全面发挥海关在国家经济建设中的关境保护作用，建设监控指挥快速有效、口岸管理全面协调、部门业务共享协作、经济服务及时到位的海关新一代信息系统。金关二期系统包括特殊区域管理系统、加工贸易账册管理系统、加工贸易手册管理系统、保税物流管理系统等多个分系统。

五、网购保税进口通关流程

（一）网购保税进口通关流程概述

网购保税进口通关通常包括企业备案、商品备案、税费担保备案、账册备案、货物进境入区申报、货物入仓、网上交易形成三单数据（订单、支付单、物流单）、包裹出区申报、货物签收、集中缴税（缴纳跨境电商综合税）等环节。

1210进口通关流程

以广州跨境电商综试区为例，网购保税进口的业务（关务）环节包括跨境电商企业发现商机、组织货运（主要为海运进境）。消费者下单后，跨境电商业务主体（电商平台或电商企业、支付企业、物流企业、报关企业）完成网购商品申报；包裹出区申报完成后，理货装车、出区派送。报关单据主要有保税核注清单（简称“核注清单”）和核放单（进出广州跨境电商综试区的货物，在金关二期进行系统申报）以及订单、支付单、运单、清单（跨境电商商品在广州国际贸易单一窗口或广州跨境贸易电子商务公共服务平台进行申报）。货物流转过程包括国际物流运输货物申报入境、过机检查（无异常）、货物进入保税区、根据零售交易申报信息分拣出库、货物进入包装车间完成打包、包裹被装车发货、经过区内运输后完成出区派送。详见图3-6广州跨境电商综试区网购进口业务图。

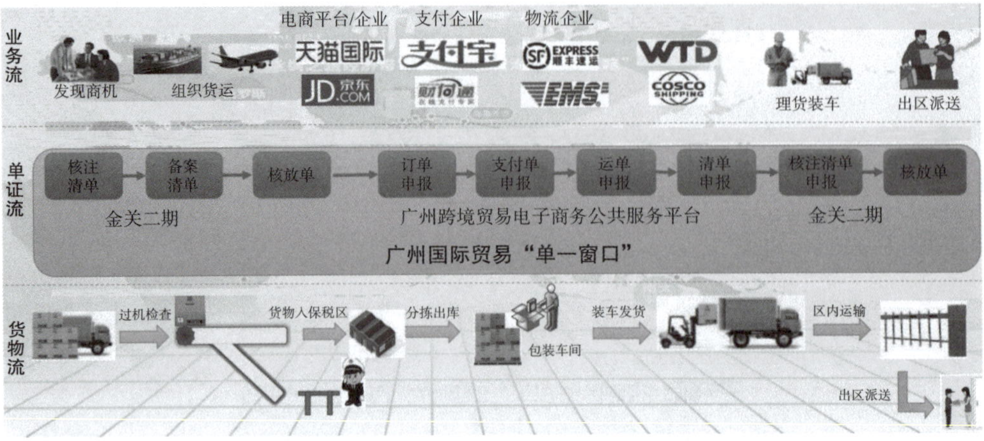

图3-6 广州跨境电商综试区网购进口业务图

（二）网购保税进口通关操作

网购保税进口通关操作包括四个部分：入区准备、入区通关、出区通关、后续作业。其中入区准备包括申请账册、建立保税底账数据、核注清单（进口）申报、进境货物备案清单录入。入区通关指关境外的货物进入海关特殊监管区的通关作业，包括发送进境货物备案清单、货物运抵口岸、入区核放单申报、货物入区、检查后理货入库。出区通关是指国内消费者在跨境电商平台下单后，货物从海关特殊监管区出区的通关作业操作，具体包括电商清单申报、核注清单（出口）申报、出区核放单申报、个人物品出区。最后一个阶段是后续作业阶段，具体包括汇总缴税、退货申报。网购保税进口通关流程和具体步骤，如图3-7所示。

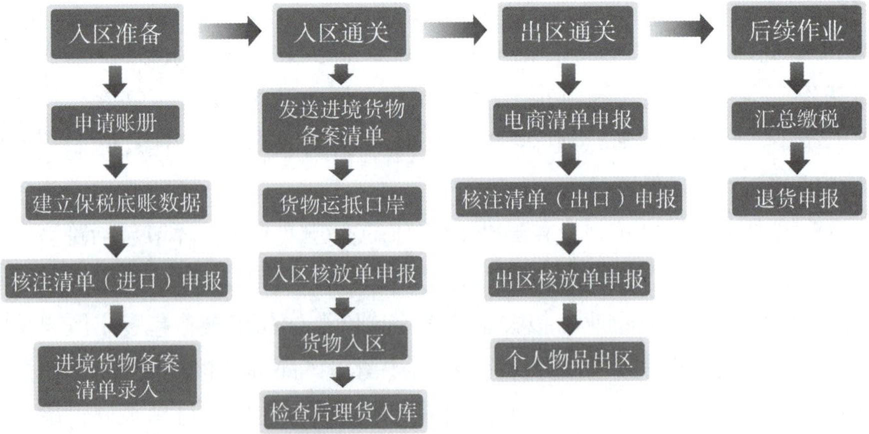

图3-7 网购保税进口通关流程图

入区准备的核心环节为申请账册、建立保税底账数据。接下来详细介绍“入区通关”和“出区通关”通关操作。

1．入区通关

（1）核注清单（进口）缮制与申报。在金关二期“海关特殊监管区域”系统中，可进行保税核注清单的操作，有保税核注清单（进口）和保税核注清单（出口）两种类型，这里的进口是指进区，出口是指出区。

国际货物运输（主要是海运），货物到港，在查询到进口舱单（船舶报关单据）信息后，报关企业可录入保税核注清单（进口），核注清单表头中的清单类型是“普通清单”，手（账）册编号为（保税）物流账册编号，料件成品标志为“料件”，监管方式为“保税电商”，报关标志为“报关”，是否系统生成报关单为“生成”，报关类型为“对应报关”。保税核注清单（进口）截图，如图3-8所示。

保税核注清单（进口）				
预录入统一编号	清单编号	*清单类型 普通清单		*手（账）册编号 T1W23
*经营单位编码 *****	经营单位社会信用代码	***********	*经营单位名称	**供应链管理有限公司
*加工单位编码 *****	加工单位社会信用代码	***********	*加工单位名称	**供应链管理有限公司
*申报单位编码 *****	申报单位社会信用代码	***********	*申报单位名称	**供应链管理有限公司
录入单位编码 ******	录入单位社会信用代码	***********	录入单位名称	**供应链管理有限公司
企业内部编号	申报类型 **备案**	录入日期 20240308	清单申报日期	
*料件、成品标志 **料件**	*监管方式 **保税电商**		*运输方式	航空运输
*进境关别广州机场	*主管海关 *****	核扣标志	*启运国（地区）	澳大利亚
清单进出卡口状态		申报表编号	流转类型	
*报关标志 **报关**	*是否系统生成报关单 **生成** 报关类型 **对应报关**		报关单类型	进口报关单

图3-8 保税核注清单（进口）截图

在录入保税核注清单表体信息时，若商品已经在系统完成了底账数据的备案，可以通过录入商品的备案序号（该商品在账册中的序号）自动带出商品的备案信息，报关人员补充交易数量、价格等其他信息后就可完成表体项的录入；没有备案过的商品，备案序号不填，需要逐项录入表体信息，也可以按模板导入信息。

核注清单申报成功后，可在“数据查询”功能模块查询到该核注清单的管理信息，系统生成18位核注清单编号（其中第1～2位为QD，表示核注清单，第3～6位为接受申报海关的编号，第7～8位为海关接受申报的公历年份，第9位为进出口标志，“I”为进口，“E”为出口，后9位为顺序编号），核注清单的数据状态为“预审批通过”，核扣标志为“预核扣”。

（2）进境货物备案清单的缮制与申报。进境货物备案清单缮制内容与报关单一致、法律效力一致，适用于海关特殊监管区区内企业的货物申报。网购保税进口货物，可在“货物申报”系统中的“进口报关单整合申报”模块（区外企业）或“进境备案清单整合申报”模块（区内企业）录入所有信息。

与一般贸易项下报关单内容相比，网购保税进口货物的进境货物备案清单（或报关单）录入需要注意以下几点内容。

境内收货人、消费使用单位一般是特殊监管区域内的仓储企业。申报单位可以是仓储企业，也可以是其他报关企业。

备案号为（保税）物流账册编号。监管方式为保税电商。征免性质不用填写。征免为全免。

境内目的地是指定的特殊区域，例如，广州保税物流园区（代码44017）。

随附单证代码为核注清单的代码“a”，随附单证编号栏为对应的核注清单编号。

备注栏要输入跨境电商的企业名称，注明“跨境电子商务”等。

（3）入区核放单申报。进境货物备案清单放行以后，申报入区核放单。核放单是货物进出海关特殊监管区域要办理的卡口放行凭证。在“单一窗口”的“海关特殊监管区域”系统中，选择“数据录入”下的“核放单”功能模块，可进行核放单的新增、修改、删除、查询、暂存、申报、打印等操作。

入区核放单表头的核放单类型为“一线一体化进出区”，进出标志为“入区”。核放单表头的“绑定类型”是指监管运输车辆与车辆所载货物的对应情况，有一车一票、一车多票、一票多车三种情况。每个核放单只能录入一辆承运车辆信息，一票多车就要录入多个核放单。特殊区域核放单（入区）截图，如图3-9所示。

货物入区。车辆通过内卡口后，核放单状态为“已过二卡”，触发报关单结关和核

特殊区域核放单
（仅供核对用）

表头表体关联单证					
预录入统一编号	**	核放单编号	Z**	*核放单类型	一线一体化进出区
*进出标志	入区	*绑定类型	一车一票	关联单证类型	核注清单
*关联单证编号	QD2024**	*主管关区	**	区内账册号	
*区内企业编码	**	区内企业社会信用代码	**	*区内企业名称	**
申报单位编码	**	申报单位社会信用代码	**	申报单位名称	**
承运车牌号	**	IC卡号（电子车牌）	**	集装箱号	WTCU1234567
车自重（kg）	9220	车架号	1	车架重（kg）	2000
集装箱箱型	40GP	集装箱重（kg）	3800	货物总毛重（kg）	102197
货物总净重（kg）	101765	总重量（kg）	113417	企业内部编号	
是否过卡	已过二卡	过卡时间1	20240108 10:15:56	过卡时间2	20240108 10:28:42
*录入单位编码	**	录入单位社会信用代码	**	*录入单位名称	**
录入日期	20240108	申报类型	备案	申报日期	20240108
申请人	**	到货确认		备注	

图3-9 特殊区域核放单（入区）截图

注清单核扣，对应的核注清单的数据状态为“海关终审通过”，核扣标志为“已核扣”，账册底账数据自动维护。

入区核放单申报完成后，在货物运抵特殊监管区，海关检查后理货入库。该批商品并未在电商平台出售，属于准备上架零售的货物，因此要暂时存放在园区内的保税仓库。

关务观察

自由贸易实验区“一线放开 二线管住”

建设自由贸易试验区（以下简称“自贸试验区”）是新时代我国推进高水平对外开放和实现经济高质量发展的重要战略举措。截至2024年3月，中国已陆续设立22个自贸试验区，其中2013年国务院批准在上海设立第一个自贸试验区，2023年第22个自贸试验区——新疆自贸试验区挂牌成立。我国自贸试验区的特色之一是特殊海关监管制度，即“一线放开，二线管住”。

“一线”是指关境线（进出我国关境，简称“进出境”）；“二线”是指海关特殊监管区域线（进出区）。

“一线放开”是指允许企业凭进口舱单将货物直接入区，再凭进境货物备案清单向主管海关办理申报手续，探索简化进出境备案清单，简化国际中转、集拼和分拨等业务进出境手续；实行“进境检疫，适当放宽进出口检验”模式。

“二线（安全高效）管住”是指优化卡口管理，加强电子信息联网，通过进出境清单比对、账册管理、卡口实货核注、风险分析等加强监管，促进二线监管模式与一线监管模式相衔接，推行“方便进出，严密防范质量安全风险”的检验检疫监管。

2．出区通关

网购保税电商出区通关有两种情况：第一种情况是A企业从境外进口到特殊监管区，再直接出区；第二种情况是A企业申报货物进区后，结转给B企业，由B企业进行出区申报。第二种情况称之为1200结转，先报进口核注，再报出口核注（关联进口核注）。第二种情况不常见，因此重点介绍第一种情况的出区通关流程。第一种情况的出区通关，分为四个步骤。

第一步是进口清单申报。具体包括跨境电商“三单”申报——跨境电商企业、物流企业、支付企业通过接口分别将交易订单、物流快递运单、支付单发送到海关系统（一般电脑自动完成），经海关系统“三单对碰”审核通过后发回成功入库的回执，并生成进口申报清单。登录“单一窗口”的“跨境电商”系统的“跨境电商进口”下“清单管理”功能模块，进行清单申报。

第二步是核注清单（出口）申报。表头部分填报内容如下。核注清单类型为“保税电商”，监管方式为“料件进出区”等（保税区区间结转业务时为“保税间货物”），运输方式为“其他运输”，报关标志为“非报关”。在保税核注清单（出口）申报界面，可点击“联网查询”导入之前进口申报的信息，也可进行手工录入。

第三步是出区核放单申报。核放单类型为“二线进出区”，进出标志为“出区”，绑定类型有一车一票、一车多票、一票多车三种情况。

第四步是个人物品出区。跨境电商零售订单下的商品，将进行分别打包，在包装上贴上国内物流面单，出区后经国内快递进行尾程配送。

案例阅读

网购保税进口违规案例

当事人以保税电商监管方式向海关申报进口3票电扇，申报商品编码均为8414599091，申报数量合计1650台，其中1608台通过海关跨境电子商务平台进行了销售。经查，发现上述电扇不属于跨境电子商务零售进口正面清单内商品，应归入商品编码8414519200项下。当事人进口货物，商品编码申报不实，影响国家税款征收。经计核，上述1608台电扇的价值共计人民币131.85万元，漏缴应纳税款共计人民币102447.9元。

请认真阅读案例，思考如何避免类似违规案件的发生？

知识巩固

一、判断题

1. 海关特殊监管区域、保税监管场所与境内其他区域之间进出消耗臭氧层物质，无须提交进出口许可证。（　　）
2. 进入保税区、出口加工区等海关特殊监管区域及进入保税仓库、保税物流中心的属于自动进口许可管理的货物，在办理报关手续时免予提交自动进口许可证。（　　）
3. 从境外进入保税仓库、保税区、出口加工区的属于关税配额管理的农产品，应提交“农产品进口关税配额证”。（　　）
4. 海关特殊监管区域、保税监管场所与境外之间进出的，海关特殊监管区域、保税监管场所之间进出的黄金及其制品免予办理“黄金及其制品进出口准许证”。（　　）

5. 某跨境电商企业从韩国进口一批零售商品，计划进入郑州（试点城市）保税物流中心（B型）做网购销售，应采用“区内物流货物（监管代码5034）”申报入区。（　　）
6. 我国自由贸易试验区实行“一线管住、二线放开”的监管原则。（　　）

二、不定项选择题

1. 保税仓库的设立由（　　）审批。
   A．国务院　B．海关总署　C．直属海关　D．隶属海关
2. 从境外进入保税区的（　　），免予提交相应许可证件。
   A．钢材（实施自动进口许可管理）
   B．黄金首饰（实施黄金制品进口管理）
   C．鳄鱼皮（实施野生动植物进口管理）
   D．加密电话机（实施密码产品进口许可证管理）
3. 企业申请设立保税物流中心（B型）需要下列哪些部门审批（　　）。
   A．财政部　B．海关总署
   C．国家税务总局　D．国家外汇管理局
4. 跨境电商1210模式进口与9610模式进口的不同在于（　　）。
   A．可以申请退货
   B．需要申请特殊区域物流账册
   C．经营的商品范围受跨境电子商务零售进口商品清单（正面清单）限制
   D．消费者单次交易均不得超过5000元
5. 1210模式进口业务中，消费者单次交易不得超过（　　）元，年度交易限值不得超过（　　）元。
   A．2000，20000　B．5000，20000
   C．2000，26000　D．5000，26000
6. 跨境电商1210模式货物入区的进境货物备案清单的填制规范正确的是（　　）。
   A．备案号不用填写
   B．随附单证编号栏为对应的核注清单编号
   C．征免方式为照章征税
   D．监管方式为料件进出区
7. 跨境电商1210模式进口业务中，物流账册编号规则为（　　）。
   A．特殊监管区域为L打头（L账册），B型保税物流中心为T打头（TW账册）
   B．特殊监管区域为T打头（TW账册），B型保税物流中心为L打头（L账册）
   C．特殊监管区域为H打头（H账册），B型保税物流中心为W打头（TW账册）
   D．特殊监管区域为W打头（TW账册），B型保税物流中心为H打头（H账册）

8．保税仓库允许存放的货物有（　　）。
A．转口货物
B．供维修外国产品所进口寄售的零配件
C．未办结海关手续的一般贸易货物
D．针对外贸企业使用的进口货物

实训任务

1．广州中天网络科技有限公司拟从冰岛采购冻海参，通过跨境电商平台销售。

商品品名	品牌	商品编码	制作或保存方法	是否经水煮	包装
冻原只海参	无品牌	0308120090	原只急冻，低温保存	无经水煮	9kg/箱

（1）该商品可否采用9610模式进口，为什么？该商品可否采用1210模式进口，为什么？

（2）该批货物从冰岛Thorlakshofn港口启运，经我国香港地区中转，佛山勒流港入境，转关运输到广州黄埔综合保税区，转关申报单编号为1234567890123456，成交方式为CIF Leliu，共计2880箱，净重25920kg，毛重27360kg。根据以上资料和一程提单（详见附1和附2），修改《进境货物备案清单》的错误栏目。

附1　一程提单

<table>
<tr><td colspan="2">Shipper
****
***********</td><td rowspan="2">B/L NO：240810179583
SCHENKER ocean
E.S.LINES LTD</td></tr>
<tr><td colspan="2">Consignee or order
TO ORDER</td></tr>
<tr><td colspan="2">Notify address
****
***********</td><td rowspan="3">Ocean or Combined Transport Bill of Lading</td></tr>
<tr><td>Pre-carriage by</td><td>Place of Receipt
MYKINES</td></tr>
<tr><td>Ocean Vessel/Voyage No.</td><td>Port of Loading
THORLAKSHOFN</td></tr>
</table>

续表

<table>
<tr><td>Port of Discharge
LELIU，CHINA</td><td>Place of Delivery
LELIU，CHINA</td><td>Freight payable at</td><td>Number of original Bs/L
THREE（3）</td></tr>
<tr><td colspan="4">Marks and Nos. Number and kind of packages Description of goods Gross weight（kgs）Measurement（m³）
N/M SHIPPER'S LOAD，COUNT& SEAL G.W.：27360.00KGS
（1X40'RP）CONTAINERS S.T.C 52.000 CBM
2880CARTONS FROZEN WHOLE ROUND
Container No./Size No，of PKGS/Seal No. N.W/G. W/CBM FREIGHT PREPAID
CGMU4964491-8/40'/SCS759504 FCL/FCL</td></tr>
</table>

附2 二程提单

<table>
<tr><td colspan="2">Shipper
****
***********</td><td colspan="2" rowspan="2">B/L No. WHL1901020012
WENCO SHIPPING（HK）LIMITED
寰通船务（香港）有限公司
ORIGINAL

as the Carrier</td></tr>
<tr><td colspan="2">Consignee or order
TO ORDER
B/L NO: 240810179583
I
SSUED BY E.S.LINES LTD</td></tr>
<tr><td colspan="2">Notify address
****
****
船舶编号：7203550072</td><td colspan="2" rowspan="3">Forwarding Agent 船务代理</td></tr>
<tr><td>Pre-carriage by</td><td>Place of Receipt
香港</td></tr>
<tr><td>Ocean Vessel/Voyage No.
富粤8865158019010</td><td>Port of Loading
香港</td></tr>
<tr><td>Port of Discharge
勒流港</td><td>Place of Delivery
勒流港</td><td>Freight payable at
香港</td><td>Number of original Bs/L
THREE（3）</td></tr>
<tr><td colspan="4">Marks and Nos. Number and kind of packages Description of goods Gross weight(kgs.) Measurement(m³)
N/M SHIPPER'S LOAD，COUNT& SEAL G.W.：27360.00KGS
(1X40'RP) CONTAINERS S.T.C 52.000 CBM
2880箱冻原只海参
Container No./Size No，of PKGS/Seal No. N.W/G. W/CBM
CGMU49644918/40'/SCS759504</td></tr>
</table>

进境货物备案清单录入截图

<table>
<tr><td>运输方式</td><td>水路运输</td><td>运输工具名称</td><td>7203550072</td><td>航次号</td><td colspan="3">515801901060</td></tr>
<tr><td>提运单号</td><td>WHL1901020012</td><td>监管方式</td><td>一般贸易</td><td>征免性质</td><td colspan="3">一般征税</td></tr>
<tr><td colspan="2">许可证号</td><td>启运国（地区）</td><td>冰岛</td><td>经停港</td><td>香港（中国香港）</td><td>成交方式</td><td>C&F</td></tr>
<tr><td colspan="2">运费</td><td colspan="2">保费</td><td colspan="2">杂费</td><td>件数</td><td>2880</td></tr>
<tr><td>包装种类</td><td colspan="2">纸制或纤维板制盒/箱</td><td>其他包装</td><td>毛重（kg）</td><td>27360</td><td>净重（kg）</td><td>25920</td></tr>
<tr><td colspan="2">贸易国（地区）</td><td>中国香港</td><td></td><td></td><td></td><td>启运港</td><td>冰岛</td></tr>
<tr><td>项号</td><td>商品编码</td><td>商品名称</td><td>数量</td><td>单位</td><td>币制</td><td>总价</td><td>征免</td></tr>
<tr><td>1</td><td>0308120090</td><td>冻原只海参</td><td>25920</td><td>千克</td><td>美元</td><td>******</td><td>照章
征税</td></tr>
</table>

《进境货物备案清单》错误之处为：

应修改为：

附3　中华人民共和国海关进境货物备案清单（样本）

中华人民共和国海关进境货物备案清单

预录入编号：　　海关编号：　　（××海关）　　页码/页数：

<table>
<tr><td>境内收货人</td><td colspan="2">进境关别</td><td colspan="2">进境日期</td><td colspan="2">申报日期</td><td colspan="2">备案号</td></tr>
<tr><td>境外发货人</td><td colspan="2">运输方式</td><td colspan="2">运输工具名称及航次号</td><td colspan="2">提运单号</td><td colspan="2">货物存放地点</td></tr>
<tr><td>消费使用单位</td><td colspan="4">监管方式</td><td colspan="2">许可证号</td><td colspan="2">启运港</td></tr>
<tr><td>合同协议号</td><td colspan="2">贸易国（地区）</td><td colspan="2">启运国（地区）</td><td colspan="2">经停港</td><td colspan="2">入境口岸</td></tr>
<tr><td>包装种类</td><td>件数</td><td>毛重（kg）</td><td>净重（kg）</td><td>成交方式</td><td>运费</td><td colspan="2">保费</td><td>杂费</td></tr>
<tr><td colspan="9">随附单证及编号</td></tr>
<tr><td colspan="9">标记唛码及备注</td></tr>
<tr><td colspan="9">项号　商品编号　商品名称及规格型号　数量及单位　单价/总价/币制　原产国（地区）　最终目的国（地区）　境内目的地</td></tr>
<tr><td colspan="9"></td></tr>
<tr><td colspan="9"></td></tr>
<tr><td colspan="9"></td></tr>
<tr><td colspan="9"></td></tr>
<tr><td colspan="9"></td></tr>
<tr><td colspan="9"></td></tr>
<tr><td colspan="9"></td></tr>
<tr><td colspan="7">报关人员　报关人员证号　电话　兹申明对以上内容承担如实申报、依法纳税之法律责任
申报单位　申报单位（签单）</td><td colspan="2">海关批注及签章</td></tr>
</table>

注：根据海关总署公告2019年第18号的规定，《中华人民共和国海关进（出）境货物备案清单》[以下简称“进（出）境货物备案清单”]原则上按《中华人民共和国海关进出口货物报关单填制规范》（以下简称“报关单”）的要求填制。

进（出）境货物备案清单与报关单，两者具有相同的法律效力，但使用的场景不同。备案清单用于采用备案制管理的情形，例如，海关特殊监管区域企业向海关申报货物进出境、进出区，同一特殊区域内或者不同特殊区域之间流转货物等；报关单是用于报关制管理的情形，比如一般货物的进出口等。

2. 广州巴尔化妆品有限公司拟从德国进口一批化妆品和包装盒（商品备案信息详见附1），采用1210模式进口至广州（该批货物从黄埔新港海关进境后，由车牌号为粤A123的货车承运至广州保税物流园区），然后在电商平台销售（出区承运车辆牌照为粤A456），委托四通报关有限公司办理报关手续，请根据资料（商品备案信息、运保费单据、订购合同、商业发票、装箱单），填报入区通关业务单证、出区通关业务单证。

“单一窗口”《进境货物备案清单》表体部分的商品分别是“某品牌水润平衡保湿霜”和“盒子”。保税物流账册号码：T123W456。入境集装箱号码：BSIU4043567（1×40GP CONTAINER），已提供天然木托熏蒸证明。

（1）填报进口1210模式入区通关业务单证（部分内容）。

保税核注清单（进口）部分内容		入区核放单部分内容	
清单编号	QD123457I67891000	核放单编号	Z1234I5678000000000008
手（账）册编号		核放单类型	
料件成品标志		进出标识	
清单类型		绑定类型	
进境关别		关联单证类型	
主管海关		关联单证编码	
启运国（地区）		主管关区	
监管方式		承运车牌号	
运输方式		集装箱号	
报关标志		集装箱型	

（2）填报《进境货物备案清单》。

①备案号；②运输方式；③监管方式；④征免性质；⑤随附单证代码；⑥随附单证编号；⑦包装种类；⑧件数；⑨成交方式；⑩运费。

（3）填报进口1210模式出区通关业务单证（部分内容）。

保税核注清单（出口）部分内容		出区核放单部分内容	
清单编号	QD123457E67891000	核放单编号	Z1234E5678000000000008
手（账）册编号		核放单类型	
料件成品标志		进出标识	
清单类型		绑定类型	
出境关别		关联单证类型	
主管海关		关联单证编码	
运抵国（地区）		主管关区	
监管方式		承运车牌号	
运输方式		集装箱号	
报关标志		集装箱型	

附1 商品备案信息

跨境电商零售进口商品备案表

项号	商品编码	商品名称及规格型号	数量及单位	单价/总价/币制	原产国（地区）	最终目的国（地区）	境内目的地
1（0）	3304990039	某品牌爽肤水 保湿护肤用丨200mL/瓶	45597.6kg 227988件 227988瓶	*** ***** 欧元	德国（DEU）	中国（CHN）	（44017）广州保税物流园区
2（0）	3304990039	某品牌洁面乳 保湿护肤用丨190mL/瓶	10294.2kg 54180件 54180瓶	*** ***** 欧元	德国（DEU）	中国（CHN）	（44017）广州保税物流园区
3（0）	3304990039	某品牌水凝平衡保湿霜 保湿护肤用丨50mL/瓶	995.4kg 19908件 19908瓶	*** ***** 欧元	德国（DEU）	中国（CHN）	（44017）广州保税物流园区
4（0）	3304990039	某品牌精华素 保湿护肤用丨30mL/瓶	97.2kg 3240件 3240瓶	*** ***** 欧元	德国（DEU）	中国（CHN）	（44017）广州保税物流园区

附2　运保费单据（中山某国际货运代理有限公司出具）

DEBIT NOTE（1）

收费项目	数量	单价	RMB
运费	1	698.26	698.26
保费	1	115.68	115.68

DEBIT NOTE（2）

收费项目	数量	单价	RMB
运费	1	757.13	757.13
保费	1	52.23	52.23

附3　订购合同

PURCHASE CONTRACT

This Contract is made by and between Buyer and Seller， whereby the Seller agrees to sell and the Buyer agree to buy the under-mentioned goods according to the terms and conditions stipulated below：

Specification of Goods 货物规格	**Quantity 数量**	**Unit price 单价**	**Amount 总价 FOB**
MOISTURE某品牌水润平衡保湿霜 盒子	2520 15360	** **	***** ****
TOTAL	17880	*****	

Loading Port 装运港：ROTTERDAM

Destination 目的港： HUANGPU

Terms of Payment 支付方式： T/T

附4　商业发票

INVOICE

TO： Guangzhou Baer Cosmetics Co.，LTD		NO.：15785&15786 DATE：2018-12-05 S/C NO.：BR20181206		
ARTICLE NUMBER	DESCRIPTIONS OF GOODS	QUANTITY	UNIT PRICE	AMOUNT (EUR)
4088332	MOISTURE 50ML Folding box	2520 15360	*** **	**** ***

1．TIME OF SHIPMENT: ****

2．PACKING: 3 pallets

3．PORT OF DISCHARGE: HUANGPU

4．COUNTRY OF ORIGIN: GERMANY

5．PAYMENT: T/T

6．PORT OF RECEIPT: BADEN, GERMANY

7．PAYMENT RULES: FOB HAMBURG

附5　装箱单

PACKING LIST

CONSINGEE： Guangzhou Baer Cosmetics Co., LTD			NO.：201809200019 DATE：2018-12-05 S/C NO.：BR20181206		
ARTICLE NUMBER	DESCRIPTIONS OF GOODS	QUANTITY (PCS)	NET WEIGHT (kg)	GROSS WEIGHT (kg)	NET NET WEIGHT (kg)
4088332	MOISTURE 50mL Folding box	2520 15360	496,440 130,000	578,000 151,000	126,000
TOTAL：		17.880	626,440	729,000	126,000

1．TIME OF SHIPMENT: ****

2．PACKING: 3 pallet

3．PORT OF DISCHARGE: HUANGPU

4．COUNTRY OF ORIGIN: GERMANY

5．PAYMENT: T/T

6．PORT OF RECEIPT: BADEN, GERMANY

7．PAYMENT RULES: FOB HAMBURG

编者注：德国开具的票据中，“,”（逗号）代表小数点，“.”（点）代表三位分隔符。用逗号表示小数点的国家，除了德国，还有法国，巴西等。

3．请登录“国家虚拟仿真实验教学课程共享平台”，完成由浙江师范大学开发的“跨境电商保税进口虚拟仿真实验”（1210模式进口），并撰写实训报告。

实训网址：https://www.ilab-x.com（国家虚拟仿真实验教学课程共享平台）https://www.ilab-x.com/details/page?id=5668&isView=true（跨境电商保税进口虚拟仿真实验）

项目四

其他进口通关

知识目标

- 理解法检货物规范申报要素的填报规则。
- 理解报关单填制规范。
- 了解特定减免税、暂时进出境、无代价抵偿、进出境修理货物的通关制度。
- 熟悉特定减免税的申请、通关操作流程。

能力目标

- 能够判断货物是否需要办理检验检疫的手续，缮制报关单。
- 能够核实特定减免税申请所需要的通关单证。
- 能够办理特定减免税货物进口通关业务。
- 能够参与暂时进出境货物、无代价抵偿货物、进出境修理货物进口通关操作。

素质目标

- 具备合规开展法检货物进口的意识，能防范和化解关务风险。
- 理解法定检验、特定减免税、暂时进出境、无代价抵偿、进出境修理货物海关监管的法律法规制度设计背后的价值导向。

重点内容导图

- 其他进口通关
  - 法检货物进口通关
    - 出入境检验检疫
    - 法定检验商品通关流程
    - 进口食品通关
    - 报关单填制规范与解析
  - 其他货物进口通关
    - 特定减免税货物通关
    - 暂时进出境货物通关
    - 无代价抵偿货物通关
    - 进出境修理货物通关

任务一 法检货物进口通关

任务导入

八达进出口公司进口业务一部与澳大利亚公司达成协议，进口一批婴儿配方奶粉，计划在国内销售给代理商。委托AEO高级认证企业四通报关有限公司代理报关。四通报关有限公司报关人员应如何在中国国际贸易“单一窗口”完成进口货物关检整合项目申报工作?

相关知识

一、出入境检验检疫

（一）相关定义

1．出入境检验检疫制度的定义

出入境检验检疫制度，也称为进出口商品合格评定制度，是指海关依据我国有关法律和行政法规，以及我国政府所缔结或者参加的国际条约、协定，对出入境的货物、物品及其包装物，交通运输工具，运输设备和出入境人员实施检验检疫监督管理的法律依据和行政手段的总和。2018年4月，实施《深化党和国家机构改革方案》，出入境检验检疫管理职责和队伍划入海关。出入境检验检疫的国家主管部门是海关总署。

2．检验与检疫

检验主要是对海关总署制定、调整必须实施检验的进出口商品目录（即《海关实施检验检疫的进出境商品目录》，以下简称《法检目录》）的进出口商品及法律法规规定的商品实施包括安全、卫生、健康、环境保护、防止欺诈等要求，以及相关的品质、数量、重量、包装鉴定、残损鉴定等的合格评定，维护进出口商品质量安全和贸易公平。海关可以依法对法定检验以外的进出口商品实施抽查检验。一般抽查检验的重点是涉及安全、卫生、环境保护，国内外消费者投诉较多，退货数量较大，发生过较大质量事故以及国内外有新的特殊技术要求的进出口商品。对于调出《法检目录》的商品，海关仍会通过风险监测等措施，持续关注与消费者密切接触的进口商品的质量安全水平。

检疫主要对进出口动、植物及其产品和食品的疫情疫病检测，预防或阻断疫情疫病的发生及在地区间的传播，维护人和动物生命健康安全、生态安全。如表4-1所示为检验检疫类别代码表。

表4-1 检验检疫类别代码表

类别代码	类别代码名称	类别代码	类别代码名称
M	进口商品检验	R	进口食品卫生监督检验
N	出口商品检验	S	出口食品卫生监督检验
P	进境动植物、动植物产品检疫	L	民用商品入境验证
Q	出境动植物、动植物产品检疫	V	进境卫生检疫
		W	出境卫生检疫

注：民用商品入境验证（L）申领对象为强制性产品认证（CCC认证）目录内产品、特种设备、医疗器械。

（二）出入境检验检疫制度的范围

我国出入境检验检疫制度实行目录管理，即海关总署根据对外贸易需要，公布并调整《法检目录》。《法检目录》所列名的商品称为法定检验商品，即国家规定实施强制性检验的进出境商品。列入《法检目录》的进口商品未经检验的，不准销售、使用；列入《法检目录》的出口商品未经检验合格的，不准出口。

实行入境检验检疫管理的货物主要包括列入《法检目录》的进境货物；进口旧机电产品；进口捐赠的医疗器械；其他未列入《法检目录》但国家有关法律、行政法规规定实施检验检疫的入境货物及特殊物品等。实行出境检验检疫管理的货物主要包括列入《法检目录》的出境货物；对外经济技术援助物资及人道主义紧急救灾援助物资；其他未列入《法检目录》，但国家有关法律、行政法规规定实施检验检疫的出境货物及特殊物品等。

对关系国计民生、价值较高、技术复杂或涉及环境及卫生、疫情标准的重要进出口商品，收货人应当在对外贸易合同中约定，在出口国装运前进行预检验、监造或监装以及保留到货后最终检验和索赔的条款。

（三）出入境检验检疫措施

1．进出口商品检验

《中华人民共和国进出口商品检验法》（以下简称《进出口商品检验法》）第六条规定"必须实施的进出口商品检验，是指确定列入目录的进出口商品是否符合国家技术规范的强制性要求的合格评定活动。""合格评定程序包括：抽样、检验和检查；评估、验证和合格保证；注册、认可和批准以及各项的组合。"列入《法检目录》的进口商品未经检验的，不准销售、使用。

实施法定检验的进口机电产品主要有机械设备、电子电器产品、机动车辆、医疗器械、特种设备、成套设备、旧机电产品等，实施法定检验的出口机电产品主要是医疗物资。列入法定检验的进口轻纺产品包括童车、玩具、儿童安全座椅、童鞋、食品接触产品、一次性卫生用品、服装、牙刷、家具等。

法定检验的进口商品应当在收货人报检时申报的目的地检验。大宗散装商品、易腐烂变质商品以及已发生残损、短缺的商品，应当在卸货口岸检验。

（1）进口旧机电产品检验监管。海关总署制定了《进口旧机电产品装运前检验监督管理实施细则》，自2021年1月1日起施行。需实施装运前检验的进口旧机电产品，其收发货人或者其代理人应当申请由货物境内目的地直属海关，或者委托装运前检验机构实施装运前检验。海关总署对从事进口旧机电产品装运前检验的第三方检验机构实施备案管理。

需要实施装运前检验的进口旧机电产品，其收、发货人或者其代理人应当按照海关总署的规定申请由主管海关或者委托检验机构实施装运前检验。进口旧机电产品装运前检验应当按照国家技术规范的强制性要求实施，并应当在货物启运前完成。

装运前检验内容包括：核查产品品名、数量、规格（型号）、新旧、残损等情况是否与合同、发票等贸易文件所列相符；是否包括、夹带禁止进口货物；对安全、卫生、健康、环境保护、防止欺诈、能源消耗等项目做出评定。

进口旧机电产品的装运前检验结果与海关检验结果不一致的，以海关检验结果为准。

（2）进口玩具检验监管。为加强进出口玩具的检验监管，对列入《必须实施检验的进出口商品目录》（以下简称《必须目录》）及法律、行政法规定必须经海关检验的进口玩具实施检验，对《必须目录》外的进口玩具实施抽查检验。进口玩具的检验主要包括现场检验、实验室检测、强制性产品认证（CCC认证）核查等。根据《市场监管总局关于发布强制性产品认证目录描述与界定表的公告》（国家市场监督管理总局2023年第36号）的规定，列入强制性产品认证的进口玩具包括电玩具、塑胶玩具、金属玩具、乘骑车辆玩具。

知识链接

中国强制性产品认证

中国强制性产品认证，又称CCC认证，是我国政府为保护消费者人身安全和国家安全实施的一种产品合格评定制度。它要求产品必须符合国家标准和相关技术规范，通过制定强制性产品认证的产品目录和强制性产品认证实施规则，对列入目录的产品实施强制性的检测和工厂检查。

凡列入强制性产品认证目录的产品，没有获得指定认证机构颁发的认证证书，没有按规定加施认证标志，一律不得出厂、销售、进口或者在其他经营活动中使用。

根据《进出口商品检验法》《强制性产品认证管理规定》等规定，海关应对列入目录的进口产品实施入境验证管理，查验认证证书、认证标志等证明文件，核对货证是否相符。验证不合格的，依照相关法律法规予以处理，对列入目录的进口产品实施后续监管。

（3）危险化学品检验监管。危险化学品是指具有毒害、腐蚀、爆炸、燃烧、助燃等性质，对人体、设施、环境具有危害的剧毒化学品和其他化学品。国务院安全生产监督管理部门会同国务院工业和信息化、公安、环境保护、卫生、海关、交通运输、铁路、民用航空、农业主管部门，根据化学品危险特性的鉴别和分类标准确定、公布并适时调整《危险化学品目录》。《危险化学品安全管理条例》规定，海关负责对进出口危险化学品及其包装实施检验。

根据海关总署公告2023年第29号公告要求，自2023年4月13日起，对进口危险化学品实施批批“审单验证+口岸检验或者目的地检验”模式，根据进口危险化学品属性和危险货物包装类型设定检验作业环节（地点）和比例。

海关对进出口危险化学品及其包装实施检验。进口危险化学品的收货人或者其代理人报关时，填报事项应包括货物属性、检验检疫名称、危险类别、包装类别、联合国危险货物编号（UN编号）、联合国危险货物包装标记（包装UN标记）和目的地检验检疫机关等，还应提供下列材料：《进口危险化学品企业符合性声明》；对需要添加抑制剂或稳定剂的产品，应提供实际添加抑制剂或稳定剂的名称、数量等情况说明；中文危险公示标签（即GHS标签，散装产品除外）以及中文安全数据单（即SDS/MSDS）的样本。

知识链接

危险化学品与危险货物

危险化学品仅指化学物质，而危险货物包含物质和物品，两者有交集但无包含关系。如锂电池属于危险货物但不属于危险化学品，硼酸属于危险化学品但不属于危险货物。

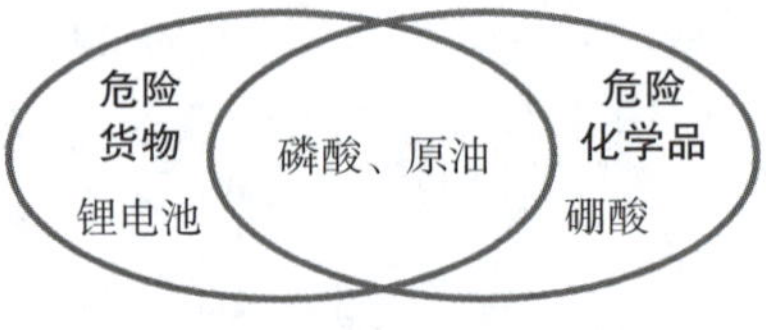

报关时系统对危险化学品的识别是通过HS编码进行的，首先我们要明确HS编码涉及危险化学品对应的不同情况。HS编码涉及危险化学品的产品有以下3种情况。

①产品既属于危险化学品，又属于危险货物。例如，磷酸、原油。报关时，“货物属性”栏有3个相关选项，“31–散装危险化学品”“32–件装危险化学品”和“33–非危险化学品”。散装原油须勾选“31–散装危险化学品”，并填报“UN编号”（原油4位编号为1267）和“危险类别”（原油危险类别为3，如录入多个类别系统将自动添加“+”分隔，如“3+6.1”；“3”和“6.1”分别代表易燃液体和毒性物质）两项内容。散装货物无须填报包装信息。

②产品属于危险化学品，但不属于危险货物。例如，硼酸。对于件装的硼酸，填报时在“货物属性”栏勾选“32–件装危险化学品”；填报“危险货物信息”时，硼酸不属于危险货物，“非危险货物”子项应选择“是”，无须填报其他四栏信息（UN编号、危险类别、包装类别、包装UN标记）。

③产品与危险化学品共用HS编码，但不属于危险化学品。例如，其他橡胶或塑料为基本成分黏合剂、其他不含其他含氧基的无环酮（上述商品存在非危化品与危化品共用一个HS编码情况）。与危险化学品共用HS编码的非危险化学品，填报时在“货物属性”栏直接勾选“非危险化学品”选项，无须填报“危险货物信息”。

此外，如果产品属于危险货物，不属于危险化学品，也是勾选“非危险化学品”选项，再填报“危险货物信息”。例如，锂电池产品（UN编号3090，3091，3480，3481）属于第9类危险货物，“货物属性”选填“19–正常”和“33–非危险化学品”，须填报“危险货物信息”，“非危险货物”子项应选择“否”。单一窗口“货物属性”申报选项，如表4-2所示。

表4-2 单一窗口“货物属性”申报选项

货物属性			
11–3C目录内	12–3C目录外	13–无需办理3C认证	14–预包装
15–非预包装	16–转基因产品	17–非转基因产品	18–首次进出口
19–正常	20–废品	21–旧品	22–成套设备
23–带皮木材/板材	24–不带皮木材/板材	25–A级特殊物品	26–B级特殊物品
27–C级特殊物品	28–D级特殊物品	29–V/W非特殊物品	30–市场采购
31–散装危险化学品	32–件装危险化学品	33–非危险化学品	34–Ⅰ类医疗器械
35–Ⅱ类医疗器械	36–Ⅲ类医疗器械	37–医疗器械零部件	38–非医疗器械

续表

货物属性			
39-特种设备	40-非特种设备	41-真空包装等货物	42-办理进口登记用饲料和饲料添加剂样品
43-科研用饲料和饲料添加剂样品	44-其他用途饲料和饲料添加剂样品	46-检验结果采信	
危险货物信息			
非危险货物	□		
UN编号			
危险类别			
包装类别			
包装UN标记			

出口锂电池产品的生产企业，应当向海关申请危险货物包装容器的使用鉴定（即申请“危包证”），使用未经鉴定或者经鉴定不合格的包装容器的危险货物，不准出口。

根据《进出口商品检验法》第十七条，“为出口危险货物生产包装容器的企业，必须申请商检机构进行包装容器的性能鉴定。生产出口危险货物的企业，必须申请商检机构进行包装容器的使用鉴定。使用未经鉴定合格的包装容器的危险货物，不准出口。”企业应依法履行责任，对于夹藏电池等危险品的出口违法行为，海关将依法查处。如表4-3所示为出口危险品不同责任企业办理业务及单证区别。

表4-3 出口危险品不同责任企业办理业务及单证区别

涉及责任企业	须办理的业务类型及单证
为出口危险货物生产包装容器的企业	出口危险货物包装性能检验 《出入境货物包装性能检验结果单》
生产出口危险货物的企业	出口危险货物包装使用鉴定 《出境危险货物运输包装使用鉴定结果单》

2．进出口动植物检疫

对进出口动植物及其产品进行动植物检疫是国家主权的象征，是通过对外行使国家主权、履行国际规则义务，执行动植物检疫法律法规，为防止动物疫病和危险性植物有害生物传入、传出国境，保护农林牧渔业生产安全、生态安全、人和动物生命健康安全，所采取的强制性检查和处理措施。实施强制性的动植物检疫已成为世界各国的普遍制度。

（1）检疫申报时间。根据进口种类而不同，进口种畜禽动物（含遗传物质），入境前30日；其他动物，入境前15日；实验动物和繁殖材料，入境前7日。

（2）检疫申报地点。根据不同的进口种类不同，应向入境口岸和隔离场所在地或目的地海关申报。

（3）检疫申报时提交材料。“检疫许可证”（或“引进种子、苗木检疫审批单”等许可类证明）、输出国家或地区官方出具的动植物检疫证书正本、产地证书等官方证明类文件及有关贸易和运输类单证。

海关核查材料后，依法应当办理检疫审批手续的，还须核查并核销“检疫许可证”。同时，根据单证核查的情况并结合中国动植物检疫规定及输出国家或地区疫情发生情况。

此外，检查所提供的单证材料与货物是否相符，核对集装箱号和封志与所附单证是否一致，核对单证与货物的名称、数量、重量、产地、包装、唛头是否相符。

知识链接

野生动植物及其产品进出口管理

我国对野生动植物及其产品进出口管理依据《中华人民共和国森林法》《中华人民共和国野生动物保护法》《中华人民共和国野生植物保护条例》《中华人民共和国濒危野生动植物进出口管理条例》等法律法规，由国务院林业、渔业管理部门作为主管部门，设立国家濒危物种进出口管理办公室（简称“国家濒管办”），会同海关总署，制定并调整《进出口野生动植物种商品目录》，结合《濒危野生动植物种国际贸易公约》（以下简称《CITES公约》，世称《华盛顿公约》）列入保护的野生动植物种附录，通过“进出口许可证”的方式，由海关在口岸进行具体监管。

（1）进出口列入《CITES公约》附录的野生动植物及其产品，须办理《中华人民共和国濒危野生动植物种国际贸易公约允许进出口证明书》（简称《公约证书》，适用于非台湾地区）或《中华人民共和国海峡两岸野生动植物允许进出口证明书》（简称《海峡两岸证书》，适用于台湾地区）。

（2）进出口列入《国家重点保护野生动物名录》《国家重点保护野生植物名录》的野生动植物及其产品，须办理《中华人民共和国野生动植物允许进出口证明书》（简称《非公约证书》）。

（3）进出口其他列入《进出口野生动植物种商品目录》的野生动植物及其产品，实行《物种证明》管理。

（4）其他注意事项如下。

①通过货运、邮递、快件和旅客携带等方式进出口《进出口野生动植物种商品目录》所列野生动植物及其产品的，进出境货物或物品包装或说明中标注含有该

目录所列野生动植物成分的，应申领野生动植物进出口证书，主动、如实向海关申报。

②境外与保税区、出口加工区等海关特殊监管区域、保税监管场所之间进出野生动植物及其产品的，申请人应申领野生动植物进出口证书。境内与保税区、出口加工区等海关特殊监管区域、保税监管场所之间进出野生动植物及其产品的，或者在上述海关特殊监管区域、保税监管场所之间进出野生动植物及其产品的，无须办理野生动植物进出口证书。

③申请人应在进出口货物报关单“随附单证栏”的“随附单证代码栏”填报单证代码“F/E”，在“随附单证编号栏”填报14位证书编号。同时，在“单证对应关系表”中填报进出口货物报关单商品项、野生动植物进出口证书商品项的对应关系。进出口货物报关单商品项号应与野生动植物进出口证书商品项号一一对应。进出口货物报关单中不属于野生动植物及其产品的商品项号无须填报“单证对应关系表”。

3．国境卫生检疫

依据《中华人民共和国国境卫生检疫法》第二条规定，国境卫生检疫是指在中华人民共和国对外开放的口岸，海关依照规定履行检疫查验、传染病监测、卫生监督和应急处置等国境卫生检疫职责。

国境卫生检疫是一项政策性和技术性很强的工作，其目的是运用卫生技术手段，通过行政管理的形式和配套法规制度，防止传染病由国外传入或者由国内传出，保护人体健康，维护国家卫生主权，其工作范围是本国境内的国际通航的港口、机场及陆地边境和国界江河的口岸，以及各口岸范围内的公共场所和食品、饮用水供应设施等。国境卫生检疫的对象是出入境的人员、交通工具、运输设备及可能传播检疫传染病的行李、货物、邮包、人体组织及生物制品、尸体及骸骨、病媒生物、特殊物品、环境卫生、食品和饮用水卫生等。

（1）出入境船舶卫生检疫。出入境船舶运营者或其代理人应当在船舶预计抵达或驶离口岸24小时前，采用电子化、信息化及书面等方式向海关申请卫生检疫。入境船舶航程不足24小时的，在驶离上一口岸时申请检疫；出境船舶在港时间不足24小时的，可在抵达口岸时申请出境检疫。海关根据船舶申报材料、诚信档案和既往卫生检疫结果，开展动态风险评估，并根据风险评估结果确定检疫方式。

（2）出入境集装箱卫生检疫。海关重点审核集装箱的启运口岸、途经路线、卸运流向、出入境时间等信息。根据信息化系统中集中审单和风险布控规则，对不同风险集装箱分别随机抽批抽箱，对抽中的集装箱，将查验指令下达集装箱所有人、口岸集装箱调度部门及实施查验的工作人员。对需要实施卫生处理的，下达卫生处理指令。

（3）进出口货物卫生检疫。货物卫生检疫内容包括病媒生物查验（查验货物及其包装、铺垫物上是否存在鼠、蝇、蜱、螨、蚤、蜚蠊、蠓等病媒生物）、卫生学检查（检查货物的卫生状况，重点检查是否存在被传染病病原体污染或有污染嫌疑情况，是否存在夹带垃圾、废弃物、排泄物等卫生学问题）、放射性检测（对具有放射性的货物或者可能被放射性物质污染或沾染的货物进行放射性监测）。

（4）特殊物品卫生检疫。特殊物品包括微生物、人体组织、生物制品、血液及其制品等，可通过货物、旅客携带或邮递出入境。此类物品具有价值高、风险高、冷链运输以及对通关速度要求高等特点。特殊物品之所以"特殊"，是因为该类特殊物品易传播传染病，或有传播传染病的潜在风险，需要对其加以监管。所有特殊物品均需检疫审批，并在口岸现场接受卫生检疫合格后，出具《出/入境特殊物品卫生检疫审批单》，方许出入境。需实施后续监管的入境特殊物品，其使用单位应当在特殊物品入境后30日内，到目的地海关申报，由目的地海关实施后续监管。

4．进出口食品安全监督管理

（1）进出口食品安全监督管理的定义。进出口食品安全监督管理，是指海关为保证进出口食品安全，保障公众身体健康和生命安全，根据法律法规的规定，对进出口食品生产经营活动、进出口食品生产经营者和输华食品出口国家（地区）食品安全管理体系等实施的行政监督管理，督促检查进出口食品相关方执行食品安全法律法规的情况，并对其违法行为进行约束的过程。

（2）进出口食品安全监督管理的主要内容。进出口食品安全监督管理的主要内容为检验检疫和监督管理，包括对进出口食品的检验检疫；对进出口食品生产经营企业、进口食品的出口国家官方食品安全管理体系等的监督管理。海关主要有以下职责：拟定实施进出口食品检验检疫和监督管理工作规章、制度、技术规范和工作计划、规划；对进出口食品、化妆品检验检疫监督管理；拟定实施进出口食品检验检疫准入制度及相关工作；对进口食品的生产企业实施注册管理；对进口食品收货人，以及向我国境内出口食品的出口商或者代理商实施备案管理；对出口食品生产企业、原料种植、养殖场实施备案管理；对进口食品的检疫审批和管理；对进口食品标签和说明书的审核管理；拟定实施我国进出口食品的安全抽样检验计划；实施进出口食品生产加工、存储、经营等单位（场所）的日常检验检疫监督管理；对进出口食品安全信息、法规、标准的收集、汇总和相关通报；拟定实施进出口食品风险预警和控制措施；承担重大进出口食品质量安全事故调查、处理工作等。

（3）进口食品安全监督管理的制度规定。《中华人民共和国食品安全法》（以下简称《食品安全法》）第九十一条规定："国家出入境检验检疫部门对进出口食品安全实施监督管理。"进口食品安全包括三个环节、二十一项制度。

①进口前环节包括九项制度：出口国食品安全管理体系审查制度（出口国官方政府）、出口食品生产企业注册管理制度（企业主体责任）、出口商备案制度、进口商备案制度、官方证书制度、进口商对境外生产企业审核制度、进境动植物源性食品检疫审

批制度、进口境外预先检验制度、优良进口商认定制度。

②进口环节包括七项制度：合格证明材料制度（企业主体责任）、检验检疫申报制度、口岸检验检疫监管制度（监管）、安全风险监测制度、风险预警快速反应制度、指定口岸制度、第三方检验机构认定制度（激励企业落实主体责任）。

③进口后环节包括五项制度：回顾性检查管理制度（出口国政府主体责任）、进口销售记录制度（监管责任）、召回制度、不良记录制度（企业主体责任）、责任约谈制度。

（4）主体责任。国内进口商主体责任主要包括应当按要求向住所地海关备案、建立相应的食品安全管理制度、建立境外企业自主审核制度、如实申报、按要求对进口不合格食品进行处置、按要求对问题食品实施召回等。

境外出口商、境外生产企业应当保证向我国出口的食品、食品添加剂、食品相关产品符合本法以及我国其他有关法律、行政法规的规定和食品安全国家标准的要求，并对标签、说明书的内容负责。出口食品生产企业应当保证其出口食品符合进口国（地区）的标准或者合同要求。

在进出口食品安全管理工作中发生的，因违反法定义务，或不当行使法律权利、权力所产生的，由行为人承担的不利后果。《食品安全法》第一百三十五条规定："因食品安全犯罪被判处有期徒刑以上刑罚的，终身不得从事食品生产经营管理工作，也不得担任食品生产经营企业食品安全管理人员。"

二、法定检验商品通关流程

（一）进口申报

全国海关的全部通关业务现场已全面施行通关作业无纸化申报。所谓"通关作业无纸化"，是指海关以企业分类管理和风险分析为基础，按照风险等级对进出口货物实施分类，运用信息化技术改变海关验核进出口企业递交纸质报关单及随附单证办理通关手续的做法，直接对企业通过中国国际贸易"单一窗口"（以下简称"单一窗口"）或"互联网+海关"录入申报的报关单及随附单证的电子数据进行无纸审核、验放处理的通关作业方式。

法检货物通关准备

涉及法定检验检疫要求的进口商品，企业可通过"单一窗口"报关报检合一界面向海关一次申报，随附单证栏无须填报。如需使用"单一窗口"单独报关、报检界面，即先报检后报关，企业应当将检验检疫回执信息填报在随附单证栏。

1．申报地点

全国通关作业一体化全面启动后，进出口企业可在任一海关进行申报，即企业可根据实际需要，自主选择在货物进出口口岸报关、企业属地报关或其他海关报关，除必须进行转关操作的进出口货物以外，均可实现全国通关一体化作业模式申报。

（1）口岸海关报关。口岸海关报关即报关企业向货物实际进出境地海关办理报关手续，如果货物涉及查验，由货物进出境地海关实施查验。

国家药品监督管理局规定的生物制品以及首次在中国境内销售的药品和国务院规定的其他药品指定在北京、上海、广州、重庆口岸海关申报进口。国家支持自贸试验区（包括海南在内）设立首次进口药品和生物制品口岸。

汽车整车进口限定在指定口岸海关申报。截至2023年11月，我国整车进口口岸共计29个，其中沿海沿江水运口岸16个，内陆铁路口岸7个，沿边陆运口岸4个，空港口岸2个，我国整车进口口岸名单，如表4-4所示。

表4-4 我国整车进口口岸名单

序号	整车进口口岸	序号	整车进口口岸	序号	整车进口口岸
1	上海港	11	张家港保税港区	21	深圳大铲湾海运港区
2	天津新港	12	北京首都国际机场口岸	22	西安铁路口岸
3	广州黄埔港	13	青岛前湾保税港区	23	唐山港区
4	大连新港	14	宁波梅山保税港区	24	绥芬河铁路口岸
5	内蒙古满洲里	15	重庆铁路口岸	25	安庆港
6	深圳皇岗口岸	16	郑州铁路口岸	26	厦门海沧保税港区
7	新疆阿拉山口口岸	17	广州港南沙港区	27	武汉铁路口岸
8	广西钦州保税港区	18	海口港	28	银川河东国际机场航空口岸
9	新疆霍尔果斯口岸	19	岳阳城陵矶港	29	赣州铁路集装箱场站
10	福州港江阴港区	20	成都铁路口岸		

（2）属地海关报关。属地海关报关即报关企业向企业主管地海关办理报关手续，货物在口岸海关实际进出境，例如，货物涉及查验，由货物实际进出境的口岸海关实施查验。

（3）在除口岸及属地海关外其他海关报关。采用该种报关方式的进出口企业较少，适用于有特殊需要的进出口企业。例如，货物涉及查验，由货物实际进出境的口岸海关实施查验。

（4）货物所在地的主管海关报关。以保税货物、特定减免税货物和暂准进境货物申报进境的货物，因故改变使用目的从而改变性质转为一般进口时，进口货物的收货人或其代理人应当在货物所在地的主管海关申报。

2．申报期限

进口货物的收货人、受委托的报关企业应当自运输工具申报进境之日起14日内，向海关申报。

进口转关运输货物的收货人、受委托的报关企业应当自运输工具申报进境之日起14日内，向进境地海关办理转关运输手续，有关货物应当自运抵指运地之日起14日内向指运地海关申报。

进口货物的收货人超过规定期限向海关申报的，由海关征收滞报金。

进口货物自装载货物的运输工具申报进境之日起超过3个月仍未向海关申报的，货物由海关提取并依法变卖。对属于不宜长期保存的货物，海关可以根据实际情况提前处理。

3．申报日期

进出口货物收发货人或其代理人的申报数据自被海关接受之日起，其申报的数据就产生法律效力，即进出口货物收发货人或其代理人应当承担如实申报、如期申报的法律责任。因此，海关接受申报数据的日期非常重要。

申报日期是指申报数据被海关接受的日期。无论以电子数据报关单方式申报，还是以纸质报关单方式申报，海关以接受申报数据的日期为接受申报的日期。

采用先进行电子数据申报，后提交纸质报关单，或者仅以电子数据报关单方式申报的，申报日期为海关计算机系统接受申报数据时记录的日期，该日期将反馈给原数据发送单位，或公布于海关业务现场，或通过公共信息系统发布。

电子数据报关单经海关计算机检查被退回的，视为海关不接受申报，进出口收发货人或其代理人应当按照要求修改后重新申报，申报日期为海关接受重新申报的日期。

海关已接受申报的报关单电子数据，人工审核确认需要退回修改的进出口货物收发货人、受委托的报关企业应当在10日内完成修改并且重新发送报关单电子数据，申报日期仍为海关接受原报关单电子数据的日期；超过10日的，原报关单失效，进出口货物收发货人、受委托的报关企业应当另行向海关申报，申报日期为海关再次接受申报的日期。

4．申报单证

进口货物加工贸易及保税类报关单必备单证为发票、进口许可证件、海关要求的加工贸易手册、代理报关授权委托协议等。合同、装箱清单、提（运）单等随附单证，企业在申报时可不向海关提交，海关审核时如需要再提交。

非加工贸易及保税类报关单必备单证为合同、发票、进口许可证件、代理报关授权委托协议等。装箱清单、提（运）单等随附单证，企业在申报时可不向海关提交，海关审核时如需要再提交。

（二）缴纳税款与自报自缴申报

“自报自缴”是指进出口企业、单位向海关申报报关单及随附单证、税费电子数据，并自行缴纳税费的行为。“自报自缴”改变了海关原有的“先审核后放行”的作业模式，实现了货物放行时间提前，海关转为全流程抽查，进一步缩短了货物通关时间，降低了企业贸易成本。涉及公示定价、特案报关单（报关单的征免栏为“特案”）等特殊种类货物以及有纸形式申报的，暂不适用自报自缴模式。

（三）海关查验

1．海关查验概述

在现场通关作业时，对于海关系统或人工下达的布控查验、实货验估指令，海关查验关员在区别查验指令属性后，按照细化的查验要求实施查验。

查验是国家赋予海关的一种依法行政的权力。通过对进出口货物按一定比例实施查验，核对实际进出口货物与报关单证来验证申报环节所申报的内容与查验的单、货是否一致，有无瞒报、伪报和申报不实等走私违规事情或其他进出口问题。同时，海关通过查验为征税、统计和后续管理提供可靠的监管依据。配合查验是进出口货物收发货人或其代理人的义务。

2．海关查验的类型

海关查验包括准入查验和现场验估查验。海关对存在禁限管制以及侵权、伪瞒报（品名、规格、数量）等风险，以及情报反映存在走私违规嫌疑的货物依法进行准入查验；海关对存在归类、价格、原产地等税收风险的货物依法进行验估查验。

为贯彻国务院“双随机、一公开”（在监管过程中随机抽取检查对象，随机选派执法检查人员，抽查情况及查处结果及时向社会公开）的监管要求，部分海关开始试行“双随机、全隔离”的创新查验方式，给企业创造公平公正、廉洁高效的进出境通关环境。

查验的时间与地点。报关人员接到查验通知后，应首先到查验场地办理查验货物进场手续，在确认货物抵达查验场地后，向海关预约查验时间。海关查验一般安排在海关监管区内的指定场地进行。报关人员在接受海关查验前应确认待查验货物的准确位置及堆放地点。当海关通知查验时，报关人员应及时到达指定的查验作业区配合海关查验。如果超过规定时间又无合理理由的，海关将进行开验。对易受温度、静电、粉尘等因素影响及其他特殊原因不宜在口岸海关监管区实施查验的进出口货物，企业可向主管地海关（进口为指运地海关，出口为启运地海关）申请，经批准后可异地查验。

损坏货物索赔。对于查验过程中由于海关工作人员责任造成的货物损失，报关人员可以要求海关就货物损坏的实际情况进行赔偿。根据规定，海关赔偿的范围为进出口货物直接的经济损失，间接经济损失不在海关赔偿的范围之内。

（四）海关放行与提取货物

1．海关放行

经风险处置后的报关单，由系统自动研判放行条件。对符合放行条件的，海关放行信息自动发送至卡口，企业根据海关的放行信息，办理实货提离手续；对不符合放行条件的，企业根据海关要求办理相关手续。

除转入申报地海关综合业务、验估及税收征管中心、风险防控中心进行风险处理的报关单外，未被任何风险参数捕中的报关单，按照全国通关一体化改革方案自动通过风险分流环节直接予以放行（应缴费报关单缴纳相应税费后放行）。

新通关模式下，海关将涉税要素的风险排查与处置，置于货物放行之后，报关单放行后进行批量复核、风险排查。由此，海关在货物放行后实施后续核查（单证验核或实地核查）将成为新常态。

2. 进口提货作业

（1）确认船舶到港信息。确认船舶到港信息后，货主或其代理人可持提货单交场站办理相应手续。

（2）码头缴费。提取货物前，需按照要求缴纳相应费用，并办妥场站所有手续。同时，按照车辆情况和码头提货计划表，预约提货时间。

（3）持出卡口证明，将进口货物运离海关卡口。在全国通关一体化方式下，凭海关电子放行信息办理货物出场手续，实现卡口自动核放；纸质放行模式下报关人员凭盖有海关放行章的提货凭证，换发场站签发的出卡口证明，将进口货物运离海关卡口。

（五）海关结关

进口货物申报后，如果不涉及税费或者税费已经实际支付的，货物放行后系统会立刻结关；税费尚未支付的例如汇总征税货物，在次月税金支付后才能结关。

汇总征税报关单可在生成税款信息之日起15日内或次月第5个工作日前缴税，均不产生滞纳金。若未在此期限内缴税，其滞纳天数为生成税款信息之日起第16日至缴税之日。对“两步申报”的汇总征税报关单并且概要、完整申报跨月的，企业以完整申报时间的次月第5个工作日为缴税期限。

自2019年6月起，海关总署、国家外汇管理局，已全面取消报关单收、付汇证明联和办理加工贸易核销的海关核销联。企业办理货物贸易外汇收付和加工贸易核销业务，按规定须提交纸质报关单的，可通过中国电子口岸自行以普通A4纸打印报关单并加盖企业公章。

三、进口食品通关

（一）相关法规

海关总署发布第248号令和第249号令，分别公布了《中华人民共和国进口食品境外生产企业注册管理规定》和《中华人民共和国进出口食品安全管理办法》（以下简称《进出口食品安全管理办法》），两部法规均自2022年1月1日起实施。

（二）国家准入要求

进口水产品、乳制品、植物源性食品应在符合评估审查要求及有传统贸易的国家或地区输华食品目录中。

为严格落实《食品安全法》等有关规定，进一步规范对境外输华国家或地区食品安全体系评估和审查，便于国内外监管部门、经营主体和广大消费者了解相关信息，更好地服务进出口贸易健康发展，海关总署进出口食品安全局开发了“符合评估审查要求及有传统贸易的国家或地区输华食品目录信息系统”（网址：http://43.248.49.223/）。

（三）保健食品与特殊膳食用食品进口规定

1．相关定义

保健食品是指声称并具有特定保健功能或者以补充维生素、矿物质为目的的食品。即适用于特定人群食用，具有调节机体功能，不以治疗疾病为目的，并且对人体不产生任何急性、亚急性或慢性危害的食品。在我国，无论是进口还是国产的保健食品，都需要取得国家有关部门的批准文号，并在标签上标注。

特殊膳食用食品是指为满足特殊的身体或生理状况和（或）满足疾病、紊乱等状态下的特殊膳食需求，专门加工或配方的食品。这类食品的营养素和（或）其他营养成分的含量与可类比的普通食品有显著不同。特殊膳食用食品的类别主要包括婴幼儿配方食品、婴幼儿辅助食品、特殊医学用途配方食品、除上述类别外的其他特殊膳食用食品（包括辅食营养补充品、运动营养食品，以及其他具有相应国家标准的特殊膳食用食品）。

2．相关管理规定

（1）境外生产企业注册。特殊膳食食品和保健食品的境外生产企业，应由所在国家（地区）主管当局对企业进行审核检查，确认符合注册要求后，向海关总署推荐并提交申请材料。

除相关国家（地区）主管当局与海关总署就申请方式和申请材料另有约定的，进口食品境外生产企业注册、变更、延续、注销的申请，应通过进口食品境外生产企业注册管理系统提交。

海关总署进出口食品安全局收到申请材料后，根据具体情况分别作出处理。根据风险分析及实际工作需要，海关总署进出口食品安全局可组织评审组，通过书面检查、视频检查、现场检查等形式及其组合，对申请注册的进口食品境外生产企业实施评估审查。海关总署食品局对评审组工作报告进行审核。

海关总署根据评估审查情况，对符合要求的进口食品境外生产企业予以注册并给予在华注册编号，通知所在国家（地区）主管当局或进口食品境外生产企业；对不符合要求的进口食品境外生产企业不予注册，通知所在国家（地区）主管当局或进口食品境外生产企业。

此外还须注意，已获得注册的进口保健食品、特殊膳食用食品企业向中国境内出口食品时，应当在进口保健食品、特殊膳食用食品的内、外包装上标注在华注册编号或者所在国家（地区）主管当局批准的注册编号。

（2）中文标签。按照《进出口食品安全管理办法》要求，进口保健食品、特殊膳食用食品的中文标签必须印制在最小销售包装上，不得加贴。

（四）进口食品通关流程

1．收发货人备案及境外生产企业注册

（1）收发货人备案。根据《进出口食品安全管理办法》第十九条，“向中国境内出口食品的境外出口商或者代理商应当向海关总署备案。食品进口商应当向其住所地海关备案。”

境外出口商或者代理商、食品进口商办理备案时，应当对其提供资料的真实性、有效性、负责。境外出口商或者代理商、食品进口商备案名单由海关总署公布。

依据2021年第108号海关总署公告的规定，自2022年1月1日起，海关总署已取消进口肉类、化妆品境内收货人备案事项。

（2）境外生产企业注册。按照《中华人民共和国进口食品境外生产企业注册管理规定》，以下18类进口食品的境外生产企业由所在国家（地区）主管当局向海关总署推荐注册：肉与肉制品、肠衣、水产品、乳品、燕窝与燕窝制品、蜂产品、蛋与蛋制品、食用油脂和油料、包馅面食、食用谷物、谷物制粉工业产品和麦芽、保鲜和脱水蔬菜以及干豆、调味料、坚果与籽类、干果、未烘焙的咖啡豆与可可豆、特殊膳食食品、保健食品。

2．中文标签审核

自2019年10月1日起，取消首次进口预包装食品标签备案要求。海关对中文标签进行合法合规性审核，中文标签经检验合格，由海关发给企业备案凭证。取消备案，意味着海关不再对每一个首次进口的中文标签审核进行把关，而由企业负责审核。

3．食品预包装外粘贴或印制中文标签

根据《食品安全法》第九十七条和《进出口食品安全管理办法》第三十条的相关规定，进口的预包装食品应当有中文标签；依法应当有说明书的，还应当有中文说明书。通常情况，预包装食品的中文标签采用粘贴方式。但须注意，如前述所言，进口保健食品、特殊膳食用食品的中文标签不能加贴，只能印制。

对于进口鲜冻肉类产品，内外包装上应当有牢固、清晰、易辨的中英文或者中文和出口国家（地区）文字标识。标明以下内容：产地国家（地区）、品名、生产企业注册编号、生产批号。外包装上应当以中文标明：规格、产地（具体到州/省/市）、目的地、生产日期、保质期限、储存温度等内容，必须标注目的地为中华人民共和国，加施出口国家（地区）官方检验检疫标识。

进口水产品，内外包装上应当有牢固、清晰、易辨的中英文或者中文和出口国家

（地区）文字标识。标明以下内容：商品名和学名、规格、生产日期、批号、保质期限和保存条件、生产方式（海水捕捞、淡水捕捞、养殖）、生产地区（海洋捕捞海域、淡水捕捞国家或者地区、养殖产品所在国家或者地区）、涉及的所有生产加工企业（含捕捞船、加工船、运输船、独立冷库）名称、注册编号及地址（具体到州/省/市）、必须标注目的地为中华人民共和国。

上述标签要求仅适用于贸易进口商品，不适用于邮寄、快件、跨境电子商务零售和旅客携带方式入境的食品。

4．进口申报

采用“进口报关单整合申报”模式，关检融合一次申报。入境动植物源性食品的货主或其代理人在报检时应根据产品的不同，提供相应的动植物检疫许可证、输出国家（地区）出具的检验检疫证书及原产地证书。国际贸易单一窗口，如图4-1所示。

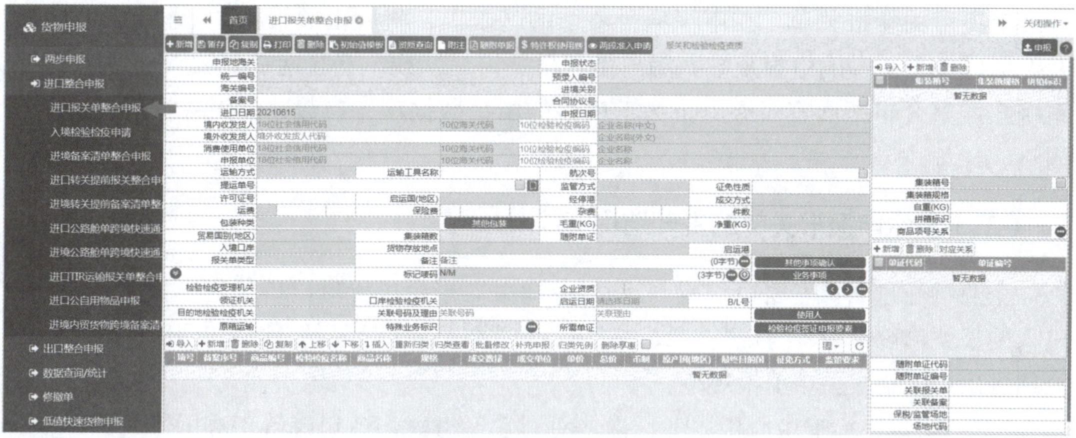

图4-1 国际贸易单一窗口

5．海关实施现场查验监管

海关查验内容主要包括：运输工具、存放场所是否符合安全卫生要求；集装箱号、封识号、内外包装上的标识内容、货物的实际状况是否与申报信息及随附单证相符；动植物源性食品、包装物及铺垫材料是否存在《中华人民共和国进出境动植物检疫法实施条例》第二十二条规定的情况；内外包装是否符合食品安全国家标准，是否存在污染、破损、湿浸、渗透；内外包装的标签、标识及说明书是否符合法律、行政法规、食品安全国家标准以及海关总署规定的要求；食品感官性状是否符合该食品应有性状；冷冻冷藏食品的新鲜程度、中心温度是否符合要求、是否有病变、冷冻冷藏环境温度是否符合相关标准要求、冷链控温设备设施运作是否正常、温度记录是否符合要求，必要时可以进行蒸煮试验。

四、报关单填制规范与解析

（一）关检融合“整合项目”申报

自2018年8月1日起，海关、原国检申报系统及数据合并整合，报关单、报检单合并为一张报关单。对海关原报关单和检验检疫原报检单申报项目进行梳理整合，将原报关、报检单合计229个货物申报数据项精简到105个，大幅减少企业申报项目。

对原报关、报检项目涉及的参数代码进行梳理，参照国际标准，实现现有参数代码的标准化。梳理整合后，统一了8个原报关、报检共有项的代码，包括国别（地区）代码、港口代码、币制代码、运输方式代码、监管方式代码、计量单位代码、包装种类代码、集装箱规格代码等。具体参数代码详见：海关总署门户网站＞互联网+海关＞通关参数＞关检融合部分通关参数查询及下载。

整合后的新版报关单以原报关单48个项目为基础，增加部分原报检内容形成了具有56个项目的新报关单。在申报项目整合的基础上，将原报关报检的申报系统进行整合，形成一个统一的申报系统。用户由“单一窗口”或“互联网+海关”平台接入。新系统按照整合申报内容对原有报关、报检的申报数据项、参数、随附单据等都进行了调整。

（二）整合申报报关单的主要结构

企业可通过“单一窗口”或“互联网+海关”平台进行进出口货物申报，不同接口进入的报关单填报内容与规范一致。以下将以“单一窗口”系统“货物申报”模块为例，介绍进出口货物报关单填报规范。

“单一窗口”标准版应用服务，以“总对总”方式与各口岸管理和国际贸易相关部门系统对接，实现申报人通过“单一窗口”标准版一点接入、一次性提交满足口岸管理和国际贸易相关部门要求的标准化单证和电子信息。“单一窗口”标准版包括货物申报、舱单申报、运输工具申报、企业资质、原产地证、许可证办理、查询统计等功能板块。可登录“单一窗口”，进入“货物申报”模块进行涉检货物的“进口整合申报”“出口整合申报”。

进出口货物的“报关单整合申报”主要结构一致，均包括基本信息（表头）、涉检基本信息、商品信息（表体）、涉及检验商品信息、集装箱、随附单证、其他七个部分，具体如图4-2所示。

（三）报关单填制规范

1．进境关别/出境关别（原进口口岸/出口口岸）

填报实际进出境海关的口岸海关名称及代码。无实际进出境，填报接受申报海关名称及代码。通过提单等运输单据判断进出境海关信息。如需查询海关名称及代码，可登录“互联网+海关”＞“通关参数”模块，下载《关区代码表》。

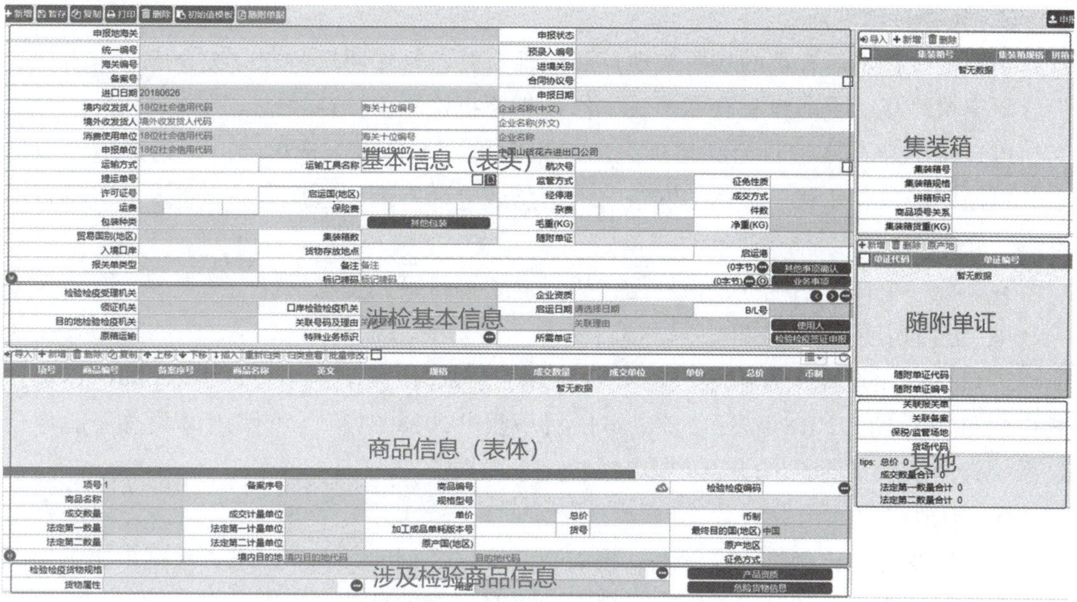

图4-2 整合申报报关单的主要结构

在“单一窗口”系统中，报关人员可以录入关区代码或输入关区中文名称。关区代码为4位数字，例如，蛇口海关5304、大鹏海关5316。

“5300”为直属海关深圳关区代码，第3、4位均为0，是直属海关关区代码，不属于口岸海关（隶属海关）代码，不能填报在该栏目。从深圳盐田港出口的货物，填报“大鹏海关”或录入代码5316，不能填报代码5300。

2．入境口岸/离境口岸

入境口岸按海关规定的《国内口岸代码表》选择填报进境货物从跨境运输工具卸离的第一个境内口岸的中文名称及代码；采取多式联运跨境运输的，填报多式联运货物最终卸离的境内口岸中文名称及代码；过境货物填报货物进入境内的第一个口岸的中文名称及代码；从海关特殊监管区域或保税监管场所进境的，填报海关特殊监管区域或保税监管场所的中文名称及代码。其他无实际进境的货物，填报货物所在地的城市名称及代码。

离境口岸按海关规定的《国内口岸代码表》选择填报装运出境货物的跨境运输工具离境的第一个境内口岸的中文名称及代码；采取多式联运跨境运输的，填报多式联运货物最初离境的境内口岸中文名称及代码；过境货物填报货物离境的第一个境内口岸的中文名称及代码；从海关特殊区域或保税监管场所出境的，填报海关特殊区域或保税监管场所的中文名称及代码。其他无实际出境的货物，填报货物所在地的城市名称及代码。

“单一窗口”系统中，报关人员可以在本栏目的下拉菜单中选择应填报的入境口岸/离境口岸，或者参考《国内口岸代码表》录入中文、代码。例如“470601盐田”“470201皇岗”“470301罗湖”“470401文锦渡”“470501沙头角”“471001深圳宝安国际机场”等。

3. 货物存放地点

填报货物进境后存放的场所或地点。包括海关监管作业场所、分拨仓库、定点加工厂、隔离检疫场、企业自有仓库等。本栏目为原报检栏目“存放地点”。

进口报关单，本栏目为必填项；出口报关单，本栏目为选填项。货物进境存放地点，可使用港口、船代、货代的网络公示信息或电话查询，通常为货物进境分拨堆存的堆场、仓库。

在“单一窗口”系统中，该栏无代码，需要自行录入文本信息。

4. 进口日期/出口日期

进口日期是运输工具申报进境日期，人工录入8位数字（年月日），例如，运输工具申报进境日期为2018年3月12日，本栏目填报“20180312”，可使用海关总署舱单信息系统查询准确日期；出口日期在申报时免予填报。

5. 申报日期

海关接受进出口货物收发货人、报关企业申报数据的日期。以电子数据申报的情况下，申报日期为海关计算机系统接受申报数据时记录的日期。以纸质申报的，申报日期为海关接受纸质报关单并对报关单进行登记处理的日期。

该栏目无须手动填报，系统自动生成数据。申报日期在计算进口滞报金的时候起重要作用，应在产生滞报金的时间之前发送报关单，避免产生滞报金。滞报金仅限进口货物，起征点50元人民币。

滞报金=完税价格×0.5‰×滞报天数

例1：某进出口有限公司进口10台原产于德国的立式加工机床设备，价格条款为CIFDalian 50万美元/台，该公司另需支付给卖方特许权使用费1万美元，付给中间人购货佣金1万美元，买卖双方无特殊关系。该加工中心的关税普通税率为20%，优惠税率为9.7%。装载货物的运输工具于2022年7月11日（星期一）申报进境，该公司于2022年7月29日（星期五）向海关申报，海关当日接受申报。设1美元=7.5元人民币。请计算滞报金金额。

解析：进口货物的收货人应当自运输工具申报进境之日起14日内；出口货物的发货人除海关特准情况，应当在货物运抵海关监管区后、装货的24小时以前，向海关申报。进口货物的收货人超过前款规定期限向海关申报的，由海关征收滞报金。7月11日（星期一）起，货物最后申报期限应为7月25日，从26日起征收滞报金，共报4天。

CIF价格加上须计入的项目特许权使用费1万美元，共501万美元，折合人民币3757.5万元，而购货佣金不是计入项目。

滞报金=3757.5万元×0.5‰×4天=75150（元）

滞报金金额为75150元人民币。

6. 备案号

本栏目填报海关核发的加工贸易手册（账册）、征免税证明或其他备案审批文件的编号。

海关给予的备案审批文件的编号长度为12位：第1位是标记代码，第2～5位是备案地海关的关区代码，第6位表示的是年份，第7～12位是序列号。以下是第1位标记代码的含义。

B：表示进口的料件和出口加工产品使用的来料加工《加工贸易手册》编号。

C：表示进口的料件和出口加工产品使用的进料加工《加工贸易手册》编号。

Z：表示进口的享受特定减免税的设备物品使用的《征免税证明》编号。

D：表示使用《加工贸易不作价设备登记手册》进口的外商免费提供的用于加工贸易的不作价设备。

E：表示使用加工贸易联网企业使用的电子账册。

H：出口加工区电子账册。

L：保税物流账册（适用于保税监管场所）。

T：保税物流账册（适用于特殊监管区域）。

7．境内收发货人

本栏目填报在海关备案的对外签订并执行进出口贸易合同的中国境内法人、其他组织名称及编码。编码填报18位法人和其他组织统一社会信用代码，没有统一社会信用代码的，填报其在海关的备案编码。进口填“境内收货人”，出口填“境内发货人”。人工录入企业代码后，系统自动反填企业中文名称。

海关备案编码由10位数字（部分代码含英文大写字母）组成，第1～4位为企业注册地行政区划代码，第5位为企业注册地经济区划代码，经济区划代码如表4-5所示。第6位为企业经济类型代码，企业经济类型代码如表4-6所示。第7位为企业注册用海关经营类别代码，第8～10位为企业注册流水账号。

表4-5 经济区划代码

代码	经济区划名称
1	经济特区
2	经济技术开发区
3	高新技术产业开发区
4	保税区
5	出口加工区/珠海跨境工业园区
6	保税港区/综合保税区
7	保税物流园区
8	其他
W	保税物流中心

表4-6 企业经济类型代码

企业性质代码	企业性质简称
1	国有
2	合作
3	合资
4	独资
5	集体
6	私营
7	个体工商户
8	报关
9	其他

（1）进出口货物合同的签订者和执行者非同一企业的，填报执行合同的企业。

（2）外商投资企业委托进出口企业进口投资设备、物品的，填报外商投资企业，并在标记唛码及备注栏注明“委托某进出口企业进口”，同时注明被委托企业的18位法人和其他组织统一社会信用代码。如果委托进口的是非投资设备物品、委托出口，填报被委托的外贸企业（代理方）。

（3）有代理报关资格的报关企业代理其他进出口企业办理进出口报关手续时，填报委托的进出口企业。

（4）海关特殊监管区域收发货人填报该货物的实际经营单位或海关特殊监管区域内经营企业。

（5）无统一社会信用代码及海关正式编码的企业，填报企业在海关申领的临时编码。

8．境外收发货人

境外收货人通常指签订并执行出口贸易合同中的买方或合同指定的收货人，境外发货人通常指签订并执行进口贸易合同中的卖方。

（1）名称一般填报英文名称，检验检疫要求填报其他外文名称的，在英文名称后填报以半角括号分隔。

（2）特殊情况下，无境外收发货人的，名称和代码都填报“NO”，例如，从特殊监管区出区通关，无境外收发货人的情况。

（3）代码填报AEO互认国家（地区）企业的AEO编码，非互认国家（地区）免予填报。

代码填报样式为“国别（地区代码）+AEO企业编码”，例如新加坡AEO企业（AEO编码为123456789012），本栏应录入“SG123456789012”。

9．消费使用单位/生产销售单位

消费使用单位是已知的进口货物在境内的最终消费、使用单位名称。生产销售单位是出口货物在境内的生产或销售单位的名称。

本栏目填报18位法人和其他组织统一社会信用代码，无18位统一社会信用代码的，填报“NO”。进口填报消费使用单位，出口填报生产销售单位。人工录入企业代码后，“单一窗口”系统自动反填企业中文名称。

（1）消费使用单位填报已知的进口货物在境内的最终消费、使用单位的名称，包括自行进口货物的单位、委托进出口企业进口货物的单位。

（2）生产销售单位填报出口货物在境内的生产或销售单位的名称，包括自行出口货物的单位、委托进出口企业出口货物的单位。

（3）减免税货物报关单的消费使用单位/生产销售单位应与《中华人民共和国海关进出口货物征免税证明》（以下简称《征免税证明》）的“减免税申请人”一致；保税监管场所与境外之间的进出境货物，消费使用单位/生产销售单位填报保税监管场所的名称［保税物流中心（B型）填报中心内企业名称］。

（4）海关特殊监管区域的消费使用单位/生产销售单位填报区域内经营企业（“加工单位”或“仓库”）。

（5）进口货物在境内的最终消费或使用以及出口货物在境内的生产或销售的对象为自然人的，填报身份证号、护照号、台胞证号等有效证件号码及姓名。

10．运输方式

运输方式包括实际运输方式和海关规定的特殊运输方式，前者指货物实际进出境的运输方式，按进出境所使用的运输工具分类（表4-7中代码2～G）；后者指货物无实际进出境的运输方式，按货物在境内的流向分类（表4-7中代码0～9）。在“单一窗口”系统中，本栏目可以录入运输方式名称或代码。

表4-7 运输方式代码表

代码	名称	说明
2	水路运输	实际进出境
3	铁路运输	实际进出境
4	公路运输	实际进出境
5	航空运输	实际进出境
6	邮件运输	实际进出境
L	旅客携带	进出境旅客随身携带的货物
G	固定设施运输	以固定设施（包括输油、输水管道和输电网等）运输的货物
0	非保税区	境内非保税区运入保税区货物和保税区退区货物
7	保税区	保税区运往境内非保税区货物
1	监管仓库	境内存入出口监管仓库和出口监管仓库退仓货物
W	物流中心	境内保税物流中心外运入中心或从中心运往境内中心外
X	物流园区	境内保税物流园区外运入园区或从园区内运往境内园区外
Y	保税港区	保税港区、综合保税区与境内（区外）（非海关特殊监管区域、保税监管场所）之间进出的货物
Z	出口加工区	出口加工区、珠澳跨境工业区（珠海园区）、中哈霍尔果斯边境合作中心（中方配套区）与境内（区外）（非海关特殊监管区域、保税监管场所）之间进出的货物
9	其他运输	海关特殊监管区域内的流转、调拨货物，海关特殊监管区域、保税监管场所之间的流转货物，海关特殊监管区域与境内区外之间进出的货物，海关特殊监管区域外的加工贸易余料结转、深加工结转、内销货物，以及其他境内流转货物

11．运输工具名称及航次号

填报载运货物进出境的运输工具名称或编号，以及航次号。填报内容应与运输部门向海关申报的舱单（载货清单）所列相应内容一致。报关单电子数据发送后，如果本栏目填报错误，海关系统会做退单处理，须修改信息与舱单系统数据一致后，重新发送。

境外中转货物（货物由一程运输启运地甲地装上A船，运到乙地后卸下再装上B船，通过二程运输运入我国港口，这样运输的货物叫中转货物），应填报进入我国关境的二程提单上的船舶编号或船舶英文名称、航次号。

在纸质报关单上，“运输工具名称”与“航次号”合并显示在“运输工具名称及航次号”一个栏目。在“单一窗口”中，“运输工具名称”与“航次号”为两个栏目，需要分开录入。

（1）运输工具名称的常见填报。

水路运输：填报船舶编号（来往港澳小型船舶为监管簿编号）或者船舶英文名称。船舶编号（IMO CODE）一般在提单右上方的显著位置可查找到。提单中“Vessel”后面接的英文名称就是船名，如“Vessel：East Express”，即“East Express”为船名，“Vessel”有时简写成“VSL.”；有的提单中用S/S（Steam Ship）、M.S（Motor Ship）、M/V（Motor Vessel）后接船名，如“S/S East Express”“M/V East Express”；还有用Ocean Vessel、Carrier、Name of Vessel、Name of Steamer后接船名。

公路运输：启用公路舱单前，填报该跨境运输车辆的国内行驶车辆号，深圳提前报关模式的报关单填报国内行驶车牌号+“/”+“提前报关”。启用公路舱单后，免予填报。

铁路运输：填报车厢编号或交接单号。

航空运输：填报航班号。

邮件运输：填报邮政包裹单号。

其他运输：填报具体运输方式名称，例如，管道、驮畜等。

采用“集中申报”通关方式办理报关手续的，填报“集中申报”。

无实际进出境的报关单，本栏目免予填报。

（2）航次号的常见填报。

水路运输：填报船舶的航次号。如果提单显示航次号信息“V.N226”（V是“Voyage No.”的简写形式），航次号只需填报“N226”。

公路运输：填报货物运输批次号。

铁路运输：填报列车的进出境日期。例如“20240305”。

航空运输：免予填报。

邮件运输：填报运输工具的进出境日期。

其他运输方式：免予填报。

无实际进出境的报关单：本栏目免予填报。

12．提运单号

本栏目填报进出口货物的提单或运单的编号。

（1）一份报关单只允许填报一个提单或运单号，一票货物对应多个提单或运单时，应分单填报。

（2）水路运输：填报进出口提单号。如有分提单的，填报进出口总提单号+“*”+分提单号。

（3）公路运输：启用公路舱单前，免予填报；启用公路舱单后，填报进出口总运单号。

（4）铁路运输：填报运单号。

（5）航空运输：填报总运单号+“_”+分运单号，无分运单的填报总运单号。

航空运输总运单号用“MAWB：×××—×××× ××××”或“M：×××—×××× ××××”表示，由11位数字组成，填报时，总运单号只填数字，其中的“—”和空格不填。

航空运输分运单号用“HAWB（House Air Waybill）：××××××××”表示，一般由8位数字组成，位于航空分运单的右上方。

例如根据图4-3的航空运单，提运单号应填报“99953868021_95197882”。

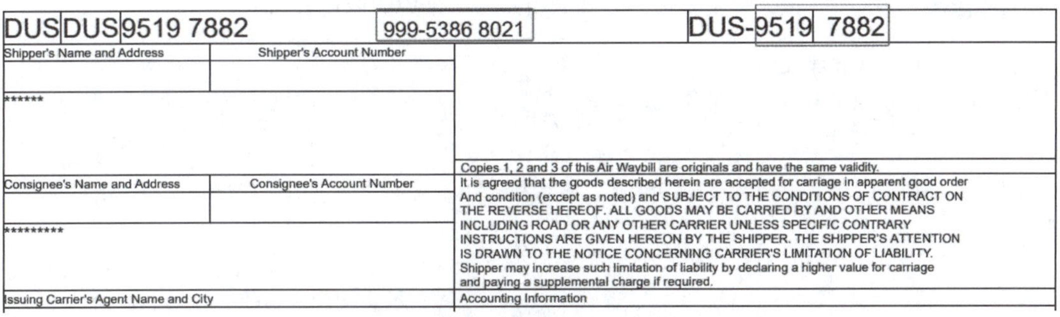
DUS DUS 9519 7882　999-5386 8021　DUS-9519 7882

Shipper's Name and Address | Shipper's Account Number

******

Copies 1, 2 and 3 of this Air Waybill are originals and have the same validity.

Consignee's Name and Address | Consignee's Account Number

****

It is agreed that the goods described herein are accepted for carriage in apparent good order And condition (except as noted) and SUBJECT TO THE CONDITIONS OF CONTRACT ON THE REVERSE HEREOF. ALL GOODS MAY BE CARRIED BY AND OTHER MEANS INCLUDING ROAD OR ANY OTHER CARRIER UNLESS SPECIFIC CONTRARY INSTRUCTIONS ARE GIVEN HEREON BY THE SHIPPER. THE SHIPPER'S ATTENTION IS DRAWN TO THE NOTICE CONCERNING CARRIER'S LIMITATION OF LIABILITY. Shipper may increase such limitation of liability by declaring a higher value for carriage and paying a supplemental charge if required.

Issuing Carrier's Agent Name and City | Accounting Information

图4-3 航空运单截图

（6）邮件运输：填报邮运包裹单号。

（7）集中申报：采用“集中申报”通关方式办理报关手续的，报关单填报归并的集中申报清单的进出口起止日期。例如2024010120240131（起止日期之间不加任何符号）。

（8）无实际进出境的：本栏目免予填报。

13．监管方式

监管方式是以国际贸易中进出口货物的交易方式为基础，结合海关对进出口货物的征税、统计及监管条件综合设定的海关对进出口货物的管理方式，其代码由4位数字构成，前两位是按照海关监管要求和计算机管理需要划分的分类代码，后两位是参照国际标准编制的贸易方式代码。

根据实际对外贸易情况按海关规定的《监管方式代码表》选择填报相应的监管方式简称及代码。一份报关单只允许填报一种监管方式。

14．征免性质

根据实际情况按海关规定的《征免性质代码表》选择填报相应的征免性质简称及代

码，持有海关核发的《征免税证明》的，按照《征免税证明》中批注的“征免性质”填报。一份报关单只允许填报一种征免性质。

加工贸易货物报关单，按照海关核发的《加工贸易手册》中批注的“征免性质简称及代码”填报。

15．征免（原征免方式）

按照海关核发的《征免税证明》或有关政策规定，对报关单所列每项商品选择海关规定的《征减免税方式代码表》中相应的征减免税方式填报。

加工贸易货物报关单根据《加工贸易手册》中备案的征免（方式）规定填报；《加工贸易手册》中备案的征免（方式）规定为“保金”或“保函”的，填报“全免”。

享受特定减免税的设备，征免（方式）通常为“特案”。特案是指依照主管海关签发的《征免税证明》或海关总署通知规定的税率计征各类税、费。目前征免（方式）为“特案”的设备，免关税、不免增值税；“全免”则是免关税、免增值税。报关单主要监管方式、备案号与征免的逻辑关系如表4-8所示。

表4-8 报关单主要监管方式、备案号与征免的逻辑关系

监管方式	有无备案文件及备案号首位	征免性质	征免（方式）	常见的适用情况
一般贸易0110	无	一般征税101	照章征税	按照一般进出口货物监管的进出口货物
	有（Z）	科研院所901	全免	科研院所、高等学校，《征免税证明》进口的直接用于科研和教学的货物
		高等学校902	全免	
	有（Z）	鼓励项目789	特案	内资企业进口报关时提交征免性质栏批注为“鼓励项目”的《征免税证明》
	有（Z）	自由资金799	特案	投资总额外凭《征免税证明》进口的设备
	有（Z）	集成电路422	特案	集成电路生产企业进口货物
来料加工0214	有（B）或（E）	来料加工502	全免	来料加工项下凭《加工贸易手册》（或E账册）进口料件、出口成品
进料对口0615	有（C）或（E）	进口加工503	全免	进料加工项下凭《加工贸易手册》（或E账册）进口料件、出口成品
进料深加工0654	有（C）或（E）	免予填报	全免	进料深加工结转货物
合资合作设备2025	有（Z）	鼓励项目789	特案	适用于中外合资、中外合资企业，进口报关时提交征免性质栏批注为“鼓励项目”的《征免税证明》

续表

监管方式	有无备案文件及备案号首位	征免性质	征免（方式）	常见的适用情况
外资设备物品2225	有（Z）	鼓励项目789	特案	适用于外商独资企业，进口报关时提交征免性质栏批注为“鼓励项目”的《征免税证明》
不作价设备0320	有（D）	加工设备501	特案	加工贸易外商提供的不作价进口设备

16．贸易国（地区）

发生商业性交易的进口填报购自国（地区），出口填报售予国（地区）。未发生商业性交易的填报货物所有权拥有者所属的国家（地区）。

按海关规定的《国别（地区）代码表》选择填报相应的贸易国（地区）中文名称及代码。

17．启运国（地区）/运抵国（地区）

启运国（地区）填报进口货物启始发出直接运抵我国或者在运输中转国（地）未发生任何商业性交易的情况下运抵我国的国家（地区）。

运抵国（地区）填报出口货物离开我国关境直接运抵或者在运输中转国（地区）未发生任何商业性交易的情况下最后运抵的国家（地区）。

不经过第三国（地区）转运的直接运输进出口货物，以进口货物的装货港所在国（地区）为启运国（地区），以出口货物的指运港所在国（地区）为运抵国（地区）。

经过第三国（地区）转运的进出口货物，如在中转国（地区）发生商业性交易，则以中转国（地区）作为启运/运抵国（地区）。

按海关规定的《国别（地区）代码表》选择填报相应的启运国（地区）或运抵国（地区）中文名称及代码。

无实际进出境的货物，填报“中国”及代码。

18．启运港、经停港/指运港

启运港填报进口货物在运抵我国关境前的第一个境外装运港。

经停港填报进口货物在运抵我国关境前的最后一个境外装运港。

指运港填报出口货物运往境外的最终目的港；最终目的港不可预知的，按尽可能预知的目的港填报。

根据实际情况，按海关规定的《港口代码表》选择填报相应的港口名称及代码。启运港、经停港、指运港在《港口代码表》中无港口名称及代码的，可选择填报相应的国家名称及代码。

无实际进出境的货物，填报“中国境内”及代码。

19．境内目的地/境内货源地

（1）最终使用单位难以确定的，填报货物进口时预知的最终收货单位所在地。

（2）出口货物产地难以确定的，填报最早发运该出口货物的单位所在地。

（3）海关特殊监管区域、保税物流中心（B型）与境外之间的进出境货物，境内目的地／境内货源地填报本海关特殊监管区域、保税物流中心（B型）所对应的国内地区名称及代码。

（4）进口货物需同时在“境内目的地”和“目的地”两个栏目录入相应的国内地区和县级行政区名称及代码；出口货物需同时在“境内货源地”和“产地”两个栏目录入相应的国内地区和县级行政区名称及代码。

例如：某批货物的境内目的地是广州市花都区。

在“境内目的地”栏下拉菜单选择“44019-广州其他”，或按海关规定的《国内地区代码表》录入“44019”，栏目自动生成“44019-广州其他”。

同时“目的地”栏下拉菜单选择“440114-广州市花都区”，或根据《中华人民共和国行政区划代码》录入“440114”，栏目自动生成“广州市花都区”。

20．许可证号

填报进（出）口许可证、两用物项和技术进（出）口许可证、两用物项和技术出口许可证（定向）、纺织品临时出口许可证、出口许可证（加工贸易）、出口许可证（边境小额贸易）的编号。免税品经营单位经营出口退税国产商品的，免予填报。一份报关单只允许填报一个许可证号。

不能录入该栏目的许可证主要包括非机电产品自动进口许可证（代码7）、机电产品自动进口许可证（代码O）、加工贸易自动进口许可证（代码V）等。以上这些许可证的代码和编号，填报“随附单证及编号”栏目。

自动进口许可证的填报

21．运费、保费、杂费

运费填报进口货物运抵我国境内输入地点起卸前的运输费用，出口货物运至我国境内输出地点装载后的运输费用。运费可按运费单价、总价或运费率三种方式之一填报，注明运费标记（运费标记“1”表示运费率，“2”表示每吨货物的运费单价，“3”表示运费总价），并按海关规定的《货币代码表》选择填报相应的币种代码。

保费填报进口货物运抵我国境内输入地点起卸前的保险费用，出口货物运至我国境内输出地点装载后的保险费用。保费可按保险费总价或保险费率两种方式之一填报，注明保险费标记（保险费标记“1”表示保险费率，“3”表示保险费总价），并按海关规定的《货币代码表》选择填报相应的币种代码。

海关须知晓进口货物CIF价格，出口货物FOB价格。如果进口货物是CIF价格、出口货物是FOB价格，运费栏、保费栏都为空，无须填报。成交方式、运费、保费栏目逻辑关系，如表4-9所示。

表4-9 成交方式、运费、保费栏目逻辑关系

进/出口	成交方式	运费	保费
进口	CIF	不填	不填
	C&F	不填	填
	FOB/EXW	填	填
出口	FOB/EXW	不填	不填
	C&F	填	不填
	CIF	填	填

杂费填报成交价格以外，按照《中华人民共和国进出口关税条例》相关规定应计入完税价格或应从完税价格中扣除的费用。可按“杂费总价”或“杂费率”两种方式之一填报，注明杂费标记（杂费标记“1”表示杂费率，“3”表示杂费总价），并按海关规定的《货币代码表》选择填报相应的币种代码。应计入完税价格的杂费填报为正值或正率，应从完税价格中扣除的杂费填报为负值或负率。

运费				保险费				杂费			

“运费”“保险费”“杂费”均有三栏录入框，依次为“标记代码”“费/费率”“币制”。

“运费”具体填报规定如下。

标记代码1——率。费率录入0.0001～99，代表费率是0.0001%～99%。

标记代码2——单价。整数最多录入10位，小数点后面最多录入4位。

标记代码3——总价。整数最多录入12位，小数点后面最多录入4位。

例如：运费费率是0.5%，则在运费栏右侧依次录入“1”“0.5”，第三栏为空；

运费单价是10美元/吨，则在运费栏右侧依次录入“2”“10”“USD”；

运费总价是530美元，则在运费栏右侧依次录入“3”“530”“USD”。

保险费和杂费，无“标记代码2”，即没有单价的填报，填报费率或总价可参考运费的填报方法。例如，一笔业务为FOB进口，需要填报运费和保险费，相关报关资料仅提供运费收据，未提供保险费资料，按照海关规定，在保险费不明确的情况下，填报3‰的费率，即0.3%的费率，此种情况下，保险费前两栏应分别填报为“1”“0.3”，第三栏为空。

单一窗口保费栏的填报

22．成交方式

根据进出口货物实际成交价格条款，按海关规定的《成交方式代码表》选择填报相应的成交方式代码。

无实际进出境的货物，进口填报CIF，出口填报FOB。常用成交方式代码如表4-10所示。

表4-10　常用成交方式代码

成交方式代码	成交方式名称	贸易术语范围
1	CIF	CIF/CIP/D组贸易术语
2	C&F	CFR（CNF）/CPT
3	FOB	FOB/FCA/FAS
7	EXW	EXW

23．合同协议号

填报进出口货物合同（包括协议或订单）编号。未发生商业性交易的免予填报。

免税品经营单位经营出口退税国产商品的，免予填报。

24．件数、毛重、净重

件数栏目填报进出口货物运输包装的件数（按运输包装计）。毛重栏目填报货物及其包装材料的重量之和，计量单位为千克。净重栏目填报货物的毛重减去外包装材料后的重量，即货物的实际重量。

件数栏目填报：申报裸装货物，栏目填报为“1”；舱单件数为集装箱的，填报集装箱个数；舱单件数为托盘的，填报托盘数。

件数、毛重必须与舱单数据相符，报错将导致无法放行；件数、毛重、净重不得填报为零；毛重可以等于净重，例如，无外包装的散装货物。

根据海关总署公告2024年第30号《关于调整进出口货物报关单申报要求的公告》(以下简称《海关总署2024年第30号公告》）的规定，毛重和净重的计量单位为千克，不足1千克的精确到小数点后2位。

25．包装种类

填报进出口货物的所有包装材料，包括运输包装和其他包装，按海关规定的《包装种类代码表》选择填报相应的包装种类名称及代码。运输包装指提运单所列货物件数单位对应的包装，其他包装包括货物的各类包装，以及植物性铺垫材料等。

在“单一窗口”系统中，“包装种类”栏目分为包装种类和其他包装两部分。依据包装种类代码表，报关人员可在“包装种类”栏目录入代码，或下拉菜单选择包装种类。

包装种类		其他包装

其他包装为选填栏目，当其他包装为动植物性包装时，必须填报。点击“其他包装”按钮，勾选填报。在实际业务中，如漏申报此项，会造成检验检疫漏检，应如实填

报。如表4-11所示为编辑其他包装信息。

表4-11 编辑其他包装信息

□	序号	包装材料种类代码	包装材料种类名称
□	1	00	散装
□	2	01	裸装
□	3	22	纸制或纤维板制盒/箱
□	4	23	木制或竹藤等植物性材料制盒/箱
□	5	29	其他材料制盒/箱
□	6	32	纸制或纤维板制桶
□	7	33	木制或竹藤等植物性材料制桶
□	8	39	其他材料制桶
□	9	04	球状罐类
□	10	06	包/袋
□	11	92	再生木托
□	12	93	天然木托
□	13	98	植物性铺垫材料
□	14	99	其他包装

26．集装箱号

本栏目填报装载进出口货物（包括拼箱货物）集装箱的箱体信息。一个集装箱填报一条记录，分别填报集装箱号（在集装箱箱体上标示的全球唯一编号）、集装箱的规格和集装箱的自重。集装箱号码，分为四个部分，第一部分是箱主代号（3个大写英文字母），第二部分是设备识别号（字母U），第三部分是顺序号（6位数字），第四部分是校验码（1位数字）。集装箱号码如图4-4所示。

图4-4 集装箱号码

商品项号关系是指单个集装箱对应的商品项号，半角逗号分隔。例如，报关单的前三项商品在该集装箱中，该栏目可手动录入“1，2，3”，也可点击“…”按钮勾选。商品项号关系如图4-5所示。

集装箱号	UESU3002469
集装箱规格	普通标准箱（S）
自重（kg）	
拼箱标识	
商品项号关系	1，2，3 ···

编辑商品项号关系			
☑	序号	商品编码	商品名称
☑	1	9403200000	其他金属家具
☑	2	9401619000	其他装软垫的木框架坐具
☑	3	9403609990	其他木家具

图4-5 商品项号关系

27．随附单证及编号

随附单证栏的填报

根据海关规定的《监管证件代码表》和《随附单据代码表》选择填报除“许可证号”栏目填报以外的其他进出口许可证件或监管证件、随附单据代码及编号。

本栏目分为随附单证代码和随附单证编号两栏，其中代码栏按海关规定的《监管证件代码表》和《随附单据代码表》选择填报相应证件代码；随附单证编号栏填报证件编号。

（1）法检单据。进口法检商品，如果使用“单一窗口”单独报关、报检界面，即先报检后报关，企业应当在报关单随附单证栏中填报报检电子回执上的15位检验检疫编号，并填报随附单证代码“A”。

出口法检商品，先报检后报关（出口报检在系统中的“出口申报前监管”模块完成）。报检成功后，可在单一窗口“货物申报>数据查询/统计>检验检疫申请数据查询”导出电子底账数据。在报关单随附单证栏中填报随附单证代码“B”，随附单证编号为18位电子底账号。

（2）自动进口许可证。自动进口许可证号码填入随附单证编号栏，如果号码带符号，须去除符号填报，例如，自动进口许可证号码为“N-23-345”，随附单证编号为“N23345”。自动进口许可证的代码，根据产品不同，代码有差异，机电产品代码为字母O，非机电产品代码为数字7。

28．协定享惠栏

根据海关总署2021年第34号公告，调整优惠贸易协定项下进出口货物报关单原产地栏目的填制和申报要求。取消报关单原随附单证栏原产地证（监管证件代码为“Y”）的录入，随附单证栏目不再提供Y证录入操作，原Y证录入和查询调整至商品表体“协定享惠”栏内展示。原产地证书填报调整内容如图4-6所示。

需要享惠的商品在该商品详情页点击享惠商品项“协定享惠”按钮。在弹出的“优惠贸易协定享惠”框中，根据原产地证明实际情况填报“原产地证明编号”。如表4-12所示为优惠贸易协定原产地电子联网情况。

对于系统提示不存在原产地证明电子信息的，自2023年7月5日至2023年12月31日期间，进口人可以按照海关总署公告2021年第34号的有关规定，通过“优惠贸易协定原产地要素申报系统”录入原产地证明电子信息和直接运输规则承诺事项，并以电子方式上传原产地证明；自2024年1月1日起，进口人应当按规定申请办理相应税款担保手续。

输入原产地证明编号后，系统自动检索录入该份原产地证明的电子数据。如查找到该编号对应的唯一原产地证明，系统自动返填“优惠贸易协定代码”“优惠贸易协定项下原产地”“原产地证明类型”。如查找到该编号对应的多份原产地证明，则“优惠贸易协定代码”“优惠贸易协定项下原产地”“原产地证明类型”需手动填入。

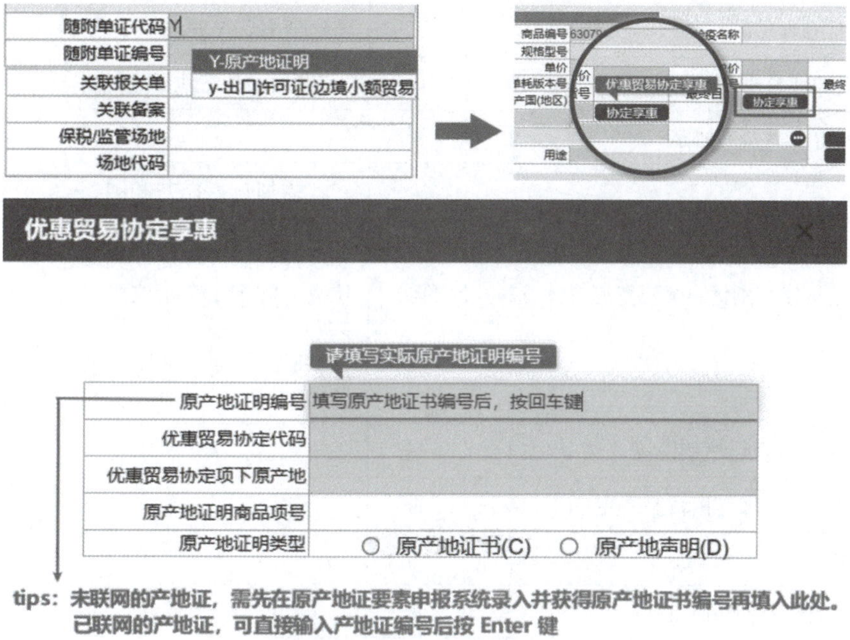

图4-6 原产地证书填报调整内容

表4-12 优惠贸易协定原产地电子联网情况

优惠贸易协定名称	协定代码	是否联网	备注	是否有原产地申明模式
亚太贸易协定	01	部分	仅限韩国	否
中国–东盟自由贸易协定	02	部分	仅新加坡、印度尼西亚	否
内地与香港关于建立更紧密经贸关系的安排	03	是	/	否
内地与澳门关于建立更紧密经贸关系的安排	04	是	/	否
大陆对台湾地区部分农产品零关税措施	06	否	/	否

续表

优惠贸易协定名称	协定代码	是否联网	备注	是否有原产地申明模式
中国-巴基斯坦自由贸易协定	07	是	/	否
中国-智利自由贸易协定	08	是	/	否
中国-新西兰自由贸易协定	10	是	自2023年7月5日起，原产地证书和声明均已联网	是
中国-新加坡自由贸易协定	11	是	无需上传原产地证据文件	否
中国-秘鲁自由贸易协定	12	否	/	否
最不发达国家特别优惠关税待遇	13	部分	仅孟加拉人民共和国、尼日尔共和国、埃塞俄比亚联邦民主共和国、莫桑比克共和国、东帝汶民主共和国（在线签发的以字母“E”作为首位编号的证书）	是
海峡两岸经济合作框架协议	14	是	/	否
中国-哥斯达黎加自由贸易协定	15	否	/	否
中国-冰岛自由贸易协定	16	否	/	是
中国-瑞士自由贸易协定	17	否	无需上传原产地证据文件	是
中国-澳大利亚自由贸易协定	18	否	/	是
中国-韩国自由贸易协定	19	是	/	否
中国-格鲁吉亚自由贸易协定	20	是	/	否
中国-毛里求斯协定	21	否	/	否
区域全面经济伙伴关系协定	22	部分	仅新西兰（自2023年7月5日起）	是

小金额货物，原产地证书编号栏填报“XJE00000”，原产地证明商品项号栏目填报本报关单中该商品的项号，小金额货物无需填报原产地类型。

可适用协定税率的货物，需提供适用协定税率的证明资料，如原产地证等材料，在后续征税报关单申报时不选“自报自缴”，而在“征免”栏中选“特案”，转由海关现场手动修改。

29．项号

纸质报关单分两行填报。第一行填报报关单中的商品顺序编号；第二行填报备案序号，专用于加工贸易及保税、减免税等已备案、审批的货物，填报该项货物在《加工贸易手册》或《征免税证明》等备案、审批单证中的顺序编号。

在单一窗口系统中，“项号”“备案序号”为同在一行的两栏。“项号”无须手动录入，录入报关单表体的商品信息，会自动生成序号。在加工贸易已经备案的情况下，录入备案序号，系统会根据监管方式和进出口情况，自动调取商品数据，例如，某进料加工企业，要复出口一批料件，监管方式是“进料料件复出”，此时录入备案序号“1”调出来的是料件备案表的第一项备案料件（塑胶粒）；而以“进料加工”出口，则备案序号“1”调出来的是成品备案表的第一项备案成品（片材）。

30．商品编号

本栏目填报的商品编号由10位数字组成。前8位为《中华人民共和国进出口税则》（以下简称《进出口税则》）确定的进出口货物的税则号列，同时也是《中华人民共和国海关统计商品目录》（以下简称《海关统计商品目录》）确定的商品编码；第9、10位为符合海关监管要求的附加编号。

以征免税证明或备案序号调出来的商品编号属于备案信息，如有错误（与报关资料不相符，与货物描述不相符），须及时变更备案信息后，再申报。

关检融合后，申报进口法检货物时，需要自行勾选检验检疫名称。例如，录入商品编码“2715000000”，需要点击右侧“…”按钮，勾选检验检疫名称。原检验检疫编码列表截图如图4-7所示。

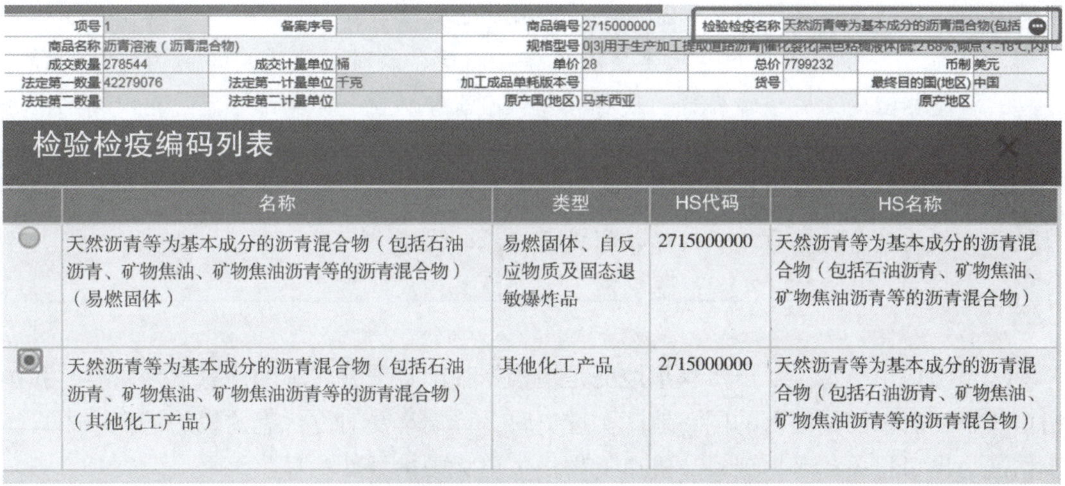

图4-7 原检验检疫编码列表截图

根据《海关总署2024年第30号公告》的规定，“检验检疫名称”申报项目名称调整为“监管类别名称”，填报要求不变。

31．商品名称、规格型号

（1）常规填报。商品名称是指进出口货物规范的中文名称。规格型号是指反映商品性能、品质和规格的一系列指标。

商品名称及规格型号应据实填报，并与进出口货物收发货人或受委托的报关企业所提交的合同、发票等相关单证相符。

商品名称应当规范，规格型号应当足够详细，以满足海关归类、审价及许可证件管理的要求。参照《海关进出口商品涉税规范申报目录》进行申报要素的填报。

（2）品牌类型。品牌属于申报要素的价格要素。品牌类型为必填项目，具体包括以下类型。

0——无品牌，是指进出口商品或包装上免除任何标志或牌名的情形。

1——境内自主品牌，是指由境内企业自主开发、拥有自主知识产权的品牌。

2——境内收购品牌，是指境内企业收购的原境外品牌。

3——境外品牌（贴牌生产），是指境内企业代工贴牌生产中使用的境外品牌。该类型仅适用于出口报关单，不适用于进口报关单。

4——境外品牌（其他），是指除代工贴牌生产以外使用的境外品牌。

知识链接

为什么要增加申报“品牌类型”？

外贸品牌建设是推进贸易强国、培育外贸竞争新优势的战略举措。海关总署和商务部研究品牌分类，广泛开展调研，不断优化实施方案，经过几年的努力，“品牌类型”作为报关必填项目于2018年1月1日起正式启动在报关单（含备案清单）上增加类型，能够便于海关建立健全品牌统计制度，及时收集进出口商品的品牌信息，编制相应的海关统计资料，政府有关部门能够全面、详细地了解进出口商品的品牌情况，准确研判外贸形势，找准品牌政策着力点，引导地方政府和企业加强品牌建设工作。行业协会、企业也能够通过各类品牌进出口信息找差距、补短板，加快培育新的竞争优势和增长动能，积极适应新时代要求。

（3）出口享惠情况。出口享惠情况是指根据我国签署并实施的优惠贸易协定，我国出口货物在货物的最终目的国（地区）进口时，计划享受对方优惠关税的情况。出口享惠情况为出口报关单必填项目。进口货物报关单无须填报此栏目。

0——出口货物在最终目的国（地区）不享受优惠关税，是指出口货物没有计划在最终目的国（地区）享受优惠关税。

1——出口货物在最终目的国（地区）享受优惠关税，是指出口货物计划在最终目的国（地区）享受优惠关税。在我国，优惠贸易协定项下合法正常的出口货物应持真实有效的原产地证明（向海关申领原产地证书，可以通过“单一窗口”或“互联网+海关”发起办理；部分优惠原产地证也可向中国国际贸易促进委员会原产地证申报系统申请）；在进口成员国（地区）申报进口时无法顺利享受关税优惠待遇的，申请人可及时向签证机构或主管海关反馈准确翔实情况；确认需要中国海关向进口国（地区）海关进行享惠受阻协调的，企业可登录“单一窗口”发起享惠受阻协调申请，海关将根据具体情况向进口国（地区）海关开展通关协调。

2——不能确定在最终目的国（地区）享受优惠关税，是指出口货物在出口申报时不能确定最终目的国（地区），以尽可能预知的最后运往国（地区）为最终目的国（地区）进行申报。

3——不适用于进口报关单，进口报关单无需填报“出口享惠情况”栏目，系统自动填充。

32. 数量及单位

“数量及单位”指进出口商品的成交计量单位及数量，法定计量单位及数量。法定数量以《海关统计商品目录》中的计量单位为准（每个商品都有第一法定计量单位，部分商品还有第二法定计量单位）。成交数量是依据发票信息查找，成交数量与单价的乘积为货物总价，成交单位通常为英文，要注意翻译问题，比如“SET”服装产品翻译成“套”、机电产品通常翻译成“台”；“PC”要根据实际货物情况，可以翻译成“个”“片”“张”等。

在实务中，成交数量和成交单位，可在进出口合同和商业发票中查找，如果合同和发票不一致，应以发票为准（例如，合同存在分批装运的情况，实际装运其中一部分货物，该部分货物进口报关，以记载实际装箱情况的发票和装箱单为准）。法定计量单位可查找《进出口税则》。如果成交单位和法定单位均为重量单位，填报数量时要注意单位换算。例如，发票显示成交单位为公吨（报关单填报“吨”），第一法定计量单位为千克（大部分商品的第一法定计量单位均为“千克”），成交数量填报6，那么第一法定数量应填报6000。

纸质报关单，第一行填报法定第一计量数量及单位；第二行按照法定第二计量单位填报数量及单位，无法定第二计量单位的，第二行为空；成交计量单位及数量填报在第三行。

在单一窗口系统中，第一行为“成交数量”“成交数量计量单位”，第二行为“法定第一数量”“法定第一计量单位”，第三行为“法定第二数量”“法定第二计量单位”。

33. 原产国（地区）、最终目的国（地区）

原产国（地区）是货物的生产、开采或加工制造的国家或地区。最终目的国（地区）是已知的货物最终交付的国家或地区。

按海关规定的《国别（地区）代码表》选择填报相应的国家（地区）名称及代码。进出口货物原产国（地区）无法确定的，填报“701国别不详”。进出口货物不能确定最终目的国（地区）时，以尽可能预知的最后运往国（地区）为最终目的国（地区）。

34. 单价、总价、币制

单价是进出口货物实际成交的商品单位价格。总价是进出口货物实际成交的商品总价格。币制应按《货币代码表》选择货币名称及代码填报。

单一窗口系统操作时，可先录入总价，系统会自动核算单价，本栏目最多可录入19位数字（小数点后最多支持录入4位）。

35. 价格说明（原其他事项确认）

本栏目出口货物免予填报，加工贸易及保税监管货物（内销保税货物除外）免予填报。

根据海关总署业务部门要求，报关单表头“其他事项确认”栏目调整为“价格说明”栏目，同时“价格说明”中新增“公式定价确认”和“暂定价格确认”两个栏目。价格说明，如图4-8所示。

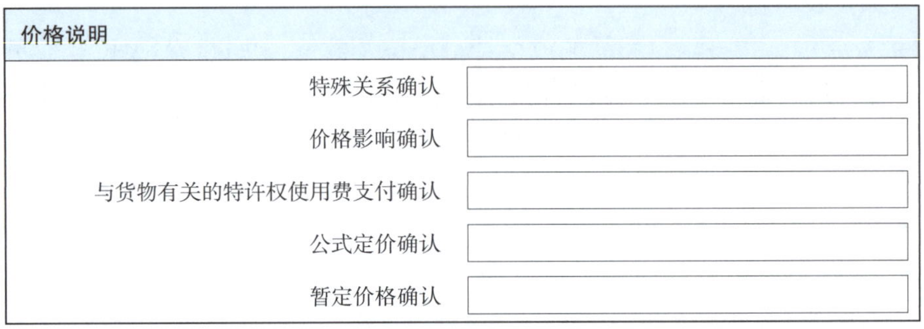

图4-8 价格说明

（1）特殊关系确认。根据《中华人民共和国海关审定进出口货物完税价格办法》（海关总署第213号令），应当认为买卖双方存在特殊关系的情况包括买卖双方为同一家族成员的；买卖双方互为商业上的高级职员或者董事的；一方直接或者间接地受另一方控制的；买卖双方都直接或者间接地受第三方控制的；买卖双方共同直接或者间接地控制第三方的；一方直接或者间接地拥有、控制或者持有对方5%以上（含5%）公开发行的有表决权的股票或者股份的；一方是另一方的雇员、高级职员或者董事的；买卖双方是同一合伙的成员的；买卖双方在经营上相互有联系，一方是另一方的独家代理、独家经销或者独家受让人。

对照以上情形确认是否存在特殊关系，在报关单“特殊关系确认”栏目勾选“是”或“否”。

（2）价格影响确认。买卖双方之间存在特殊关系，但是纳税义务人能证明其成交价格与同时或者大约同时发生的向境内无特殊关系的买方出售的相同或者类似进口货物的成交价格相近似，与按照倒扣价格估价方法所确定的相同或者类似进口货物的完税价格相近似，或者与按照计算价格估价方法所确定的相同或者类似进口货物的完税价格相近似，应当视为特殊关系未对进口货物的成交价格产生影响；海关经对与货物销售有关的情况进行审查，认为符合一般商业惯例的，可以确定特殊关系未对进口货物的成交价格产生影响。以上情况，在“价格影响确认”栏目填报“否”。

关于特殊关系是否对进口货物的成交价格产生影响，纳税义务人应主动举证，若无法进行举证，“价格影响确认”栏目应填报“是”。

（3）与货物有关的特许权使用费支付确认。特许权使用费，是指进口货物的买方为取得知识产权权利人及权利人有效授权人关于专利权、商标权、专有技术、著作权、分销权或者销售权的许可或者转让而支付的费用。

纳税义务人在填制报关单时，应当在“支付特许权使用费确认”栏目填报确认是否存在应税特许权使用费。

对于存在需向卖方或者有关方直接或者间接支付与进口货物有关的应税特许权使用费的，无论是否已包含在进口货物实付、应付价格中，都应在“支付特许权使用费确认”栏目填报“是”。

对于不存在向卖方或者有关方直接或者间接支付与进口货物有关的应税特许权使用费的，在“支付特许权使用费确认”栏目填报“否”。

纳税义务人在货物申报进口时已支付应税特许权使用费的，已支付的金额应填报在报关单“杂费”栏目，无须填报在“总价”栏目。海关按照接受货物申报进口之日适用的税率、计征汇率，对特许权使用费征收税款。

纳税义务人在货物申报进口时未支付应税特许权使用费的，应在每次支付后的30日内向海关办理申报纳税手续，并填报《应税特许权使用费申报表》。报关单“监管方式”栏目填报“特许权使用费后续征税”，“商品名称”栏目填报原进口货物名称，“商品编码”栏目填报原进口货物编码，“法定数量”栏目填报“0.1”，“总价”栏目填报每次支付的应税特许权使用费金额，“毛重”和“净重”栏目填报“1”。海关按照接受纳税义务人办理特许权使用费申报纳税手续之日货物适用的税率、计征汇率，对特许权使用费征收税款。

（4）公式定价确认与暂定价格确认。根据海关总署公告2021年第44号《关于公式定价进口货物完税价格确定有关问题的公告》，纳税义务人申报进口货物时，“公式定价确认”为有条件选填项，在向中华人民共和国境内销售货物所签订的合同中，买卖双方未以具体明确的数值约定货物价格，而是以约定的定价公式确定货物的结算价格的定价方式，包括结算价格仅受成分含量、进口数量影响，进口时无论能否确定结算价格，均应当填报“是”。

“公式定价确认”填报“是”的，应当继续填报“暂定价格确认”栏目；“公式定价确认”填报“否”的，无需填报“暂定价格确认”栏目。公式定价货物进口时结算价格未确定的，“暂定价格确认”应当填报“是”（以暂定价格申报，企业应当向海关办理税款担保）；公式定价货物进口时结算价格已确定的，“暂定价格确认”应当填报“否”。

36．标记唛码及备注

填报要求如下。

（1）标记唛码中除图形以外的文字、数字，无标记唛码的填报N/M。

（2）受外商投资企业委托代理其进口投资设备、物品的进出口企业名称。

（3）与本报关单有关联关系的，同时在业务管理规范方面又要求填报的备案号，填报在电子数据报关单中“关联备案”栏。

（4）与本报关单有关联关系的，同时在业务管理规范方面又要求填报的报关单号，填报在电子数据报关单中“关联报关单”栏。

（5）跨境电子商务进出口货物，填报“跨境电子商务”。

（6）纳税义务人申报进口公式定价货物，在报关单“价格说明”类栏目“公式定价确认”和“暂定价格确认”均填报“是”的，应当按如下要求在报关单备注栏准确填报公式定价备案号。公式定价备案号填报格式应为“公式定价”+备案编号+“@”，如“公式定价012021000001@”。对于同一报关单下有多项商品的，需要指明某一项或某几项商品为公式定价备案的，公式定价备案号填报格式应为“公式定价”+备案编号+“#”+商品序号+“@”；例如，报关单中第二项商品为公式定价备案货物，则填报“公式定价012021000001#2@”。

（7）进出口与《预裁定决定书》列明情形相同的货物时，按照《预裁定决定书》填报，格式为：“预裁定+《预裁定决定书》编号”（例如，某份预裁定决定书编号为R-2-0100-2024-0001，则填报为“预裁定R-2-0100-2024-0001”）。

（8）含归类行政裁定报关单，填报归类行政裁定编号，格式为：“c”+四位数字编号，例如c0001。

（9）已经在进入特殊监管区时完成检验的货物，在出区入境申报时，填报“预检验”字样，同时在“关联报检单”栏填报实施预检验的报关单号。

（10）进口直接退运的货物，填报“直接退运”字样。

（11）属于修理物品的，填报“修理物品”字样。

（12）属于“压力容器”“成套设备”“食品添加剂”“成品退换”“旧机电产品”等情况的，填报“压力容器”“成套设备”“食品添加剂”“成品退换”“旧机电产品”等字样。

（13）进出口列入目录的进出口商品及法律、行政法规规定须经出入境检验检疫机构检验的其他进出口商品实施检验的，填报“应检商品”字样。

（14）申报时其他必须说明的事项。

37．涉检基本信息

在报关单录入页面，填报报关单基本信息（表头）后，如果需要填报涉检基本信息，点击右侧“…”按钮，可弹出涉检基本信息录入区域。原涉检基本信息截图，如图4-9所示。

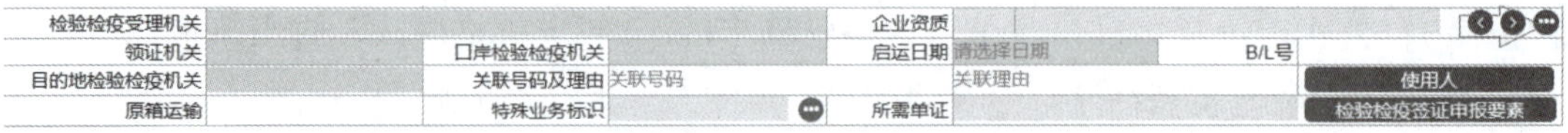

图4-9 原涉检基本信息截图

（1）涉检基本信息调整项目。根据海关总署2024年第30号公告的规定，目前涉检基本信息调整如下。

①删除“检验检疫受理机关”“口岸检验检疫机关”“领证机关”三个申报项目。

②“目的地检验检疫机关”申报项目名称调整为“目的地海关”，该申报栏目为有条件必填项，如果有关法律、行政法规、国际条约规定或者贸易合同约定须实施检验检疫或监管的进口货物，申报时为必填。根据实施检验检疫的目的地海关，填报海关规定的《关区代码表》中相应目的地海关的名称及代码。

（2）企业资质栏目。企业资质是企业在从事某种行业经营中，应具有的资格及与此资格相适应的质量等级标准。在国家进出口管理中，海关按照中国的、进口国（地区）的，或与中国签有双边检疫议定书的国家（地区）的，或国际性的法规、标准的规定，对涉及部分重点进出口商品的境外供货商或者境内供货商的企业资质管理实行注册登记制或备案制。例如，进口食品境外生产企业实行注册登记，进口食品境内进口商实行备案制。

本栏目为涉检商品的必填项，需点击右侧按钮进行编辑。本栏目包括企业资质类别和企业资质编号。企业资质类别的填报，可在参数下拉表选择，也可录入代码、名称。企业资质编号的填报，须手工录入。

按进出口货物种类及法律法规和相关规定要求，须在本栏选择填报货物的生产商/进出口商/代理商必须取得的资质类别。多个资质的须全部填报，具体包括如下各项。

①进口食品、食品原料，填报进口食品境外出口商代理商备案、进口食品进口商备案。

②进口水产品，填报进口食品境外出口商代理商备案、进口食品进口商备案、进口水产品储存冷库备案。

③进口肉类，填报进口肉类储存冷库备案、进口食品境外出口商代理商备案、进口食品进口商备案。

④进口水果，填报进境水果境外果园/包装厂注册登记。

⑤进口非食用动物产品，填报进境非食用动物产品生产、加工、存放企业注册登记。

⑥进口饲料及饲料添加剂，填报饲料进口企业备案、进口饲料和饲料添加剂生产企业注册登记。

⑦其他情况，须根据具体货物情况填报，包括进境植物繁殖材料隔离检疫圃申请、进出境动物指定隔离场使用申请、进境栽培介质使用单位注册、进境动物遗传物质进口代理及使用单位备案、进境动物及动物产品国外生产单位注册、进境粮食加工储存单位注册、境外医疗器械捐赠机构登记、进出境集装箱场站登记、进口棉花境外供货商登记注册、出口食品包装生产企业备案以及进口食品包装进口商备案等。

涉及以上检验检疫要求的进出口商品，须填报勾选企业资质类别代码，并录入企业资质编号。

（3）启运日期栏目，进口涉检商品的必填项，填报装载入境货物的运输工具离开启运口岸的日期。在日期弹出框中，选择日期，本栏目为8位数字，格式为“YYYYMMDD”。

（4）B/L号栏目，在进口时填报，在参数下拉表选择，也可录入代码、名称。填报入境货物的提货单或出库单号码。运输方式为“航空运输”时无须填报，其他运输方式为必填项。

（5）关联号码及理由栏目，填报关联报关单号的关联理由，当有关联报关单号时填报。

（6）特殊业务标识栏目，界面中显示的字段为灰，不允许编辑，需点击圆形按钮，在弹出的界面中进行勾选。

（7）所需单证栏，不允许编辑。点击“检验检疫签证申报要素”按钮，在弹出的界面中勾选并填报。录入保存后，返填到主界面“所需单证”字段内。

38. 涉检商品信息

（1）检验检疫规格。该栏目界面中的字段为灰，不允许直接输入。点击字段右侧圆形按钮，弹出录入界面。录入后，点击[确定]按钮，系统自动将内容返填到该字段中，展示数据置灰不允许直接修改，若要修改可点击录入字段右侧的圆形按钮，再次打开下图的检验检疫货物规格界面，重新录入。编辑检验检疫规格界面，如图4-10所示。

成分/原料/组分	
产品有效期	请选择日期
产品保质期（天）	
境外生产企业	
货物规格	
货物型号	
货物品牌	
生产日期	YYYY-MM-DD
生产批次	

图4-10 编辑检验检疫规格界面

填报要求如下。

“成分/原料/组分”栏，填报货物含有的成分、货物原料或化学品组分。如特殊物品、化妆品、其他检疫物等所含的关注成分或者其他检疫物的具体成分、食品及农产品的原料等。

“产品有效期”栏，有质量保证期的填报质量保证的截止日期。

“产品保质期（天）”栏，有质量保证期的填报质量保证的天数，天数按照生产日期计算。

“境外生产企业”栏，填报入境货物的国外生产厂商名称，默认为境外发货人。

“货物规格”栏，填报货物的规格，例如，货物的大小尺寸等。

“货物型号”栏，填报本项报关货物的所有型号，多个型号的，以“；”分隔。

“货物品牌”栏，填报货物的品牌名称，品牌以合同或装箱单为准，需要录入中英文品牌的，录入方式为“中文品牌/英文品牌”。

“生产日期”栏，填报货物生产加工的日期，如2024-08-01（半角符号）。

“生产批次”栏，填报本批货物的生产批号，多个生产批号的，以“；”分隔。

（2）产品资质。申报法检目录内的商品且根据进出口货物种类及法律法规和相关规定要求，相关产品须取得必要资质的情况时为必填。

①许可证类别。进出口货物取得了许可、审批或备案等资质时，应在“产品资质”项下的“许可证类别”中填报对应的许可、审批或备案证件类别和名称。同一商品涉及多个许可、审批或备案证件类别的，须全部录入相应的证件类别。

特殊物品填报，出入境特殊物品卫生检疫审批。

进口整车填报，免予强制性认证特殊用途进口汽车监测处理程序车辆一致性证书。

入境民用商品验证填报，强制性产品（CCC）认证（以下简称“3C认证”）证书或免予办理强制性产品认证证书。

入境需审批的动植物产品填报，进境动植物检疫许可证。

进口旧机电填报，进口旧机电境外预检验证书。

进口化妆品填报，进口化妆品产品备案。

实施境外生产企业注册的进口食品填报，进口食品境外生产企业注册。

②许可证编号。进出口货物取得了许可、审批或备案等资质时，应在“产品资质”项下的“许可证编号”栏中填报对应的许可、审批或备案证件编号。同一商品有多个许可、审批或备案证件号码时，须全部录入。例如，根据海关总署规定2022年1月1日起启运的输华食品，在进口申报时应在报关单“产品资质”项下“进口食品境外生产企业注册”证书栏规范填报该企业在华注册编号，未按要求规范填报的，海关不接受申报。

③核销货物序号。进出口货物取得了许可，审批或备案等资质时，应在“产品资质”项下的“核销货物序号”栏中填报被核销文件中对应货物的序号。特殊物品审批单支持导入。

④核销数量。进出口货物取得了许可、审批或备案等资质时，应在“产品资质”顶下的“产品许可/审批/备案信息”中，填报被核销文件中对应货物的本次实际进出口数（重）量。

⑤核销数量单位。当在“编辑产品许可证/审批/备案信息”界面中填报“核销数量”时，必须填报“核销数量单位”。

⑥许可证VIN信息。申报进口已获3C认证的机动车辆时，填报机动车辆识别代码，包括VIN序号、车辆识别代码（VIN）、单价、底盘（车架号）、发动机号或电机号、发票所列数量、品名（英文名称）、品名（中文名称）、提运单日期、型号（英文）、质量保质期等11项内容。

例2：广州某供应链公司申报泰国鲜榴莲入境，应如何申报产品资质？

解析：按照规定可以核销的进境动植物产品，在许可数量范围内分批进口、多次报检使用《进境动植物检疫许可证》的，进境口岸检验检疫机构应当在《进境动植物检疫许可证》所附检疫物进境核销表中进行核销登记，每批产品进口时，企业直接登录“进境动植物检疫许可证系统”打印《报检预核销单》，填报进口数量（以净重计），加盖公章后，前往口岸报检。

应在“产品资质栏”，勾选两项许可证类别，分别是“进境动植物检疫许可证”（许可证类别代码325）、输出国或地区官方检验检疫部门出具的“植物检疫证书”（许可证类别代码107）。

①“进境动植物检疫许可证”（也称“报检预核销单”）的“许可证号”应填报“PA1021018735”，“核销序号”应填报“18”，“核销数量”应填报“17760”，“核销单位”应填报“千克”。进境动植物检验许可证如图4-11所示。

报检预核销单 申请单位：**** 报检单号：			
许可证内容			
许可证号	PA1021018735	产品代码	04111099
产品名称	鲜榴莲	品种	榴莲
输出国家或地区	泰国	产地	泰国
进境口岸	南沙港二期码头	目的地	广东省广州市
结关地	南沙港二期码头	用途	商用（销售）
运输方式	江、海运输		
运输路线	海运：泰国-南沙港二期码头		
有效期限	2022-09-17至2023-09-17		
进境后的生产、加工、使用、存放单位		广州********	
核销数据			
审批数量	2000000.0000千克	上次余额	1716161.0000千克
核销序号	18	报检数量	17760.0000千克
打印时间	2023-04-22	剩余数量	1698401.0000千克
检疫要求			
1. 同意进口，用于市场销售。有关进口检疫要求按照《进境水果检验检疫监督管理办法》和《关于泰国热带水果输华植物检疫要求的议定书》执行。2. 进境的水果须来自经注册登记的果园和包装厂（名单可在海关总署网站查询）。3. 请进境口岸所在地海关实施检验检疫。			

图4-11 进境动植物检验许可证

②输出国或地区官方检验检疫部门出具“植物检疫证书”（许可证类别代码107）的“许可证编号”应填报“TH6504006155”。图4-12为泰国官方植物检疫证书的部分截图。

Department of Agriculture Ministry of Agriculture and Cooperatives, Bangkok, Thailand **Phytosanitary Certificate** Plant Protection Organization of Thailand TO: Plant Protection Organization (s) of CHINA	No. TH6504006155
1. Name and address of exporter: **********	2. Declared name and address of consignee: ************
3. Number and description of packages: 960 CARTONS	4. Distinguishing marks: ****** CONTAINER NO.IAAU7774500

图4-12 泰国官方植物检疫证书的部分截图

（3）货物属性，如图4-13所示。本栏目为涉检商品必填项。根据进出口货物的商品编码和货物的实际情况，报关人员按照海关规定的货物属性代码表在本栏下拉菜单中勾选货物属性的对应代码，有多种属性的要同时选择。

11-3C目录内	12-3C目录外	13-无需办理3C认证	14-预包装
15-非预包装	16-转基因产品	17-非转基因产品	18-首次进出口
19-正常	20-废品	21-旧品	22-成套设备
23-带皮木材/板材	24-不带皮木材/板材	25-A级特殊物品	26-B级特殊物品
27-C级特殊物品	28-D级特殊物品	29-V/W非特殊物品	30-市场采购
31-散装危险化学品	32-件装危险化学品	33-非危险化学品	34-Ⅰ类医疗器械
35-Ⅱ类医疗器械	36-Ⅲ类医疗器械	37-医疗器械零部件	38-非医疗器械
39-特种设备	40-非特种设备	41-真空包装等货物	42-办理进口登记用饲料和饲料添加剂样品
43-科研用饲料和饲料添加剂样品	44-其他用途饲料和饲料添加剂样品	46-检验结果采信	

图4-13 货物属性

依据《强制性产品认证目录描述与界定表（2023年修订）》（以下简称《目录描述与界定表》），入境强制性产品认证产品必须在入境民用商品认证（11-3C目录内、12-3C目录外、13-无需办理3C认证）中勾选对应项。

属于《目录描述与界定表》适用范围的货物，“货物属性”应申报为“11-3C目录内”，并在“产品资质”一栏填报“411-《强制性产品认证（CCC认证）证书》”及编号。

属于《目录描述与界定表》适用范围且符合“免予办理强制性产品认证”有关条件的货物，“货物属性”应申报为“11-3C目录内”，并在“产品资质”一栏填报“410-《免予办理强制性产品认证证明》”及编号。

依据《目录描述与界定表》“说明”中第一条至第三条进行判定，若货物在《目录描述与界定表》“说明”的界定范围外，则“货物属性”应申报为“12-3C目录外”。

属于无需办理3C认证的情况，勾选“13-无需办理3C认证”。

知识链接

免予办理CCC认证（CCC目录内）

有下列情形之一的，列入目录产品的生产者、进口商、销售商或者其代理人可以向所在地海关提出免予办理强制性产品认证申请，提交相关证明材料、责任担保书、产品符合性声明（包括型式试验报告）等资料，并根据需要进行产品检测，经批准取得“免予办理强制性产品认证证明”后，方可进口，并按照申报用途使用：

①为科研、测试所需的产品；

②为考核技术引进生产线所需的零部件；

③直接为最终用户维修目的所需的产品；

④工厂生产线、成套生产线配套所需的设备和部件（不包含办公用品）；

⑤仅用于商业展示，但不销售的产品；

⑥暂时进口后需退运出关的产品（含展览品）；

⑦以整机全数出口为目的而用一般贸易方式进口的零部件；

⑧以整机全数出口为目的而用进料或者来料加工方式进口的零部件；

⑨其他因特殊用途免予办理强制性产品认证的情形。

CCC目录外

《强制性产品认证目录描述与界定表（2023年修订）》前三条内容如下：

①对于电气电子产品，除电信终端设备、电焊机、防爆电气，适用范围仅限于可直接或间接连接到大于36V（直流或交流有效值）供电电源的产品；

注：该条适用范围之外的电气电子产品，不在CCC认证范围内。

②对于电气电子产品，除车载移动用户终端、防爆电气或特别说明外，专为汽车及摩托车、火车、船舶、飞机设计、制造和使用的、具有专门设计和安装结构的产品不在CCC认证范围内；

③再制造产品不在CCC认证范围内。

无须办理CCC认证

入境产品符合以下条件的，无须办理CCC认证：

①外国驻华使馆、领事馆或者国际组织驻华机构及其外交人员的自用物品；

②香港、澳门特别行政区政府驻内地官方机构及其工作人员的自用物品；

③入境人员随身从境外带入境内的自用物品；

④外国政府援助、赠送的物品；

⑤ATA单证册项下的商品；

⑥保税区内企业从境外进入保税区的仓储物流货物以及自用的办公用品、出口加工所需原材料、零部件；

⑦出口后退运入境货物；

⑧其他依法无须办理强制性产品认证的情形。

食品、化妆品是否预包装、是否首次进口，必须在食品及化妆品（14-预包装、15-非预包装、18-首次进出口）中勾选对应项。

凡符合原质检总局2004年第62号令规定含转基因成分须申报的，必须在转基因（16-转基因产品、17-非转基因产品）中勾选对应项。

“成套设备”“旧机电”产品，必须在货物属性（18-首次进出口、19-正常、20-废品、21-旧品、22-成套设备）中勾选对应项。

木材（含原木）板材是否带皮，必须在是否带皮木材（23-带皮木材/板材、24-不带皮木材/板材）中勾选对应项。

特殊物品、化学试剂，必须在特殊物品（25～28、29-V/W非特殊物品）中勾选对应项。

（4）用途栏，根据进出境货物的使用范围或目的，按照海关规定的货物用途代码表在本栏下拉菜单中填报。例如，进口货物为核苷酸类食品添加剂（商品编码2934999001），用于工业时，应在本栏选择“仅工业用途”；用于食品添加剂时，应在本栏选择“食品添加剂”。

（5）货物为危险货物时，填报危险商品信息栏：UN编号、危险类别、包装类别、包装UN标记均为必填项目。本任务中的知识链接“危险化学品与危险货物”已经详细介绍，此处不再赘述。

知识巩固

一、判断题

1．海关监督管理的对象是所有进出关境的运输工具、货物、物品和旅客。（　　）

2．一般进出口货物，海关的稽查期限是自货物放行之日起三年内。（　　）

3．进出口货物申报日期是指申报数据被海关接受的日期。（　　）

4. 理单的基本要求是通过对报关随附单证的审核，保证其“齐全、有效和一致”。(　　)
5. 提货单的换取流程：第一步，确认提单有效性；第二步，确认换单时间；第三步，领取正本提货单。(　　)
6. 某贸易公司，从澳大利亚进口坚果谷物棒，报关单检验检疫栏目“企业资质类别”中应该填写“进口食品境外出口商代理商备案”和“进口食品进口商备案”，“产品资质-产品许可”中应该填写“进口与预包装食品标签备案”。(　　)

二、不定项选择题

1. A报关公司接受B进出口公司的进口报关委托，需要做的接单工作有（　　）。
   A．检查报关单证的齐全性　　　　B．获取申报货物的归类信息
   C．了解进口货物舱单信息　　　　D．了解委托人相关信息
2. 下述接单环节报关人员处置不当的是（　　）。
   A．接单后应充分获取货物信息确定归类
   B．向海关申报前应尽可能核实舱单信息
   C．使用海运提单副本换取提货单，正本提交给海关
   D．报关企业内部单证流转应做好内部签收和时间记录
3. 报关员小吴在理单时发现进口设备的规格型号在进口发票和货物说明书上显示不一致，这种情况下正确的做法是（　　）。
   A．申报时不提交货物说明书，以发票规格型号为准
   B．申报时同时提交货物说明书和进口发票
   C．申报时不填报规格型号
   D．建议客户向海关申请申报前看货
4. 海关同意申报前看货取样的情形有（　　）。
   A．通过外观无法确定货物的品名
   B．通过外观无法确定货物的规格
   C．通过外观无法确定货物的成分
   D．通过外观无法确定货物的申报价
5. 某发电厂从美国进口10台交流发电机（监管条件：O），并委托某报关公司代理报关，报关员小李收到该货物的商业发票、装箱单、贸易合同、自动进口许可证后，需要审核（　　）的一致性。
   A．货物金额　　B．货物数量　　C．货物名称　　D．抬头名称
6. 报关人员复核单证时发现，装箱单表明货物总体积为45立方米，集装箱规格为一个标准20尺柜。以下可能存在的情形有（　　）。
   A．缺少另一个20尺集装箱号　　　B．装箱单体积数字有误

C．集装箱规格尺寸有误　　　　　　D．贸易方式有误

7．某公司进口一批货物，舱单信息显示3月5日，次日该公司向海关申报，人工审核后，因归类信息需要补充退单。经补充相关信息，该公司于3月7日重新向海关发送申报电子数据并于当日收到电子放行回执信息。该公司遂于3月8日向海关现场提交纸质报关单证。该批货物的申报日期是（　　）。

A．3月5日　　B．3月6日　　C．3月7日　　D．3月8日

8．进口货物在运输工具申报进境之日起超过（　　）个月未向海关申报，海关可依法提取变卖。

A．1　　B．2　　C．3　　D．4

9．报关员小张在海关监管区配合海关查验一批进口导航仪，在查验过程中海关查验关员不慎将货物损坏。在这种情况下，小张可要求海关出具（　　），以确认货物损坏情况。

A．《海关进出境货物（物品）化验取样记录单》

B．《海关损坏货物、物品赔偿通知单》

C．《海关进出口货物鉴定书》

D．《海关查验货物、物品损坏报告书》

10．上海某动物园拟从新西兰进口一只种用羊驼，预定航班为2025年3月4日抵达上海虹桥机场，为满足海关报检时限，动物园最迟须在（　　）前办理报检手续。

A．2025年1月24日　　B．2025年2月2日

C．2025年2月13日　　D．2025年2月23日

三、案例分析题

第一题：我国A企业以一般贸易、一般征税的方式进口一批货物。该商品在《进出口税则》中的信息如下。

最惠国（%）	暂定（%）	普通（%）	监管条件	检验检疫	协定（%）	RCEP（%）	
					韩国	日本	韩国
10	6	30	A	LMR	1	8.2	8

1．该商品在进境报关时需提供（　　）。

A．《3C证书》或《3C免办证明》

B．进口许可证

C．两用物项和技术进口许可证

D．自动进口许可证（新旧机电产品）

2．该商品是我国A企业与韩国的公司签订合同购买的货物。原产地证上写明："Country of Origin：JAPAN"，则该商品适用的进口关税税率是（　　）。

A．10%　　B．6%　　C．1%　　D．8.2%

3．该商品在进口时无须实施（　　）。

A．进口商品检验

B．进境动植物、动植物产品检疫

C．民用商品入境验证

D．进口食品卫生监督检验

第二题：广州A公司和越南B贸易公司签订进口水果合同，向曼谷公司订购清迈果园产鲜杨桃一批，装载该货物的运输工具于2022年9月27日在曼谷装船，2022年10月1日运抵广州南沙港，2022年10月1日申报进境，因适逢国庆放假，故A公司于2022年9月30日向海关提前申报电子数据并审结。

8月17日（星期三）1美元对人民币6.9168元

9月14日（星期三）1美元对人民币6.7825元

9月21日（星期三）1美元对人民币6.7986元

10月5日（星期三）1美元对人民币6.9389元

1．为满足国内进口商提前报关需求，舱单传输人最迟应于（　　）向海关传输原始舱单主要数据，最迟应于（　　）向海关传输原始舱单其他数据。

A．2022年9月27日；2022年10月1日前

B．2022年9月26日；2022年10月1日前

C．2022年9月27日；2022年9月30日前

D．2022年9月26日；2022年9月30日前

2．广州A公司向海关申报时，需要提供的单证包含（　　）。

A．商业发票　　B．到货通知

C．商业合同　　D．原产地证明

3．该批货物适用汇率是（　　）中国外汇交易中心授权公布人民币汇率中间价。

A．8月17日（星期三）　　B．9月14日（星期三）

C．9月21日（星期三）　　D．10月5日（星期三）

4．该票在申报时随附单据中的"植物检疫证书"，应由（　　）申请办理。

A．广州A公司　　B．越南B贸易公司

C．曼谷公司　　D．以上都可以

5．需要向我国海关总署办理食品备案的企业是（　　）。

A．广州A公司，曼谷公司

B．广州A公司，越南B贸易公司

C．越南B贸易公司，曼谷公司

D．曼谷公司，清迈公司

第三题：国内某公司从产地印度尼西亚进口鲜火龙果25CTN，装箱规格10kg/CTN，Per kg CNY 20 CIF Shanghai，货物经新加坡中转，二程船于2024年10月10日申报进境。次日，该国内公司凭发票、箱单、原产地证明等资料向我国海关申报报关单电子数据，经海关现场查验后，企业向海关缴纳足额保证金后，先行提货。2024年10月20日，该公司凭新加坡出具的正本优惠原产地证向海关申请销保手续。

1．该批火龙果如可以享受协定税率，则所指的协定简称是（　　）。

A．APEC　　B．CEPA　　C．ECFA　　D．ACFTA

2．该批火龙果如可以享受协定税率，以下说法正确的有（　　）。

A．企业向海关申报时，应提供新加坡海关出具的未加工证明

B．企业向海关申报时，应同时向海关进行原产地资格补充申报

C．企业向海关申报时，无需提供新加坡海关出具的未加工证明

D．企业向海关申报时，应确保申报的原产地与实际货物外包装上的产地标识相符

3．该批鲜火龙果进口关税最惠国税率为20%，协定税率为0%，进口普通税率为80%，进口环节 增值税税率为9%，进口环节消费税税率为0%，向海关申请担保时，需要缴纳保证金计算公式为（　　）。

A．5000×0%　　B．5000×9%

C．5000×（20%+9%+20%×9%）　　D．5000×（80%+9%+80%×9%）

实训任务

1．请根据本任务“任务导入”的背景资料分析，该笔业务在中国国际贸易“单一窗口”申报监管方式是否可以采用跨境电商零售进口监管代码？为什么？

2．该婴儿配方奶粉为深度水解奶粉，适用于乳糖过敏婴儿食用，主要成分包括葡萄糖浆，植物油，水解酪蛋白（来自牛奶），改性玉米淀粉，柠檬酸钙，磷酸钾，磷酸钙等成分。该货物的税则号列是（　　），适用的进口关税税率为（　　），增值税税率为（　　），消费税税率为（　　）。

3．根据以下资料（附1～附6），填报“单一窗口”进口报关单主要栏目：

（1）监管方式；

（2）征免性质；

（3）运输方式；

（4）运输工具名称；

（5）航次号；

（6）启运港；

（7）经停港；

（8）成交方式；

（9）保险费；

（10）成交数量；

（11）成交单位；

（12）随附单证代码；

（13）随附单证编号。

附1　销售合同（部分截图）

Delivery Terms			Payment Terms	
CFR Huangpu			T/T 30 days after B/L date	
Goods Description	Quantity	Unit	Unit Price	Amount
Amino acid-based Hypoallergenic Infant Formula Powder	50	M/T	5,000.00	250,000.00 USD

附2　商业发票截图（由澳大利亚公司开立）

Invoice No.	Invoice Date	Your Reference Number		Our Reference Number
***	***	***		***
Date Delivery	Shipment From-To	Vessel Name/Shipped By		B/L Date
24.04.2023	MELBOURNE. AUSTRALIA TO HUANGPU.GHINA	XIN TIAN JIN V.016N		24.04.2023
Payment Terms		Terms of Delivery		
T/T 30 days after B/L date		CFR Huangpu APRIL 2023 SHIPMENT		
Goods Description	Quantity	Unit	Unit Price	Amount
Amino acid-based Hypoallergenic Infant Formula Powder	25	M/T	5,000.00	$125,000.00

附3 一程提单（部分截图）

Ocean Vessel Voy. No. XIN TIAN JIN 0161N		Port of Loading MELBOURNE	Place of Receipt MELBOURNE	
Port of Discharge HONG KONG		Place of Delivery HUANGPU	Final Destination HUANGPU	
Marks&Nos. Container/Seal No. BSIU4043456 Shipped on Board： 24-Apr-2023	No.of Container or Pkgs 1000Pkgs	Number and kind of packages Description of Goods 1×40FTCONTAINER MILKPOWDER 25kg NET WT：25000kgs Freight Prepaid CY-CY SHIPPER'S LOAD STOW AND COUNT	Gross Weight（kgs） 25400.000kg	Measurement（m^3） 42.000m^3

附4 二程提单（部分截图）

Shipper ********	
Consignee or order TO ORDER OF SHIPPER	
Notify address ********	
Pre-carriage by	Port of loading HONGKONG
Vessel FANGZHOU 5304550053	Port of transshipment
Port of discharge HUANGPU	Final destination HUANGPU

附5　保险费收据（部分截图）

CLASS	OPEN POLICY	POLICY NO.	PREMIUM
Cargo Insurance	***	***	
	SUM INSURED	RATE	
	USD 137,895.00	—	
EXCHANGE RATE：USD1.00=RMB6.1705，ORGINAL PREMIUM=RMB2,214.16			USD 358.83
TOTAL	USD 137,895.00	NET TOTAL	USD 358.83

附6　自动进口许可证（部分截图）

中华人民共和国自动进口许可证 AUTOMATIC IMPORT LICENCE OF THE PEOPLE'S REPUBLIC OF CHINA NO. 3677620	
1. 进口商：********** Importer 八达进出口公司	3. 自动进口许可证号： Automatic import license No. 23-20-NT2931
2. 进口用户：********** Consignee 八达进出口公司	4. 自动进口许可证有效截止日期： Automatic import license expiry date 2023年11月07日

任务二 其他货物进口通关

任务导入

四通报关有限公司接受客户委托办理特定减免税货物、暂时进境货物、无代价抵偿货物、修理物品进口通关手续，须根据海关规定，合法合规办理业务。

相关知识

一、特定减免税货物通关

（一）特定减免税货物概述

1．特定减免税货物的含义

特定减免税货物是指海关根据国家的政策规定准予减征或者免征关税、进口环节海关代征税进境，使用于特定地区、特定企业、特定用途的货物。

特定地区是指我国关境内由行政法规规定的某一特别限定区域，如经国务院批准的海关特殊监管区域，享受减免税优惠的进口货物只能在这一特别限定的区域内使用。

特定企业是指由国务院制定的行政法规专门规定的企业，如外商投资企业、勘探和开发海洋或陆地石油等企业，享受减免税优惠的进口货物只能由这些专门规定的企业使用。

特定用途是指根据规定可以享受减免税优惠的进口货物只能用于行政法规专门规定的用途，如科学研究机构和学校进门的专用科教用品，残疾人专用用品及残疾人组织和单位进口的货物，国家重点项目进口货物，通信、港口、铁路、公路、机场建设进口设备等。

知识链接

法定减免税

根据《海关法》规定，关税减免分为法定减免税、特定减免税和临时减免税。特定减免税和临时减免税都属于政策性减免税范围，两者并无明显的区别。

法定减免税是指按照《关税条例》和其他法律、行政法规的规定，进出口货物可以享受的减免关税优惠。海关对法定减免税货物一般不进行后续管理。

依据《关税条例》规定，对下列进出口货物，免征关税：①关税税额在人民币50元以下的一票货物；②无商业价值的广告品和货样；③外国政府、国际组织无偿赠送的物资；④在海关放行前损失的货物；⑤进出境运输工具装载的途中必需的燃料、物料和饮食用品；⑥在海关放行前遭受损坏的货物，可以根据海关认定的受损程度减征关税；⑦法律规定的其他免征或者减征关税的货物，海关根据规定予以免征或者减征。

2．特定减免税货物的特征

（1）特定条件下减免进口关税。特定减免税是我国关税优惠政策的重要组成部分，是国家对符合条件进口货物使用的企业提供的关税优惠，其目的是优先发展特定地区的经济，鼓励外商在我国的直接投资，促进国有大中型企业和科学、教育、文化、卫生事业的发展，因而这种关税优惠具有鲜明的特定性，只能在国家行政法规的特定条件下使用。

（2）除另有规定外，应提交进口许可证件。特定减免税货物是实际进口货物，由于其货物流向十分确定，因而对于特定减免税货物进口申报，应按一般进口货物的有关规定办理。在进境时，凡属于进口需要交验进口许可证件的货物，收货人或其代理人都应在进口申报时向海关提交进口许可证件。

（3）特定的海关监管期限。特定减免税是国家给予特定范围内的进口货物的关税优惠待遇，这种优惠待遇的给予是一次性的，指定的货物在特定的范围内使用，那么就可以按照有关规定享受减免待遇，但是只能在规定的地区、企业内，规定的用途范围内使用，并接受海关的监管。进口减免税货物的监管年限为：船舶、飞机8年；机动车辆6年；其他货物3年，其监管年限自货物进口放行之日起计算。

（二）特定减免税货物通关流程

特定减免税货物报关程序主要包括前期报关阶段（办理减免税申请手续）、进出境报关阶段、后续处置阶段（解除监管）。企业可直接通过国际贸易“单一窗口”的减免税申报子系统，向海关在线申报减免税申请及减免税后续管理等业务。该系统可实现备案变更、备案作废、修改证明、证明作废申请数据的状态查询、查看明细、打印功能及上传附件等功能。

1．减免税申请

申请人可在首次办理进口货物减免税手续时一并向海关提交涉及主体资格、项目资质、免税进口额度（数量）等信息相关材料，无须提前单独向海关办理政策项目备案。

（1）灰色字段为反填项。中心统一编号、征免税证明编号、政策项目编号（在减免税项目备案环节申报）、免表类型、征免性质/代码、项目性质等均为灰色字段，为系统自动反填项，在申报征免税证明时无须录入。

（2）有效日期。《征免税证明》的有效时间，一般情况自审核之日起半年内有效，特殊情况人工输入（如产业条目或不予免税目录过渡期等政策项目执行年限的有效期限）。

（3）货物是否已申报。根据《中华人民共和国海关进出口货物减免税管理办法》，减免税申请人应当在货物申报进出口前，向主管海关申请办理进出口货物减免税审核手续。

（4）合同号。合同号，录入进出口货物合同（协议）的全部字头和号码。

（5）审批依据。审批依据要根据项目性质不同进行填报。不清楚审批依据如何填报的，可以向主管海关咨询。

（6）进出口岸。进出口岸指进出口货物在国内办理报关手续的现场海关名称，根据进口合同进行申报，也可以输入关区代码进行选择。

（7）成交方式。根据合同约定，可以在系统中进行选择。

（8）商品编码。按照申请年度的《进出口税则》上对应的税号进行申报。

（9）商品名称。进出口货物规范的中文商品名称。申报商品名称时，有以下要求：

①应如实申报，与所提供的合同或发票相符；

②申报名称应规范，以能满足海关归类、审价及监管的要求为准；

③海关总署或相应部委批复免税的商品，其申报名称必须与批文上的名称相符；

④商品名称应先填报法检商品，后填报非法检商品。

（10）商品规格型号。规格型号栏须对照《海关进出口商品涉税规范申报目录》规范填报，确保不漏项。

（11）申报数量及计量单位。申报数量及申报计量单位需与发票信息一致。

（12）以下特殊情况应在备注中注明。

①按《进口不予免税的重大技术装备和产品目录》《国内投资项目不予免税的进口商品目录》等审核，且进口的设备在不予免税目录中有技术规格限制的，应将有关技术参数在备注中注明。

②内资项目若其进口的设备属于内资不予免税目录列明的“××生产线”“××成套设备”“××系统”，且为全部组成设备，应将有关技术参数在备注中注明，并在备注中加注“××生产线”“××成套设备”“××系统”全套，若属项目建设初期，仅进口上述生产线、成套设备或系统中的部分设备，应将有关技术参数在备注中注明，并在备注中加注“××生产线”“××成套设备”“××系统”初期建设。

③同一合同项下功能机组或同一设备分批进口的，应在备注中注明“合同所列设备按组装后的状态应归入的税则号列+该设备的名称+本批货物为分批进口的第几批货物，以及相关设备的技术规格”等情况。

④设备按功能机组归类，应在备注中注明“设备组成详见随附清单”。

⑤同一合同项下生产线或成套设备分别归类的，应在备注栏注明“××分别归类”。

⑥所申报设备若系企业间结转的设备应注明“从××企业转入，原进口日期××”。

⑦单独进口未列明具体名称的零件应注明“零件明细详见随附清单”。

⑧已经税款担保进口的设备应注明《中华人民共和国海关准予办理减免税货物税款担保证明》编号，有办理税款担保延期进口的设备应同时注明《中华人民共和国海关准予办理减免税货物税款担保延期证明》编号。

⑨其他不明确的相关事宜，可以向主管海关咨询，以保证填报符合海关规范要求。

申报方式为无纸时，需要上传随附单据。随附单证中涉及申请人主体资格、免税额度（数量）以及进口商业发票等，应全文上传。进口合同页数较多的，含有买卖双方及进口代理人的基本信息，进口货物的名称、规格型号、技术参数、单价及总价、生产国别，合同随附的供货清单，运输方式及付款条件，价格组成条款，双方签字等内容的页面应当上传。进口货物相关技术资料和说明文件中，属于判定该货物能否享受优惠政策的内容应当上传。

提交符合规定的申请资料后，海关予以受理，进行审核确认后作出进出口货物征税、减税或者免税的决定。

2.《征免税证明》的使用

减免税申报系统申请办理减免税手续并通过审核后，海关签发《征免税证明》。《征免税证明》的有效期为6个月，持证人（减免税申请人）应当在《征免税证明》有效期内办理有关进出口货物通关手续。

《征免税证明》实行“一批一证”制，即该证明使用一次有效。同一合同项下货物分批到货的，应向主管海关申明，并按到货日期分别申请此证明。收发货人或受委托的报关企业在进口《征免税证明》所列货物通关环节，无须提交纸质《征免税证明》第二联（即送海关凭以减免税联）或其扫描件。如果《征免税证明》电子数据与申报数据不一致，海关需要验核纸质单证的，有关企业应予以提供。

进口货物申报时，收发货人或受委托的报关企业应按规定将《征免税证明》编号填报在进口货物报关单“备案号”栏目中。《征免税证明》编号可通过减免税申报系统查询。减免税申请人如需要纸质《征免税证明》留存的（即申请单位留存的第三联），可在该《征免税证明》有效期内向主管海关申请领取。

3.减免税后续管理

根据规定，在海关监管年限内，减免税申请人应当于每年6月30日（含当日）以前向主管海关递交《减免税货物使用状况报告书》，报告减免税货物使用状况。进口减免税货物的海关监管年限内，减免税申请人将减免税货物转让、抵押、质押、移作他用或者进行其他处置的，应当事先向主管海关提出申请，可在“减免税后续”管理系统中进行相关申请操作。

减免税货物监管期限到期后，在海关监管期内未发生违反海关监管规定行为的，自动解除海关监管。在海关监管年限及其后3年内，海关依照《海关法》和《中华人民共和国海关稽查条例》有关规定对减免税申请人进口和使用减免税货物情况实施稽查。减免税申请人需要海关出具解除监管证明的，可以自办结补缴税款和解除监管等相关手续之日或者自海关监管年限届满之日起1年内，向主管海关申请领取解除监管证明。海关审核同意后出具《中华人民共和国海关进口减免税货物解除监管证明》。

4．减免税货物补税

减免税货物经批准转让或者移作他用的，需缴纳税款的，应当适用海关接受申报办理纳税手续之日实施的税率，应当以海关审查确定的该货物原进口时的价格，扣除折旧部分价值作为完税价格，其计算公式如下。

$$\text{完税价格}=\text{海关审查确定的该货物原进口时的价格}\times\left(1-\frac{\text{减免税货物已进口时间（月）}}{\text{监管年限}\times 12}\right)$$

上述计算公式中“减免税货物已进口时间”按月计算，不足1个月但是超过15日的，按照1个月计算；不超过15日的，不予计算。

例3：某企业于2024年2月8日向海关申报欲将一台进口的免税设备作价转让给另一家企业（该企业不享受免税政策），转让价格50万元人民币。经查，该设备原由该单位于2022年2月1日向海关申报进口，成交价格为CIF ShangHai 100万元人民币，已知2022年该设备进口关税税率为10%，暂定进口关税税率为8%，2024年该设备进口关税最惠国税率为10%，暂定进口关税税率为6%，试计算该设备应补缴的关税。

解析：应缴关税=完税价格×关税税率

$$\text{完税价格}=\text{海关审查确定的该货物原进口时的价格}\times\left(1-\frac{\text{减免税货物实际已进口时间（月）}}{\text{监管年限}\times 12}\right)$$

设备的监管年限为3年，适用海关接受申报办理纳税手续之日实施的税率，因此关税税率为6%（2024年同时有最惠国税率、暂定税率，适用暂定税率）。

应缴关税=完税价格×关税税率=100×［1−24/（3×12）］×6%=2（万元）

该设备应补缴的关税为2万元人民币。

二、暂时进出境货物通关

（一）暂时进出境货物概述

1．暂时进出境货物的含义

暂时进出境货物是指为了特定目的暂时进境或暂时出境，有条件暂时免纳进出口关税并豁免进出口许可证件，在特定的期限内（进出境之日起6个月内）除因使用中正常的损耗外按原状复运出境或复运进境的货物。

2．暂时进出境货物的范围

根据《中华人民共和国海关暂时进出境货物管理办法》（以下简称《管理办法》）

第三条规定，暂时进出境货物包括以下几种。

（1）在展览会、交易会、会议以及类似活动中展示或者使用的货物。

（2）文化、体育交流活动中使用的表演、比赛用品。

（3）进行新闻报道或者摄制电影、电视节目使用的仪器、设备以及用品。

（4）开展科研、教学、医疗活动使用的仪器、设备和用品。

（5）第（1）项至第（4）项所列活动中使用的交通工具以及特种车辆。

（6）货样。

（7）慈善活动使用的仪器、设备以及用品。

（8）供安装、调试、检测、修理设备时使用的仪器以及工具。

（9）盛装货物的包装材料。

（10）旅游用自驾交通工具及其用品。

（11）工程施工中使用的设备、仪器以及用品。

（12）测试用产品、设备、车辆。

（13）海关总署规定的其他暂时进出境货物。

使用货物暂准进口单证册（以下称ATA单证册）暂时进境的货物限于我国加入的有关货物暂准进口的国际公约中规定的货物。

（二）暂时进出境货物的相关法规

暂时进出境货物涉及的法规主要包括：①《关税条例》；②《中华人民共和国海关审定进出口货物完税价格办法》；③《管理办法》；④《关于暂时进出境货物监管有关事宜的公告》（海关总署公告2019年第13号）。

（三）暂时进出货物通关流程

1．ATA单证册通关流程

ATA单证册是一份国际通用的海关文件，适用于暂准进口货物的，用以替代进出口货物报关单及相关担保的国际性通关单证，又称作暂时进出口货物的通关护照。中国国际贸易促进委员会（以下简称“贸促会”）是我国ATA单证册的出证和担保机构，负责签发出境ATA单证册，向海关报送所签发单证册的中文电子文本，协助海关确认ATA单证册的真伪，并且向海关承担ATA单证册持证人因违反暂时进出境规定而产生的相关税费、罚款。

登录贸促会“ATA单证册申办系统”（网址：https://www.eatachina.com/），进行注册、在线填写申请表、在线填写或上载货物总清单、申请确认、缴纳费用等流程，邮寄或现场领取ATA单证册。

使用ATA单证册暂时进境的货物限于我国加入的有关货物暂准进口的国际公约中规定的货物。ATA单证册持证人应向进出境地海关提交有效的ATA单证册以及相关商业单据或者证明材料。

2．非ATA单证册通关流程

（1）暂时进出境货物进口操作。

①对接收到的单据进行审核，确认收到的单据是否齐全、准确且有效。

②根据提货场站的要求，决定是否换取提货单（有些场站提货需要正本提货单）。

③在货物到港前，向主管海关办理暂时进出境货物的确认申请业务，境内收货人或其代理人向海关递交境内收货人出具的暂时进出境货物确认申请书、暂时进出境货物清单、保证函、报关单以及提运单、发票、箱单、暂时进口协议等海关需要的单证，申请对有关货物是否属于暂时进出境货物进行审核确认，并且办理相关手续，也可以在申报环节直接向主管地海关办理暂时进出境货物的有关手续。

2020年3月，暂时进出境货物管理系统（包括暂时进出境货物审核确认和暂时进出境货物延期子系统）正式上线运行。登录"单一窗口"或"互联网+海关"平台主界面，点击"暂时进出境货物审核确认申报"服务事项名称下方的"服务申办"，在线上向海关申报信息、上传随附单证、获取审核结果，实现向海关申报电子化与数据化。

④报关企业凭海关签发的暂时进出境货物审核确认书正式向海关进行申报。

"监管方式"栏，应当填报"暂时进出境货物（2600）"，"征免性质"栏填报"299其他法定"，报关单表体"征免"栏按照担保的情况填报"6保证金"或"7保函"。

"标记唛码及备注"栏，应填报以下信息。

a．根据《管理办法》第三条第一款所列项目，应当填报暂时进出境货物类别，如暂进六，暂出九。

b．根据《管理办法》规定，应当填报复运出境或者复运进境日期，期限应当在货物进出境之日起6个月内。

c．根据《管理办法》第七条，向海关申请对有关货物是否属于暂时进出境货物进行审核确认的，应当填报《中华人民共和国××海关暂时进出境货物审核确认书》编号，如〈ZS海关审核确认书编号〉，其中英文为大写字母，〈〉为英文半角；无此项目的，无须填写。

上述内容在"标记唛码及备注"栏内依次填报，项目间用"/"分隔，前后均不加空格。

例如：进口货物的包装材料符合《管理办法》第三条第九款，审核确认书编号：暂进230820230700123，2024年1月15日前应复运出境。

"标记唛码及备注"栏应填报"暂进九/20240115前复运出境/ZS暂进230820230700123"。

⑤对于暂时进口的货物，按有关规定应提供税款担保，申请人向主管地海关缴纳保证金后，办理凭保放行手续。

⑥提货人员凭海关放行通知书、提运单、换单保函等单据办理提货运输手续。

（2）暂进货物复运出境核销操作。

①收发货人或其代理人申报货物复运进境或者复运出境的报关单，向海关申请销保并退还保证金。所需提交单据如下：

a. 境内收货人出具的退还保证金申请。

b. 用于调取原进口报关文件的调单申请表。

c. 用于海关内部流程签署文件保证金/保函核销情况表。

d. 境内收货人委托代理人办理核销手续的退还保证金委托书。

e. 暂时进出境货物复出口的报关单。

f. 货物暂时进/出境延期办理单。

货物办理过延期的，应当在报关单“标记唛码及备注”栏填报《货物暂时进/出境延期办理单》的海关回执编号，如：〈ZS海关回执编号〉，其中英文为大写字母，〈〉为英文半角；无此项目的，无须填报。

②审核通过后，对原进口报关单的担保办理退转手续。原进口报关单，按实际征免情况修改“征免”栏，办理销案手续。

③核销手续完结后，向海关递交由境内收货人提供的退还保证金的收据，海关留存作为账务处理凭证。

三、无代价抵偿货物通关

（一）无代价抵偿货物的定义

无代价抵偿货物是指进出口货物海关放行后，因残损、短少、品质不良或者规格不符原因，由进出口货物的发货人、承运人或保险公司免费补偿或更换的与原货物相同或者与合同规定相符的货物。其补偿进出境货物的监管方式代码为“3100”，简称“无代价抵偿”。

“无代价抵偿货物”必须同时具备以下5个条件。

（1）发生在原进出口货物被海关已放行后，但应在“原进出口合同规定的索赔期内，且不超过原货物进出口之日起3年”。

（2）产生的原因是“品质与合同不符”或“数量短少”。

（3）货物的提供者须为进出口货物的发货人、承运人或者保险公司。

（4）重新进出口的货物必须是免费补偿或更换的。

（5）重新进出口的货物必须是与原货物相同或者与合同规定相符的货物；若与原货物不完全相同或与合同规定不完全相符，经收发货人说明理由，海关审核认为理由正当且税则号列（即8位商品编码）未发生改变的，仍可视为符合上述条件。

（二）无代价抵偿进口货物的基本特征

（1）无代价抵偿货物是执行合同过程中发生的损害赔偿。无代价抵偿是买卖双方在执行合同中，进口方根据货物的事实状态向货物供应商请求偿付，而供货商根据合同有关规定及国际惯例进行赔偿的一种行为；如果违反了有关进口管理规定而索赔进口的，不能按无代价抵偿货物办理。

（2）海关对原申报进口的货物已经放行。被抵偿货物的原有货物已经办理了海关的相关手续，并已经按规定缴纳了进口税或者享受减免税的优惠政策，经海关放行之后，发现了损害而索赔进口。

（3）抵偿货物是对损坏部分或短缺部分进行赔偿。根据国际惯例，除合同另有规定外，抵偿一般只限于成交商品所发生的直接损失（仅指残损、短少或品质不良方面的问题）以及合同规定的有关方面。对于所发生的间接损失（如因设备损坏而造成的经济损失等）一般不能包括在抵偿范围之内。

（三）无代价抵偿货物的通关流程

无代价抵偿大体上可以分为两种，一种是短少抵偿，另一种是残损、品质不良或规格不符抵偿。对两种抵偿引起的两类进出口无代价抵偿货物在报关程序上有所区别。

（1）无代价抵偿进出口前办理有关海关手续。残损、品质不良或规格不符引起的无代价抵偿货物，进出口前应先办理被更换的原进出口货物中残损、品质不良或规格不符货物的有关海关手续，而短少抵偿无须办理以下手续。

①原进口货物退运出境，以及原出口货物退运进境。原进口货物的收货人或其代理人应当办理被更换的原进口货物中残损、品质不良或规格不符货物的退运出境的报关手续。被更换的原进口货物退运出境时不征收出口关税。

原出口货物的发货人或其代理人应当办理被更换的原出口货物中残损、品质不良或规格不符货物的退运进境的报关手续。被更换的原出口货物退运进境时不征收进口关税和进口环节海关代征税。

残损货物退运进出境的监管方式为“其他”（监管方式代码“9900”）。

②原进口货物不退运出境，放弃交由海关处理。被更换的原进口货物中残损、品质不良或规格不符货物不退运出境，但原进口货物的收货人愿意放弃，交由海关处理的，海关应当依法处理并向收货人提供依据，凭以申报进口无代价抵偿货物。

③原进口货物不退运出境也不放弃，以及原出口货物不退运进境。被更换的原进口货物中残损、品质不良或规格不符货物不退运出境且不放弃交由海关处理的，原进口货物的收货人应当按照海关接受无代价抵偿货物申报进口之日适用的有关规定申报进口，并按照海关对原进口货物重新估定的价格计算的税额缴纳进口关税，在进口环节由海关代征税，属于许可证件管理的商品还应当交验相应的许可证件。

被更换的原出口货物中残损、品质不良或规格不符的货物不退运进境，原出口货物的发货人应当按照海关接受无代价抵偿货物申报出口之日适用的有关规定申报出口，并按照海关对原出口货物重新估定的价格计算的税额缴纳出口关税，属于许可证件管理的商品还应当交验相应的许可证件。

（2）无代价抵偿进出口通关手续。在国际贸易单一窗口，以无代价抵偿方式申报进口或出口货物报关手续，并上传随附单证，监管方式为“无代价抵偿”（代码“3100”），符合免税规定的情况下，征免性质为“其他法定”（代码“299”），征免为“全免”。

（四）无代价抵偿货物的报关单证

（1）申报进口无代价抵偿货物，应当提交下列单证。

①原进口货物报关单。

②原进口货物退运出境的出口报关单或者原进口货物交由海关处理的货物放弃处理证明（因原进口货物短少而进口无代价抵偿货物，不需要提交该项单证）。

③原进口货物税款缴款书或者征免税证明。

④买卖双方签订的索赔协议。

⑤海关认为需要时，纳税义务人还应当提交具有资质的商品检验机构出具的原进口货物残损、短少、品质不良或者规格不符的检验证明书或者其他有关证明文件。

（2）申报出口无代价抵偿货物，应当提交下列单证。

①原出口货物报关单。

②原出口货物退运进境的进口报关单（因原出口货物短少而出口无代价抵偿货物，不需要提交）。

③原出口货物税款缴款书或者征免税证明。

④买卖双方签订的索赔协议。

⑤海关认为需要时，纳税义务人还应当提交具有资质的商品检验机构出具的原出口货物残损、短少、品质不良或者规格不符的检验证明书或者其他有关证明文件。

四、进出境修理货物通关

（一）进出境修理货物适用的范围

进境修理货物是指运进境进行维护修理后复运出境的机械器具、运输工具或者其他货物，以及为维修这些货物需要进口的原材料、零部件，包括原出口货物运进境修理和其他货物运进境修理。

出境修理货物是指运出境进行维护修理后复运进境的机械器具、运输工具或者其他货物，以及为维修这些货物需要出口的原材料、零部件，包括原进口货物运出境修理和其他货物运出境修理，其中原进口货物运出境修理包括原进口货物在保修期内运出境修理和原进口货物在保修期外运出境修理。

按加工贸易保税货物管理的进境维修业务如进口料件和出口成品进出境维修不适用“修理物品”（代码“1300”）这种监管方式，应分别申报“来料料件退换0300”“来料成品退换4400”“进料料件退换0700”和“进料成品退换4600”。

（二）修理货物的进出境期限

修理物品的进出境期限为6个月，即自修理物品运出境或运进境之日起6个月内复运进出境，如果需要延长复运出境的期限，经批准可以延长，延长期限最长不超过6个月。

（三）进出境修理货物的报关程序

1．进境修理货物

（1）进境申报。货物进境后，收货人或其代理人持维修合同或者含有保修条款的原出口合同及申报进口需要的所有单证办理货物进口申报手续，并提供进口税款担保。

（2）复运出境申报。修理货物复运出境申报时应当提供原修理货物进口申报时的报关单（留存联或复印件）。

（3）核销结案。修理货物复运出境后应当申请销案，如正常销案，海关应退还保证金或撤销担保，原进口报关单的征免栏为“保证金”“保函”应修改为“全免”。未复运出境部分货物应当办理进口申报纳税手续，原进境修理货物的进口报关单的征免栏修改为“照章征税”。

2．出境修理货物

（1）出境申报。发货人在货物出境时，向海关提交维修合同或含有保修条款的原进口合同，以及申报出口需要的所有单证，办理出境申报手续。

（2）复运进境申报。货物复运进境时应当向海关申报在境外实际支付的修理费和材料费，由海关审查确定完税价格，计征进口关税和进口环节海关代征税；进口货物通常可免税，但是超过海关规定期限复运进境的，海关按一般进口货物计征进口关税，在进口环节由海关代征税。

《关于海关特殊监管区域内保税维修业务有关监管问题的公告》（海关总署公告2015年第59号公告）已经被部分修改。根据2023年第105号海关总署公告规定，自2023年8月28日起，进境维修过程中产生的维修边角料、坏件、旧件等，原则上应全部复运出境，监管方式为“进料边角料复出”（代码“0864”）或“来料边角料复出”（代码“0865”）。确实无法复运出境的，一律不得内销，应进行销毁处置，销毁参照加工贸易货物销毁处置有关规定。对从境内（区域外）进入区域的待维修货物产生的维修坏件、旧件和维修边角料，可通过卡口登记方式运至境内（区域外）。维修边角料、坏件、旧件等属于固体废物的，应当按照国内固体废物相关规定（海关总署公告2018年第203号公告）进行管理。

表4-13总结了进出境修理物品报关单易错栏目，可作参考。

表4-13 进出境修理物品报关单易错栏目填制

<table>
<tr><th colspan="2">报关环节</th><th>监管方式</th><th>征免性质</th><th>备注</th><th>关联报关单</th><th>征免（方式）</th></tr>
<tr><td rowspan="2">进境修理货物</td><td rowspan="2">进境：进口报关单</td><td rowspan="2">修理物品（1300）</td><td rowspan="2">其他法定（299）</td><td rowspan="2">维修合同号或者含有保修条款的原进口合同号</td><td rowspan="2">原出口报关单号</td><td>保证金/保函</td></tr>
<tr><td>核销后根据情况修改：全免/照章征税</td></tr>
</table>

续表

<table>
<tr><th colspan="2">报关环节</th><th>监管方式</th><th colspan="2">征免性质</th><th>备注</th><th>关联报关单</th><th>征免（方式）</th></tr>
<tr><td>进境修理货物</td><td>复运出境：出口报关单</td><td>修理物品（1300）</td><td colspan="2">其他法定（299）</td><td>审批表编码、中检证书编号、修理原因</td><td>进境修理进口报关单号</td><td>全免</td></tr>
<tr><td rowspan="3">出境修理货物</td><td>出境：出口报关单</td><td>修理物品（1300）</td><td colspan="2">其他法定（299）</td><td>维修合同号或者含有保修条款的原进口合同号</td><td>原进口报关单号</td><td>全免</td></tr>
<tr><td rowspan="2">复运进境：进口报关单</td><td rowspan="2">修理物品（1300）</td><td>修理费和料件费单列一项（成交数量录入0.1）</td><td rowspan="2">其他法定（299）</td><td rowspan="2">货物原值、修理费和料件费</td><td rowspan="2">出境修理出口报关单号</td><td>照章征税</td></tr>
<tr><td>货物</td><td>全免/照章征税（注：例如超出6个月，未申请延期，则照章征税）</td></tr>
</table>

知识巩固

一、判断题

1. 特定减免税货物不豁免进口许可证件，但是对海外投资企业进口本企业自用的机器设备可以豁免进口许可证；外商投资企业在投资总额内进口涉及机电产品自动进口许可证的也可以豁免。（　　）
2. 外商投资企业在投资总额内进口的自用机器设备在填报报关单的“监管方式”（原贸易方式）栏目时，应按照企业性质不同类型，分别填报“合资合作设备”或“外资设备物品”；在投资总额以外用自有资金进口的自用机器设备，则应填报“一般贸易”。（　　）
3. 特定减免税进口设备可以在两个享受特定减免税优惠的企业之间结转，结转手续分别向企业主管海关办理。（　　）

4. 出口加工区企业进口免税的机器设备等应填制“出口加工区进境备案清单”，保税区企业进口免税的机器设备则应填报“进口货物报关单”。（　　）
5. 首批进口的特定减免税货物，其特定减免税审批手续可与减免税申请人备案手续合并办理。（　　）
6. “免税不免证”是特定减免税进口监管制度的一个特征。（　　）
7. 暂时进出口货物的收发货人可以向海关申请办理转关手续，开展转关运输。（　　）
8. 暂时进出口货物属于列入海关统计的进出口货物。（　　）
9. 无代价抵偿进出口货物应当在原进出口合同规定的索赔期内且不超过原货物进出口之日起1年，向海关申报办理无代价抵偿货物的进出口手续。（　　）

二、不定项选择题

1. 作为特定减免税货物的机动车辆，海关的监管年限为（　　）。
   A．1年　　B．5年
   C．6年　　D．8年
2. 进出口货物征免税证明的有效期为（　　）。
   A．3个月　　B．6个月
   C．9个月　　D．1年
3. 甲企业与乙企业都属于享受进口减免税优惠的企业，甲企业将特定减免税货物转让给乙企业，由（　　）应当先向主管海关申领《征免税证明》，凭以办理货物的结转手续。
   A．甲企业　　B．乙企业
   C．其他企业　　D．以上答案都不对
4. 特定减免税货物在海关监管期内在境内销售、转让的，企业应向海关办理（　　）。
   A．缴纳进口税费的手续　　B．缴纳出口税费的手续
   C．不需要办理纳税手续　　D．以上答案都不对
5. 北京某外企从美国购进大型机器成套设备，分三批运输进口，其中一批从天津进口、一批从青岛进口、一批从北京进口。该企业在向海关申请办理该套设备的减免税手续时，下列做法正确的是（　　）。
   A．向北京海关分别申领两份《征免税证明》
   B．向北京海关分别申领三份《征免税证明》
   C．向天津海关、青岛海关、北京海关各申领一份《征免税证明》
   D．以上答案都不对

6. 以下进出口货物，在报关工作中不适合“自报自缴”的是（　　）。
A. 涉及公式定价的进口货物
B. 涉及自动进口许可证的进口货物
C. 优惠贸易项下进口货物
D. 暂时进出口货物
7. 适用于ATA单证册货物通常包括（　　）。
A. 各类国际博览会、交易会、展览会、国际会议及类似活动上陈列或使用的物品
B. 以寻求境外供货订单为目的向客户展示或演示的商业样品
C. 各类专业人员使用的专业设备，如赴境外报道、录制节目的摄影设备
D. 以销售为进口目的的货物
8. 进口“无代价抵偿货物”（　　）。
A. 须向海关提交原进口报关单
B. 免予交验进口许可证
C. 无须缴纳进口税费
D. 海关放行后即结关
9. 出境修理货物按期复运进境时，（　　）应当计入完税价格。
A. 原出境货物价格
B. 境外修理费
C. 境外材料费
D. 复运进境的运输及相关费用和保险费

三、案例分析题

某公司进口的一台大型设备需要维修，但是维修该设备需要使用一种专用仪器，须进口该设备，修理后再将设备申报复运出境。该专用仪器进口申报应填报“修理物品”还是“暂时进出境”的监管方式（贸易方式）？

实训任务

1. 广州某公司采购无尘室玻璃卡匣自动升降机一台，从深圳蛇口码头海运进境，该设备是国家重点项目采购设备，有减免税证明。该公司委托四通物流报关有限公司办理该票货物的进口通关手续。请根据《中华人民共和国海关进出口货物征免税证明》，填报该笔业务的进口报关单的相关栏目。

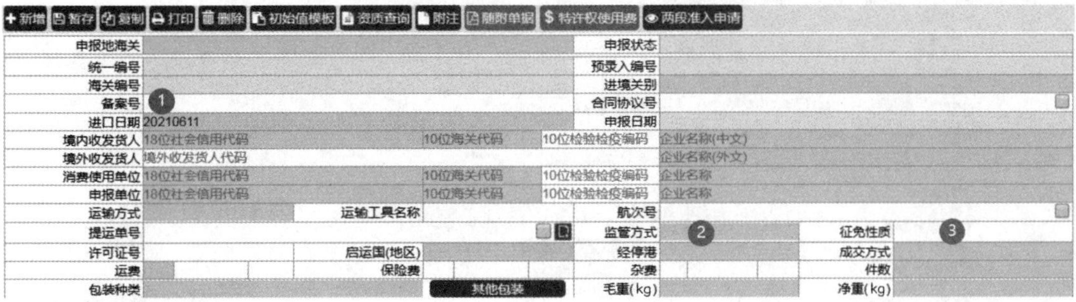

中华人民共和国海关

进出口货物征免税证明

编号：Z52031800012

<table>
<tr><td colspan="7">减免税申请人名称：**　　征免性质/代码：鼓励项目/789</td><td colspan="4">政策依据：署税（1997）1062号文</td></tr>
<tr><td colspan="4">主管单位名称：</td><td colspan="4">免税物资确认表编号：</td><td colspan="3">物资确认表有效期：</td></tr>
<tr><td colspan="4">发证日期：2021年5月28日</td><td colspan="7">有效期：　　至2022年1月28日止</td></tr>
<tr><td colspan="4">进（出）口岸：蛇口海关/5304</td><td colspan="7">合同号：***　　项目性质/代码：中外合资/A</td></tr>
<tr><td rowspan="2">序号</td><td rowspan="2">商品名称</td><td rowspan="2">规格型号</td><td rowspan="2">商品编码</td><td rowspan="2">申报数量</td><td rowspan="2">申报计量单位</td><td rowspan="2">金额</td><td rowspan="2">币制</td><td colspan="3">征免意见</td></tr>
<tr></tr>
<tr><td rowspan="2">1</td><td rowspan="2">自动升级机</td><td rowspan="2">境外品牌（其他）</td><td rowspan="2">8486403900</td><td rowspan="2">1</td><td rowspan="2">台</td><td rowspan="2">**</td><td rowspan="2">美元</td><td>关税</td><td>增值税</td><td>其他</td></tr>
<tr><td>0</td><td>13%</td><td></td></tr>
<tr><td colspan="2">备注</td><td colspan="9">用途：用于垂直移送装有10.5代LCD玻璃基板的卡匣的自动化升降设备，1项安装在液晶玻璃面板生产工厂的彩膜工序制程厂房</td></tr>
<tr><td colspan="2">主管海关签章：企业留存单，无需签章；如需海关签章，可前往主管海关领取</td><td colspan="9">注意事项及权利义务提示：
1．除海关总署另有规定外，本证明使用一次有效；同一合同项下货物分批到货的，应向主管海关申明，并按到货日期分别申请此证明。
2．除海关总署另有规定外，货物进口时应向海关交验本证明，复印件无效。
3．本证明有效期应按照具体政策规定确定，但最长不得超过半年；如需延期，应在有效期内向原主管海关提出延期申请。
4．规定由海关监管使用的减免税货物，在海关监管年限内，减免税申请人应按照特定用途、特定企业、特定地区使用；未经海关许可，不得擅自转让、抵押、质押、移作他用或者进行其他处置，否则，海关将依法处理。
5．如不服本证明决定，依照《中华人民共和国行政复议法》第九条、第十二条、第十六条，《中华人民共和国海关法》第六十四条之规定，可以在本证明送达之日起六十日内向上一级海关（海关总署）申请行政复议，对复议决定仍不服的，依照《中华人民共和国行政诉讼法》第三十八条第二款之规定，可以自收到复议决定书之日起六十日内，向人民法院提起诉讼。</td></tr>
</table>

2．某科研院所进口供科研实验用的蛋白纯化仪器，请根据《中华人民共和国海关进出口货物征免税证明》资料，填报该笔业务的进口报关单的相关栏目。

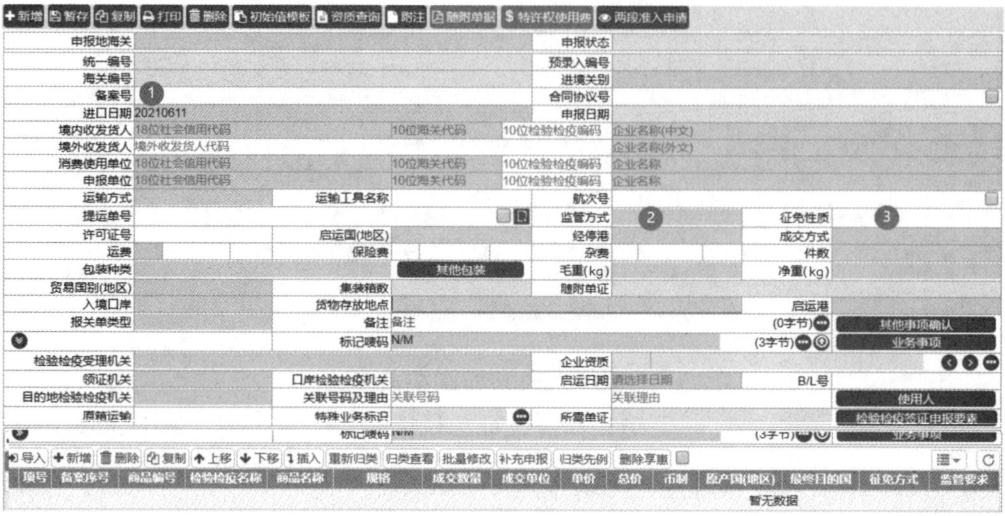

中华人民共和国海关

进出口货物征免税证明

编号：Z02201801992

<table>
<tr><td colspan="7">减免税申请人名称：**　　征免性质/代码：科研院所</td><td colspan="4">政策依据：财关税【2016】70号文</td></tr>
<tr><td colspan="4">主管单位名称：</td><td colspan="4">免税物资确认表编号：</td><td colspan="3">物资确认表有效期：</td></tr>
<tr><td colspan="4">发证日期：2021年5月28日</td><td colspan="7">有效期：　　2022年1月28日止</td></tr>
<tr><td colspan="4">进（出）口岸：津机场办</td><td colspan="7">合同号：***　　项目性质/代码：</td></tr>
<tr><td>序号</td><td>商品名称</td><td>规格型号</td><td>商品编码</td><td>申报数量</td><td>申报计量单位</td><td>金额</td><td>币制</td><td colspan="3">征免意见</td></tr>
<tr><td rowspan="2">1</td><td rowspan="2">蛋白纯化仪器（以下空白）</td><td rowspan="2">境外品牌（其他）</td><td rowspan="2">8479899900</td><td rowspan="2">1</td><td rowspan="2">台</td><td rowspan="2">**</td><td rowspan="2">美元</td><td>关税</td><td>增值税</td><td>其他</td></tr>
<tr><td>全免</td><td>全免</td><td></td></tr>
<tr><td colspan="2">备注</td><td colspan="9">出口享惠情况；不适用进口报关单用途：生物催化剂的分离纯化以及蛋白分离纯化</td></tr>
<tr><td colspan="2">主管海关签章：企业留存单，无需签章；如需海关签章，可前往主管海关领取</td><td colspan="9">注意事项及权利义务提示：
1. 除海关总署另有规定外，本证明使用一次有效；同一合同项下货物分批到货的，应向主管海关申明，并按到货日期分别申请此证明。
2. 除海关总署另有规定外，货物进口时应向海关交验本证明，复印件无效。
3. 本证明有效期应按照具体政策规定确定，但最长不得超过半年；如需延期，应在有效期内向原主管海关提出延期申请。
4. 规定由海关监管使用的减免税货物，在海关监管年限内，减免税申请人应按照特定用途、特定企业、特定地区使用；未经海关许可，不得擅自转让、抵押、质押、移作他用或者进行其他处置，否则，海关将依法处理。
5. 如不服本证明决定，依照《中华人民共和国行政复议法》第九条、第十二条、第十六条，《中华人民共和国海关法》第六十四条之规定，可以在本证明送达之日起六十日内向上一级海关（海关总署）申请行政复议，对复议决定仍不服的，依照《中华人民共和国行政诉讼法》第三十八条第二款之规定，可以自收到复议决定书之日起六十日内，向人民法院提起诉讼。</td></tr>
</table>

3．国外某公司拟参加2025年上海举办的中国国际进口博览会，该公司参展商品为某品牌消防车，需要在上海国际机场办理进口通关手续，并在展会结束后将参展商品运返国内。该公司委托四通物流报关有限公司办理进行关务规划。请完成该笔业务的关务规划。

序号	操作流程	所需单据
1		
2		

4．2024年6月3日中国易安进出口有限公司从Australian dairy equipment manufacturing company，以一般贸易方式海运进口一台全新塑杯酸奶灌装机，在进口企业安装过程中发现主要部件灌装机自动控制部分受损，经与发货人联系确定系发货人原因，经协商决定将不良品退出国外，并由国外发货人重新补发与原货物相同的机器。2024年7月10日国内企业已通过监管方式为“其他”（9900）把机器退运回澳大利亚。2024年9月10日，补发的机器抵达上海洋山港。请完成本票业务的关务方案设计，填报以下信息。

商品信息	
商品名称	
商品编码	
监管条件	
检验检疫	

序号	操作流程	所需单据
1		
2		

进口报关单主要栏目填报	
境内收发货人	
境外收发货人	
启运国	
监管方式	
征免性质	
征免	

项目五

跨境电商出口通关

知识目标

- 理解跨境电商零售出口模式的类型。
- 熟悉跨境电商9610模式、1201模式出口通关流程与单证。
- 理解特殊监管区域包裹零售出口与特殊监管区域海外仓零售出口的异同。
- 熟悉跨境电商B2B模式出口操作流程。
- 理解跨境电商9710模式、9810模式出口的异同。
- 理解市场采购1039模式的特征与适用条件。

能力目标

- 能够判断跨境电商出口货物的监管方式。
- 能够核实跨境电商零售出口、跨境电商B2B出口所需要的单证。
- 能够办理特殊监管区域零售出口通关业务。
- 能够参与跨境电商B2B出口通关操作。

素质目标

- 具备合规开展跨境电商出口的意识，能防范和化解关务风险。
- 理解跨境电商零售出口、跨境电商B2B出口监管、市场采购出口监管的法律法规制度设计背后的价值导向。

重点内容导图

- 跨境电商出口通关
  - 跨境电商零售出口通关
    - 跨境电商零售出口模式概述
    - 跨境电商9610模式出口
    - 跨境电商1210模式出口
    - 跨境电商零售出口税收政策
  - 跨境电商B2B出口通关
    - 跨境电商B2B出口监管
    - 市场采购出口监管

任务一 跨境电商零售出口通关

任务导入

广州中天网络科技有限公司拟从事跨境电商零售出口业务，致力于深入产品原产地直接采购，从源头杜绝假货，为境外消费者提供优质中国产品，委托四通报关有限公司进行跨境电商出口业务的关务规划。

相关知识

一、跨境电商零售出口模式概述

跨境电商业务中，电子商务企业或境内个人通过跨境电商交易平台实现交易，通过跨境物流送达商品给境外消费者并完成交易的跨境贸易商业活动为跨境电商零售出口。跨境电商零售出口模式包括一般出口和特殊区域出口，即跨境电商9610模式出口（也称“跨境直邮出口”）和跨境电商1210模式出口（也称“保税出口”“集货出口”）。

关务观察

“跨境电商9610+中欧班列”模式

2024年2月6日，一列满载家居用品、陶瓷厨具、汽车配件等跨境电商货物的中欧班列从呼和浩特沙良物流园发车，经二连浩特口岸出境，跨越7960公里，抵达白俄罗斯首都明斯克市。这是呼和浩特国际陆港沙良海关监管作业场所正式启动以来，“跨境电商9610+中欧班列”模式的首次探索。该班列载运55柜40尺集装箱，总货值约638万美元，其中“9610”模式跨境电商货物13柜，货值约543万美元。

自“一带一路”倡议提出以来，中欧班列迅猛发展，大量的电商零售商品通过中欧班列直邮出口到欧洲国家。特别是在之前大形势的背景之下，中欧班列在跨境直邮出口中扮演着越来越重要的作用。2020年2月，海关总署出台了支持中欧班列发展的10条措施，其中包括支持利用中欧班列开展跨境电商、快件、邮件运输业务等内容。因此，利用中欧班列出口也越来越普遍，比如中欧班列（成都）已经是常态化跨境直邮出口模式，一列中欧班列相当于10架货运专机的运能。中欧班列开创了跨境电商包裹运输的新格局，进一步拓展了跨境电商国际物流新通道。

二、跨境电商9610模式出口

（一）跨境电商9610模式出口概述

根据海关总署公告2014年第12号《关于增列海关监管方式代码的公告》，增列海关监管方式代码“9610”，全称“跨境贸易电子商务”，简称“电子商务”。跨境电商9610模式出口与9610模式进口监管要求相同，流程相逆，典型特征是“清单核放，汇总申报”或“清单核放，汇总统计”。

9610模式出口申报

（1）清单核放。清单核放是指跨境电商出口企业将“三单信息”（商品信息、物流信息、支付信息）推送到国际贸易“单一窗口”，海关对“清单”进行审核并办理货物放行手续，通关效率更快，通关成本更低。

（2）汇总申报。汇总申报是指跨境电商零售商品出口后，跨境电商企业或其代理人应当于每月15日前（当月15日是法定节假日或者法定休息日的，顺延至其后的第一个工作日），将上月结关的申报清单依据清单表头同一收发货人、同一运输方式、同一生产销售单位、同一运抵国、同一出境关别，以及清单表体同一最终目的国、同一10位海关商品编码、同一币制的规则进行归并，汇总形成“中华人民共和国海关出口货物报关单”向海关申报，并办理出口退税手续。跨境电商综合试验区之外的其他海关仍然采用此方式通关。

（3）汇总统计。汇总统计是指跨境电商综合试验区跨境电商企业执行“无票免税”政策，申报清单经清关放行后，仅需汇总统计，不再汇总形成“中华人民共和国海关出口货物报关单”，是一种简化申报的通关方式。

汇总申报与汇总统计

（二）跨境电商9610模式出口的通关流程

9610模式出口业务流程主要包括：境外消费者网上购物，付款后生成订单、付款单、物流单数据，汇总生成清单数据后海关依据清单核放，货物运输给境外消费者，每月清单数据汇总成报关单进行申报。通关步骤主要包括以下几种。

（1）企业备案。凡是参与跨境电商零售出口业务的企业，主要包括跨境电商企业、物流企业等，如需办理报关业务，则应当向所在地海关办理备案手续，备案手续详见项目二所述。

（2）通关申报。跨境电商零售出口商品申报前，跨境电商企业或其代理人、物流企业应当分别通过国际贸易“单一窗口”或跨境电商通关服务平台，向海关传输交易、收款、物流等出口“三单”数据，提交出口申报清单，表体内容与进口申报清单一致，详见项目三的表3-1内容，表头部分相同内容不再赘述，不同内容详见表5-1。

表5-1 中华人民共和国跨境电子商务零售出口商品申报清单数据（部分）

序号	中文名称	必填项	说明
1	出口口岸代码	是	商品实际出我国关境口岸海关的关区代码 JGS/T 18《海关关区代码》
2	出口日期	是	时间格式：YYYYMMDD
3	生产销售单位代码	是	出口发货人填写海关企业代码
4	生产销售单位名称	是	实际发货人的企业名称
5	收发货人代码	是	一般指电商企业的海关备案登记代码
6	收发货人名称	是	一般指电商企业的海关备案登记名称
7	区内企业代码	否	针对保税出口模式，区内仓储企业代码，用于一线出区核减账册
8	区内企业名称	否	针对保税出口模式，区内仓储企业名称
9	提（运）单号	否	提单或总运单的编号
10	总包号	否	物流企业对于一个提运单下含有多个大包的托盘编号（邮件为邮袋号）
11	运抵国（地区）	是	出口货物直接运抵的国家（地区），按照《JGS-20 海关业务代码集》国家（地区）代码表填写代码
12	指运港代码	是	出口运往境外的最终目的港的标识代码。最终目的港不可预知时，应尽可能按预知的目的港填报

（3）离境结关。出口申报清单放行后，跨境电商出口商品通过运输工具运输离境，对应出口申报清单结关。

（4）汇总申报。跨境电商零售商品出口后，跨境电商企业或其代理人应当于每月15日前按规定汇总上月结关的出口申报清单形成出口报关单，允许以“清单核放、汇总统计”方式办理报关手续的，则不再汇总成报关单。

三、跨境电商1210模式出口

（一）跨境电商1210模式出口概述

海关总署公告2014年第57号《关于增列海关监管方式代码的公告》明确规定，增列海关监管方式代码“1210”，全称“保税跨境贸易电子商务”，简称“保税电商”。

特殊区域出口（代码“1210”）也称“保税出口”“集货出口”，其业务流程是跨境电商企业将跨境电商零售出口商品批量统一报关进入海关特殊监管区域或保税物流中心（B型），进行先期备货，待境外消费者通过跨境电商平台下达订单后，根据平台订单情况将货物打包成大货（即特殊区域海外仓零售出口模式，无须提交申报清单、申报出口报关单或出境货物备案清单）或小包裹（即特殊区域包裹零售出口模式，实时向海关传输交易、支付、物流“三单信息”，提交申报清单出口）。

关务观察

苏州首票跨境电商特殊区域出口海外仓模式成功落地

2022年9月21日，一批价值43.75万元的装饰膜在苏州高新区综保区跨境电子商务监管区顺利申报，并经苏州海关驻虎丘办事处监管放行，这是苏州首票“跨境电商特殊区域出口”海外仓零售（1210）业务，意味着跨境电商1210模式出口正式在苏州落地。

与以往不同的是，这批货物是跨境电商企业先将商品分批出口至苏州高新区综合保税区，在区内进行理货拼箱后，以跨境电商1210模式出口向海关申报，在江苏（苏州）国际铁路物流中心搭乘中欧班列，经满洲里口岸发往企业在欧洲市场的海外仓，再通过电子商务平台零售并将商品从海外仓配送至境外消费者手中。在1210出口海外仓模式下，跨境电商出口企业可以依托综合保税区“分拨集拼、临时仓储、国际运输”等保税物流优势，将出口货物分批备货至综合保税区，由海关对其实行账册管理，在区内仓库完成分拣、包装、理货，形成“综保区前置仓+中欧班列+海外仓”联运模式，形成了海铁空物流全畅通的新格局，提高跨境电商出口在物流成本、时效、手续方面的竞争力。同时，在企业规范申报的基础上，出口货物入区后即可申请出口退税，具有退税流程简便、周期短、效率高的特点，将有力缓解生产制造企业“卖全球”的资金压力，有力地支持跨境电商产业高质量发展。

（二）跨境电商1210模式出口的优点

（1）“入区即退税”（保税区除外）政策，货物申报入区后即可用二线入区的报关单办理退税，可以让卖家实现提前快速退税，产生海外订单后再分包裹分批运往境外，相对于原碎片化订单，有效降低了企业退税成本与整体物流费用，提升了通关时效，企业资金运用效率也随之提高。

（2）特殊监管区域为跨境电商企业测试新品以及退换货带来便利，是跨境电商企业境外销售的“缓冲带”，区内备货的保税商品如果销量不理想，经内销补税，仍可快速流回境内处理，减小损失。

（3）货物批量入区以及集货运输出口，有效降低了企业物流成本。特殊区域出口充分利用“统一报关，分批出口”优势，满足了跨境出口订单碎片化多元化的要求，解决了传统跨境小包出口结汇、退税、数据统计难等问题，提升了贸易效率。

（4）畅通跨境电商出口退货渠道，退换货可直接在特殊监管区域内完成，对退运回国的货物可以直接在特殊监管区域内重新打包销售，提高作业效率，保障跨境商品“出得去，退得回”，解决跨境电商企业的后顾之忧。

（三）跨境电商1210模式出口的通关流程

（1）申请账册。1210模式出口的通关流程的申请账册内容与1210模式进口相同，此处不再赘述。

（2）入区通关（二线入区）。跨境电商企业一般委托区内仓储企业进行报关，先申报保税核注清单（进口），再申报出口报关单，报关单审核通过后，最后申报入区核放单。

保税核注清单（进口）和报关单（监管区内企业采用备案清单申报，区外企业采用报关单申报），录入内容与1210模式进口通关有相同部分，也存在差异，详见表5-2。

表5-2　报关单据录入比较（1210模式入区通关）

报关单据		1210模式进口业务	1210模式出口业务
保税核注清单（进口）	清单类型	普通清单	
	手（账）册编号	保税物流账册编号（L账册或TW账册）	
	料件成品标志	料件	
	报关标志	报关	
	进境关别	实际进口口岸海关	特殊监管区域或场所海关
	启运国	实际进口国家或地区	中国
	监管方式	保税电商	料件进出区
	运输方式	实际进出境运输方式	其他方式运输
	报关类型	对应报关	关联报关
	报关单类型	进口报关单	出口报关单
进出境备案清单/进出口报关单	境内收/发货人	特殊监管区域或场所内的仓储企业	
	申报单位	特殊监管区域或场所内的仓储企业或其他报关企业	
	随附单证栏	随附单证代码“a”，随附单证编号为保税核注清单编号	
	备注栏	注明“跨境电子商务”	
	备案号	保税物流账册编号	无须填报
	启运国/运抵国	实际进口国家或地区	运抵国：中国
	贸易国	实际进口国家或地区	中国
	运输方式	实际进出境运输方式	其他方式运输
	成交方式	实际贸易术语	FOB（注：无实际进出境，进口申报CIF，出口申报FOB）
	监管方式	保税电商	一般贸易
	征免性质	无须填报	一般征税
	征免（方式）	全免	照章征税

在入区申报阶段，1210模式出口报关，按照“一般贸易”进行申报，涉检货物需要办理报检手续。除保税区外（入保税区货物不办理退税，待实际离境予以办理），企业可办理入区出口退税手续，后续不再办理电商清单的汇总申报。

1210模式下出口的货物入区核放单，填制内容与1210模式进口基本相同，但核放单类型有区别，1210模式进口的核放单类型是“一线转入”，1210模式下出口的核放单类型是“二线进出区”。

（3）出区通关（一线出境）。存入特殊区域的商品运往境外的物流方式有两种情况：特殊区域包裹零售出口（小包裹）和特殊区域海外仓零售出口（大货）。特殊区域包裹零售出口（小包裹）是指电商企业把电商平台成交的每一个小包裹直接交物流企业运给境外的消费者个人。特殊区域海外仓零售出口（大货）是指电商企业先把货物批量运往境外的海外仓，然后根据后续订单由海外仓直接配送给境外消费者。

特殊区域包裹零售出口模式，出区通关的流程与9610模式出区通关类似，须申报电商清单信息，无须申报报关单。特殊区域海外仓零售出口模式，因未产生电商订单，所以无须申报电商清单，出区通关的流程与9810出口海外仓模式类似，需要申报报关单（或备案清单），但监管方式代码为“1210”。如表5-3所示为1210出口不同出区通关模式比较。

表5-3 1210出口不同出区通关模式比较

<table>
<tr><th colspan="2">区别项目</th><th>特殊区域包裹零售出口</th><th>特殊区域海外仓零售出口</th></tr>
<tr><td colspan="2">国际物流成本</td><td>国际快递运费</td><td>头程国际运费+仓储费+尾程派送费</td></tr>
<tr><td colspan="2">报关单据种类</td><td>申报清单、保税核注清单（出口）</td><td>保税核注清单（出口）、出口报关单（或出境货物备案清单）</td></tr>
<tr><td rowspan="8">保税核注清单</td><td>商品信息</td><td>《申报清单》表体导入</td><td>其他方式录入</td></tr>
<tr><td>报关标志</td><td>非报关</td><td>报关</td></tr>
<tr><td>清单类型</td><td colspan="2">保税电商</td></tr>
<tr><td>手（账）册编号</td><td colspan="2">保税物流账册编号（L账册或TW账册）</td></tr>
<tr><td>料件成品标志</td><td colspan="2">料件</td></tr>
<tr><td>监管方式</td><td colspan="2">料件进出区</td></tr>
<tr><td>运输方式</td><td colspan="2">实际进出境运输方式</td></tr>
<tr><td>运抵国</td><td colspan="2">实际出口国家或地区</td></tr>
</table>

四、跨境电商零售出口税收政策

（一）“无票免税”政策

跨境电商企业是否需要“无票免税”政策是由跨境电商特殊的贸易形态所决定的。

在一般国际贸易中，享有出口货物退税优惠（货物输出国对输出境外的货物免征其在本国境内消费时应缴纳的税金或退还其按本国税法规定已缴纳的税金）的出口商，要实现出口退税，就必须拥有进项增值税发票。但由于跨境电商的发展和形态区别于一般贸易，跨境电商卖家通常都在跨境电商平台上销售多个SKU（最小库存单位），用以区分物品。比如：同一款式不同颜色的衣服是不同的SKU商品，有的甚至数以万计。这使得跨境电商卖家无法做到为每一类、每一批次所售商品均获得进项增值税发票。

2018年9月，财政部、税务总局、商务部、海关总署联合发布了《关于跨境电子商务综合试验区零售出口货物税收政策的通知》（财税〔2018〕103号），对跨境电子商务综合试验区（以下简称“综试区”）内的跨境电子商务零售出口企业（以下简称“跨境电商企业”）未取得有效进货凭证的货物，凡符合规定条件的，出口免征增值税和消费税（以下简称“无票免税”政策）。

（二）试行所得税核定征收政策

1．相关管理规定

为支持跨境电商新业态发展，推动外贸模式创新，国务院决定，出台更加便利企业的所得税核定征收办法。因此，税务总局制发《关于跨境电子商务综合试验区零售出口企业所得税核定征收有关问题的公告》（以下简称《公告》），进一步明确跨境电商企业所得税核定征收有关问题，促进跨境电商企业更好开展出口业务。

《公告》从核定征收范围、条件、方式、程序、优惠政策等方面对综试区内跨境电商企业核定征收企业所得税相关事项进行了规定，旨在为综试区内跨境电商企业提供更为便利的操作办法。

符合条件的跨境电商企业（在综试区注册的跨境电商企业，并在注册地跨境电子商务线上综合服务平台登记出口货物日期、名称、计量单位、数量、单价、金额的；出口货物通过综试区所在地海关办理电子商务出口申报手续的；出口货物未取得有效进货凭证，其增值税、消费税享受免税政策的）试行核定征收企业所得税办法。

综试区内核定征收的跨境电商企业应准确核算收入总额，并采用应税所得率方式核定征收企业所得税。应税所得率统一按照4%确定。

综试区内实行核定征收的跨境电商企业符合小型微利企业优惠政策条件的，可享受小型微利企业所得税优惠政策；其取得的收入属于《中华人民共和国企业所得税法》第二十六条规定的免税收入的，可享受免税收入优惠政策。

2．所得税核定征收的计算

应纳所得税额计算公式如下：

应纳所得税额=应纳税所得额×适用税率

应纳税所得额=应税收入额×4%

一般企业适用税率为25%；符合条件的小型微利企业，对应纳税所得额不超过100万元的部分（年应税收入≤2500万元），减按25%计入应纳税所得额，按20%的税率缴纳企业所得税（税率为25%×20%，即5%）；对年应纳税所得额超过100万元但不超过300万元的部分（2500万元＜年应税收入≤7500万元），减按50%计入应纳税所得额，按20%的税率缴纳企业所得税（税率为50%×20%，即10%）。

对小型微利企业年应纳税所得额不超过100万元、100万元到300万元的部分，分别减按25%、50%计入应纳税所得额，使税率负降至5%和10%。

案例：跨境电商A和B两家企业是符合条件的小型微利企业，2024年销售收入分别为2000万元、7000万元，请计算两家企业的应纳所得税。

解析：跨境电商A企业是符合条件的小型微利企业，2024年销售收入为2000万元，根据应税所得率4%，应纳税所得额是80万元（2000万元×4%），同时，由于A企业的应纳税所得额不超过100万元，因此按5%的税率进行计算，即4万元。

跨境电商B企业是符合条件的小型微利企业，2024年销售收入为7000万元，根据应税所得率4%，应纳税所得额是280万元（7000万元×4%），根据普惠性减税措施，B企业应纳税所得额大于100万元但不超过300万元，因此按10%的税率进行计算，即28万元。

知识巩固

一、判断题

1. 跨境电商9610出口典型特征是“清单核放，汇总申报”或“清单核放，汇总统计”。(　　)
2. 跨境电商企业需要“无票免税”政策是由跨境电商特殊的贸易形态所决定的。(　　)
3. 特殊区域出口（代码1210）也称“保税出口”“集货出口”。(　　)
4. 特殊区域包裹零售出口（小包裹）是指电商企业把电商平台成交的每一个小包裹直接交物流企业运给境外的消费者个人。(　　)
5. 特殊区域海外仓零售出口（大货）是指电商企业先把货物批量运往境外的海外仓，然后根据后续订单由海外仓直接配送给境外消费者。(　　)

二、不定项选择题

1. 跨境电商零售出口商品的“三单”信息包括(　　)。

   A．订单　　B．运单　　C．收款单　　D．运抵单

2. 以下说法错误的是(　　)。

   A．“一线”指特殊区域与境外之间，“二线”指特殊区域与境内区外之间

   B．“一线”指特殊区域与境内区外之间，“二线”指特殊区域与境外之间

C．实行“一线管住”“二线放开”的监管原则

D．实行“双线监管十报关单管理”

3．跨境电商1210模式优点包括（　　）。

A．“入区即退税”（保税区除外）

B．特殊监管区域为跨境电商企业测试新品带来便利

C．货物批量入区以及集货运输出口，有效降低了企业物流成本

D．畅通跨境电商出口退货渠道，退换货可直接在特殊监管区域内完成

4．对跨境电子商务综合试验区内的跨境电子商务零售出口企业未取得有效进货凭证的货物，凡符合规定条件的，出口免征（　　）。

A．企业所得税　　B．出口关税

C．增值税　　D．消费税

5．跨境电商1210模式出口业务，保税核注清单（进口）的启运国，填报（　　）。

A．实际进口国家或地区　　B．中国

C．无须填报　　D．以上答案均错误

6．特殊区域海外仓零售出口，申报单据包括（　　）。

A．保税核注清单（出口）

B．出口报关单（或出境货物备案清单）

C．申报清单

D．以上答案均错误

7．特殊区域包裹零售出口申报单据包括（　　）。

A．保税核注清单（出口）

B．出口报关单（或出境货物备案清单）

C．申报清单

D．以上答案均错误

8．为支持跨境电商新业态发展，推动外贸模式创新，国家出台更加便利企业的所得税（　　）征收办法。

A．核定　　B．汇总　　C．单一　　D．结算

实训任务

1．总结跨境电商9610模式出口、跨境电商1210模式出口的流程与所需单证。

2．请登录“国家虚拟仿真实验教学课程共享平台”，完成由浙江师范大学开发的“跨境电商直邮监管虚拟仿真实验”（9610模式出口），并撰写实训报告。

实训网址：https://www.ilab-x.com/details/page?id=5330&isView=true

任务二 跨境电商B2B出口通关

任务导入

广州元利网络科技有限公司主营跨境电商出口业务，与珠三角优质生产企业形成稳定长期战略合作关系，从源头杜绝假货和次货，为境外消费者提供优质中国产品，委托四通报关有限公司进行跨境电商出口业务的通关手续。

相关知识

一、跨境电商B2B出口监管

（一）跨境电商B2B出口概述

近年来，随着RCEP协议生效、中国企业高质量进行海外仓建设，我国跨境电商迅猛发展，已成为外贸发展新的增长点。海关总署积极创新开展跨境电商"三单"比对、全程无纸化监管、出口退货创新举措等，积极支持跨境电商新业态的健康快速发展。

虽然跨境电商零售出口热度不减，但跨境电商企业对企业出口（B2B出口）仍占我国对外贸易主要份额。在跨境电商政策持续为零售出口加码的同时，只能以一般贸易方式开展的跨境电商B2B出口业务相比之下在通关等各方面略显不便，需要对传统的通关监管方式予以变革，为跨境电商B2B出口注入新的经济发展活力。

自2020年7月1日起，海关总署开始施行跨境电商B2B出口监管试点，充分发挥跨境电商"稳外贸""保就业"等积极作用。目前，跨境电商B2B出口监管模式已在全国海关复制推广。我国体量庞大的出口单票价值低但单量大的中小微出口企业可选择"跨境电商B2B直接出口"（海关监管方式代码"9710"）或者"跨境电商出口海外仓"（海关监管方式代码"9810"）方式开展对外贸易。如表5-4所示为跨境电商B2B出口监管海关一览表。

表5-4 跨境电商B2B出口监管海关一览表

批次	实行海关	政策文件
1	北京海关、天津海关、南京海关、杭州海关、宁波海关、厦门海关、郑州海关、广州海关、深圳海关、黄埔海关开展跨境电商B2B出口监管试点	海关总署公告2020年第75号《关于开展跨境电子商务企业对企业出口监管试点的公告》
2	在现有海关基础上，增加上海、福州、青岛、济南、武汉、长沙、拱北、湛江、南宁、重庆、成都、西安等12个直属海关开展跨境电商B2B出口监管试点	海关总署公告2020年第92号《关于扩大跨境电子商务企业对企业出口监管试点范围的公告》
3	全国海关	海关总署公告2021年第47号《关于在全国海关复制推广跨境电子商务企业对企业出口监管试点的公告》

关务前沿

RCEP 对跨境电商的影响

我国参加的《区域全面经济伙伴关系协定》（Regional Comprehensive Economic Partnership, RCEP）于2022年1月1日开始生效。RCEP实施后，推动我国三分之一的对外贸易实现零关税，促进区域内贸易便利化和营商环境的提升，带动相应服务和投资开放，从而极大提高各签约方的福利水平及其之间的贸易规模。

对于跨境电商企业而言，RCEP是当前我国签署的最高标准的自由贸易协定，在RCEP的巨大市场里，可以参与原产地的价值累积，利用统一的规则体系降低经营成本，减少经营的不确定性风险。具体而言，RCEP对跨境电商的意义如下所述。

RCEP减免关税的措施主要将为跨境电商B2B企业，尤其是为出口企业带来利好。关税的减免有望降低我国跨境电商企业出口商品在进口国的税费成本，进而为海外市场的用户带来更加优惠的价格，提高出口商品的市场竞争力，鼓励我国传统外贸出口企业向跨境电商转型。

贸易标准化有利于削弱交易壁垒。此前，跨境电商商品出口海外面临一个较大的合规风险，即各国贸易标准存在差异，包括各项原产地规则、市场准入政策、投资政策、服务贸易政策等。伴随着原产地规则、海关程序、检验检疫、技术标准等统一规则落地区域内，贸易规则逐渐规范与统一，区域内市场的贸易标准一体化大大削弱了交易壁垒。

生产要素自由流动有利于海外仓的建设与运作。RCEP签订后，区域内的各国国家资源流动、商品流动、技术合作、服务资本合作、人才合作等都将更加便利，而海外仓的建设阻碍也将大大减少。例如，各方承诺对于区域内各国的投资者、公司内部流动人员、合同服务提供者、随行配偶及家属等各类商业人员，在符合条件的情况下，可获得一定居留期限，享受签证便利，以便开展各种贸易投资活动。对此，企业可以抓住机遇进行海外资本、人员投入，推进区域品牌化建设，高质量推进海外仓建设，丰富海外仓功能，对海外市场资源进行有效的整合。

促进贸易数字化，助力电商企业转型升级。RCEP涵盖了一系列推动贸易数字化、降低信息沟通成本的规则。例如，协定要求推进无纸化贸易，认可电子文件与纸质文件具有同等法律效力；除了法规特殊要求外，任一组织不得否认电子签名的法律有效性；所有组织应鼓励应用互认的电子认证等。

可以预见，未来跨境电商交易将持续朝着数字化方向前进，这也要求跨境电商企业充分利用云计算、大数据、人工智能等新生型数字技术，并将其广泛运用于跨境贸易服务、生产、物流和支付环节，提升效率，实现自身从劳动型驱动升级为智慧型驱动。

资料来源：逯宇铎．RCEP的生效对我国跨境电商发展的影响探究．ECR电商发布，2022年2月15日．

（二）跨境电商B2B出口相关概念

根据《关于开展跨境电子商务企业对企业出口监管试点的公告》（海关总署公告2020年第75号）以及相关文件的规定，有关用语的含义如下所述。

1．跨境电商B2B出口

跨境电商B2B出口是指境内企业通过跨境物流将货物运送至境外企业或海外仓，并通过跨境电商平台完成交易的贸易形式。

2．跨境电商平台

跨境电商平台是指为交易双方提供网页空间、虚拟经营场所、交易规则、信息发布等服务，设立供交易双方独立开展交易活动的信息网络系统。包括自营平台和第三方平台，境内平台和境外平台。

3．海外仓

海外仓是由物流企业、跨境电商平台或大型跨境电商卖家等专业化主体在境外通过自建或租用，运营的数字化智能化仓储设施。海外仓是跨境电商的重要境外节点，是新型外贸基础设施，是外贸新业态新模式的重要组成部分。

（三）跨境电商B2B出口政策优势

（1）跨境电商B2B出口有了专门的通关方式，享受通关便利。

（2）通过网上传输订单、订舱单等信息，简化了企业申报手续，实现了报关全程信息化。

（3）企业可以选择时效更强、组合更优的方式运送跨境电商货物，满足跨境电商物流时效要求高的特点。

（4）跨境电商B2C出口需要单独打包并逐个贴好面单，采用跨境电商B2B可以批量出口，节省人工和物流成本。

（5）针对单票价值低、单量大的中小微出口企业提供了申报便捷通道和简化申报等便利化措施，进一步降低企业通关成本、提升通关效率，助力中小微企业拓展跨境电商出口业务。

跨境电商B2B出口通关

（四）跨境电商B2B通关模式

1．跨境电商9710模式

根据海关总署公告2020年第75号，增列海关监管方式代码“9710”，全称“跨境电子商务企业对企业直接出口”，简称“跨境电商B2B直接出口”，适用于跨境电商B2B直接出口的货物。

（1）企业管理。跨境电商企业、跨境电商平台企业、物流企业等参与跨境电商B2B出口业务的境内企业，应当依据海关报关单位注册登记管理有关规定，向所在地海关办理注册登记。

（2）通关管理。跨境电商企业或其委托的代理报关企业、境内跨境电商平台企业、物流企业应当通过国际贸易“单一窗口”或“互联网+海关”向海关提交申报数据、传输电子信息，并对数据真实性承担相应法律责任。

跨境电商B2B出口货物应当符合检验检疫相关规定。

海关实施查验时，跨境电商企业或其代理人、监管作业场所经营人应当按照有关规定配合海关查验。海关按规定实施查验，对跨境电商B2B出口货物可优先安排查验。

跨境电商B2B出口货物适用全国通关一体化，也可采用“跨境电商”模式进行转关。

（3）通关流程及单证。跨境电商9710模式通关流程如图5-1所示。

第一步是企业注册/备案。电商企业、物流企业、平台企业须办理跨境电商业务备案登记手续。

第二步是出口申报。订单大于5000元人民币，采用报关单申报，并且向海关申报系统提交订单、订舱单（按要求传输经过船公司确认的订舱单，即预配舱单信息），合同、发票、装箱单等报关单随附单据可以不传输申报系统；订单小于5000元人民币，采用清单申报，并提交订单、订舱单、物流单。

第三步是货物入货站。正常普货入仓流程就是货物运抵海关监管仓、向海关发送运抵报告。

第四步是查验。跨境电商出口商品，海关优先查验。

第五步是运输。货物放行运输出境。

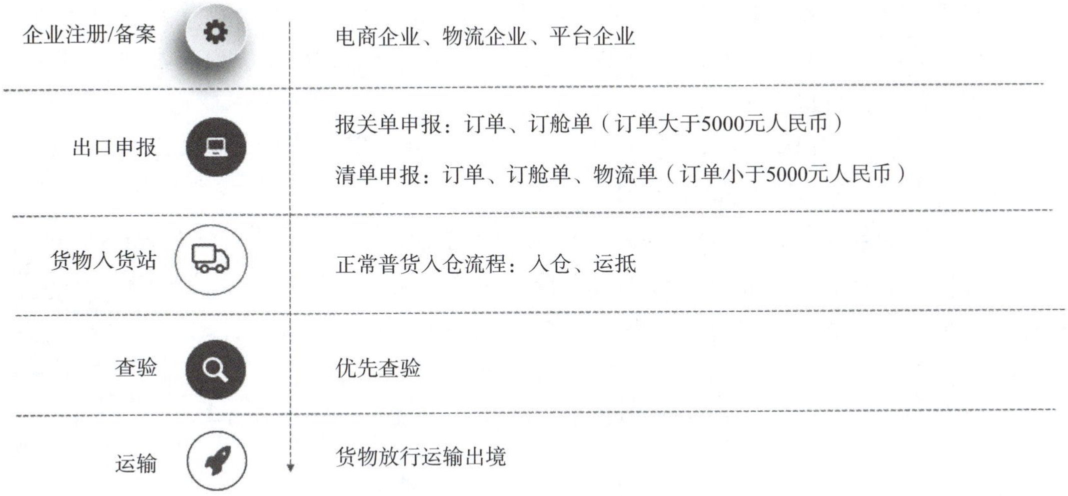

图5-1 跨境电商9710模式通关流程

2．跨境电商9810模式

（1）政策背景。国务院办公厅《关于加快发展外贸新业态新模式的意见》《关于推动外贸保稳提质的意见》等文件中也明确提出，完善跨境电商发展支持政策，支持跨境电商海外仓发展，提升专业化、规模化、智能化水平，进一步发挥对跨境电商的带动作用，助力外贸保稳提质。

（2）海关新增代码。根据海关总署公告2020年第75号，增列海关监管方式代码“9810”，全称“跨境电子商务出口海外仓”，简称“跨境电商出口海外仓”，适用于跨境电商出口海外仓的货物。

（3）海外仓备案。开展出口海外仓业务的跨境电商企业，应当在海关开展出口海外仓业务模式备案。海外仓备案有以下几个要求。

①企业资质。跨境电商出口海外仓模式备案企业应为已在海关办理注册登记，且企业信用等级为常规管理及以上的企业，即非失信企业。

②备案资料。对于符合开展跨境电商出口海外仓业务备案的电商企业，企业主管地海关应当向电商企业收取以下材料。

a.《跨境电商海外仓出口企业备案登记表》和《跨境电商海外仓信息登记表》。

b. 海外仓证明材料：海外仓所有权文件（自有海外仓）、海外仓租赁协议（租赁海外仓）、其他可证明海外仓使用的相关资料（如海外仓入库信息截图、海外仓货物境外线上销售相关信息）等。

c. 有条件的主管地海关可联系当地商务部门或其他主管部门提供企业海外仓业务证明。

d. 其他海关认为需要的材料。

注：企业将不属于海外仓模式的货物申报为海外仓模式的或实际出口目的国（地区）与备案海外仓地址相差较大的，将被海关约谈。海关按规定对出口海外仓业务开展

情况稽核查。对不再开展业务的，或不再具备海外仓资质的企业，将被停止相关业务。

（4）通关流程及单证。9810模式出口的通关流程，与9710模式出口基本一致，在备案环节和单证提交略有不同。

在备案环节，9810模式出口需要对海外仓进行备案，提交《跨境电商出口海外仓企业备案登记表》和《跨境电商海外仓信息登记表》。

关于报关的随附单证，与9710模式出口不同的是，9810模式出口需要提交海外仓的订仓单，而不是订单（系统会对企业资质进行校验，校验海外仓企业信息表，并将报关单和海外仓订仓单进行比对，通过比对后，向H2018申报报关单）。

跨境电商B2B出口单证

其他方面，包括通关系统、简化申报、物流、查验，两种模式是一致的。

二、市场采购出口监管

（一）市场采购的概念

根据《关于修订市场采购贸易监管办法及其监管方式有关事宜的公告》（海关总署公告2019年第221号），市场采购贸易方式是指在经认定的市场集聚区采购商品，单票报关单的货值最高限额为15万美元，由符合条件的经营者在采购地海关办理出口通关手续的贸易方式。市场采购海关监管方式代码为1039，简称“市场采购”。

（二）市场采购1039模式的优势

首先，市场采购1039模式的出现解决了一直以来小商品出口的高通关成本问题。在市场采购模式推行之前，经营主体结构非常多元，数量众多，商品并非大企业机械化的批量生产，而是以中小企业甚至是个体工商户的多品种、小批量生产为主，通关过程中拼柜组柜情况普遍，且因品种多样，造成报关成本高、报关效率低。不仅如此，因经营主体体量普遍较小，接收外汇、开具发票困难。

针对经营主体商品“多品种、多批次、小批量”的特点，市场采购模式出口货物采取按大类方式申报和法定查验的便利化通关措施，每批次报关货值最高限额为15万美元，远超“旅游购物商品（代码‘0139’）”模式下的5万美元限额。

针对经营主体收汇、开具发票困难，且多为人民币现金交易的情况，市场采购1039模式实行增值税免征不退政策，在市场集聚区的市场经营户未取得或无法取得增值税发票的货物均可以市场采购贸易方式出口，成功避免了凭发票申请出口退税的困难。另外，市场采购1039模式开展结算创新，允许市场采购贸易采用人民币结算，但不能以现金结算，降低了市场主体的汇兑风险。

针对大量碎片化交易的监管，市场采购1039模式采用交易信息全流程联网监管。类似于跨境电商的“跨境电商通关服务平台”，所有交易通过联网信息平台（市场采购贸易综合管理系统）完成，确保出口商品“源头可溯、风险可控、责任可究”。

（三）市场采购1039模式的特点

市场采购1039模式的设立的最初目的是推进小商品市场贸易健康发展，具有严格的商品限定、区域限定、主体限定以及通关地限定的特点。

1．商品限定

经市场采购1039模式出口的商品，必须是在市场聚集区内采购的、非国家禁止限制出口的、使用非现金结算的、经市场采购商品认定体系确认的商品。

《关于加快推进市场采购贸易方式试点工作的函》（商贸函［2022］479号）中，对于不适用市场采购贸易方式出口的商品种类做出最新明确规定，包括以下11类商品目录范围。

（1）《禁止出口货物目录》。

（2）《出口许可证管理货物目录》。

（3）《两用物项和技术出口许可证管理目录》。

（4）《进出口野生动植物种商品目录》。

（5）《精神药品品种目录》。

（6）《麻醉药品品种目录》。

（7）《进出口农药管理目录》。

（8）《兴奋剂目录》。

（9）《黄金及其制品进出口管理商品目录》。

（10）《中国严格限制进出口的有毒化学品目录》。

（11）医用口罩、医用防护服、呼吸机、红外体温计和非医用口罩。

2．区域限定

经市场采购1039模式出口的商品，仅限于经海关总署公告认定的市场集聚区。目前，经海关总署发布的六次公告确认，共计39个市场采购试点聚集区，所涉及的商品领域多集中在皮革皮具、服装箱包、灯饰家纺等“中国制造”密集型轻工业产品。试点规模的不断扩展，反映了市场采购1039模式有利于中国制造类商品走出国门。表5-5为市场采购试点一览表。

表5-5 市场采购试点一览表

批次	市场采购贸易方式试点范围（市场名称）	政策文件
1	义乌市市场集聚区（范围为义乌国际小商品城义乌市区各专业市场和专业街）	海关总署公告2014年第54号《关于市场采购贸易监管办法及其监管方式有关事宜的公告》（已被海关总署2019年第221号《关于修订市场采购贸易监管办法及其监管方式有关事宜的公告》废止）

续表

批次	市场采购贸易方式试点范围（市场名称）	政策文件
2	江苏省海门叠石桥国际家纺城 浙江省海宁皮革城	海关总署公告2015年第67号《关于市场采购贸易方式扩大试点的公告》
3	江苏常熟服装城 广州花都皮革皮具市场 武汉汉口北国际商品交易中心 山东临沂商城工程物资市场 河北白沟箱包市场	海关总署公告2016年第63号《关于市场采购贸易方式扩大试点的公告》
4	温州（鹿城）轻工产品交易中心 亚洲国际家具材料交易中心 泉州石狮服装城 中山市利和灯博中心 湖南高桥大市场 成都国际商贸城	海关总署公告2018年第167号《关于扩大市场采购贸易方式试点的公告》
5	辽宁西柳服装城、浙江绍兴柯桥中国轻纺城、浙江台州路桥日用品及塑料制品交易中心、浙江湖州（织里）童装及日用消费品交易管理中心、安徽蚌埠中恒商贸城、福建晋江国际鞋纺城、山东青岛即墨国际商贸城、山东烟台三站批发交易市场、河南中国（许昌）国际发制品交易市场、湖北宜昌三峡物流园、广东汕头市宝奥国际玩具城、广东东莞市大朗毛织贸易中心、云南昆明俊发·新螺蛳湾国际商贸城、深圳华南国际工业原料城、内蒙古满洲里市满购中心（边贸商品市场）、广西凭祥出口商品采购中心（边贸商品市场）、云南瑞丽国际商品交易市场（边贸商品市场）	海关总署公告2020年第114号《关于扩大市场采购贸易方式试点的公告》
6	天津王兰庄国际商贸城 吉林珲春东北亚国际商品城 江西景德镇陶瓷交易市场 新疆阿拉山口亚欧商品城 河北唐山国际商贸交易中心 黑龙江绥芬河市青云市场 重庆市大足龙水五金市场 新疆乌鲁木齐边疆宾馆商贸市场	海关总署公告2022年第101号《关于扩大市场采购贸易方式试点的公告》

3．主体限定

从事市场采购贸易的供货商和外贸代理商必须在限定的市场采购聚集区内办理备案。非指定的市场聚集区内备案的经营主体，不能适用市场采购1039模式。

4．通关地限定

以市场采购贸易方式出口的货物必须在指定口岸办理出口通关手续，例如，广州花都皮革皮具市场以市场采购方式出口的，目前只能在花都海关和广州白云机场海关办理通关。

（四）海关监管平台

市场采购1039模式下的所有环节均通过联网信息平台数据交换平台进行监管，接受市场监管、海关、税务、外汇管理等部门的联合监管（图5-2）。对于拟通过市场采购1039模式出口的企业，应关注事前备案以及交易真实性，要明确市场采购的各类限定条件，以上条件均满足后才可考虑采用市场采购1039模式出口。仍需注意的是，市场采购出口本质上仍是按照一般货物进行通关监管，报关简化，但被列入法定检验目录的商品，如皮革、皮具、服装等，仍然需要按照正常的商检流程进行，获得检验检疫通过后方可出口。

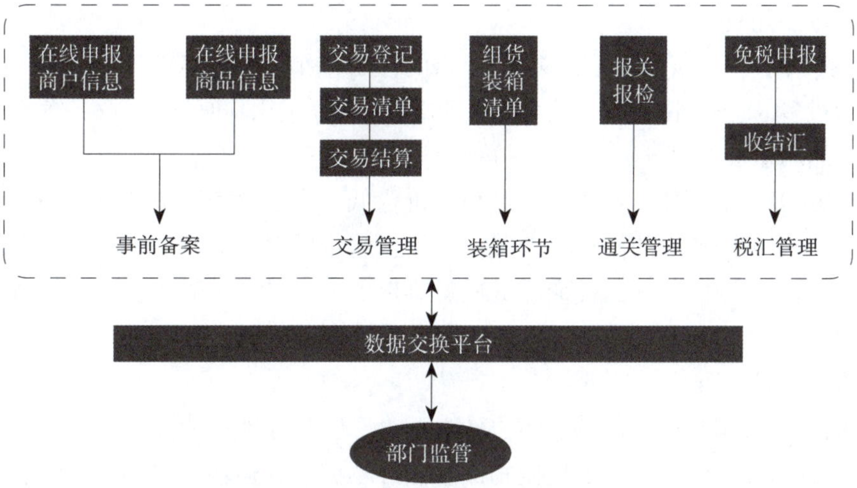

图5-2 市场采购1039模式海关监管平台

（五）市场采购贸易方式出口货物免征增值税政策

市场经营户自营或委托市场采购贸易经营者在经国家商务主管等部门认定的市场集聚区内采购、单票报关单商品货值15万（含15万）美元以下，并在采购地办理出口商品通关手续的货物免征增值税。

（1）市场采购贸易方式出口货物，是指市场经营户自营或委托市场采购贸易经营者，按照海关总署规定的市场采购贸易监管办法办理通关手续，并纳入涵盖市场采购贸易各方经营主体和贸易全流程的市场采购贸易综合管理系统管理的货物（国家规定不适用市场采购贸易方式出口的商品除外）。

（2）委托出口的市场经营户应与市场采购贸易经营者签订《委托代理出口货物协

议》。受托出口的市场采购贸易经营者在货物报关出口后，应在规定的期限内向主管税务机关申请开具《代理出口货物证明》。

（3）市场经营户或市场采购贸易经营者应按以下要求时限，在市场采购贸易综合管理系统中准确、及时录入商品名称、规格型号、计量单位、数量、单价和金额等相关内容形成交易清单。

①属于自营出口的，市场经营户应当于同外商签订采购合同时自行录入。

②属于委托出口的，市场经营户将货物交付市场采购贸易经营者时自行录入，或由市场采购贸易经营者录入。

（4）市场经营户应在货物报关出口次月的增值税纳税申报期内按规定向主管税务机关办理市场采购贸易出口货物免税申报；委托出口的，市场采购贸易经营者可以代为办理免税申报手续。

（六）市场采购的政策优势引发的多种合规风险

1．主体多元复杂

生产商、中介、外商等呈现出多元化复杂的特征。市场采购监管模式下多为中小企业，规模小，数量多，监管困难，易产生个别企业虚假备案、借用其他公司名义备案等情况。

2．商品质量参差不齐

市场采购多为小商品，种类多、量小、价格低，个别商家诚信意识不强，会针对不同的进口国生产不同档次的商品，海关、市场监管难以对如此繁杂多样的种类进行全面质量的评估检查，因此销往国外商品的质量难以保证，易产生购销合同、消费者侵权纠纷等民事责任问题。

3．收汇监管困难

跨境电商需要国际供应链的整体协作、配合和支持才能完成交易。跨境电商出口的物流和资金流，经过电商平台、境内物流、国际物流头程运输、目的国仓储、目的国尾程配送、货款结算及汇兑等环节。由于整个国际供应链的碎片化，而海关申报作为其中一个环节，缺乏与国际供应链其他环节有效的数据对接，不能形成完整的回路，从而造成申报数据的失真和责任的缺失，易出现如虚假贸易、单货不符、未收汇等情况。

4．海关申报不实的走私风险

因市场采购对商品种类有所限制，超出种类范围的商品不能通过市场采购方式出口，因此易产生申报不实，伪报商品类别等情况。例如，将本无法通过市场采购的商品伪报成允许范围内的商品，利用通关便利化措施及大类集中申报的政策优势，逃避法定检验，一旦被海关稽查，则将承担累积性的行政处罚，严重者将被追究刑事责任。

如今跨境电商监管模式越发成熟，市场采购1039模式将越来越集中化、专业化、电子化。应充分发挥国际贸易“单一窗口”的技术支持作用，加强监管，使政策优惠真正有针对性地惠及中小企业。对于有意向采用市场采购方式出口的跨境电商企业而言，明确政策适用范围是重中之重，同时如实申报也尤为重要。

知识巩固

一、判断题

1. 跨境电商B2B面向的客户是公司。(   )
2. 在跨境电商市场中，B2C长期居于主导地位，基本上占跨境总交易额的80%以上。(   )
3. 市场采购贸易方式是指在经认定的市场集聚区采购商品，单票报关单的货值最高限额为5万美元，由符合条件的经营者在采购地海关办理出口通关手续的贸易方式。(   )
4. 从事市场采购贸易的供货商和外贸代理商必须在限定的市场采购聚集区内办理备案。非指定的市场聚集区内备案的经营主体，不能适用市场采购1039模式。(   )
5. 市场采购1039的出口模式有利于中国制造类商品走出国门。(   )

二、不定项选择题

1. 以下跨境电商平台中（   ）是跨境电商B2B平台。
   A. 阿里巴巴国际站　　B. 速卖通
   C. 亚马逊　　D. 敦煌网
2. 跨境电子商务企业对企业直接出口的海关监管方式代码是（   ）。
   A. 9810　　B. 9710
   C. 1210　　D. 1039
3. 市场采购的政策优势引发的多种合规风险包括（   ）。
   A. 市场采购监管模式下多为中小企业，规模小，数量多，监管困难，易产生个别企业虚假备案、借用其他公司名义备案等情况
   B. 易产生购销合同、消费者侵权纠纷等民事责任问题
   C. 收汇监管困难
   D. 海关申报不实的走私风险
4. 市场经营户自营或委托市场采购贸易经营者在经国家商务主管等部门认定的市场集聚区内采购、单票报关单商品货值（   ）万美元及其以下，并在采购地办理出口商品通关手续的货物免征增值税。
   A. 5　　B. 10　　C. 15　　D. 20
5. 市场采购贸易方式试点的区域包括（   ）。
   A. 天津王兰庄国际商贸城　　B. 吉林珲春东北亚国际商品城
   C. 江西景德镇陶瓷交易市场　　D. 新疆阿拉山口亚欧商品城

6. 不适用市场采购贸易方式出口的商品种类包括列入以下（　　）商品。
   A.《禁止出口货物目录》
   B.《出口许可证管理货物目录》
   C.《进出口野生动植物种商品目录》
   D.《精神药品品种目录》
7. 以市场采购贸易方式出口的货物必须在指定口岸办理出口通关手续，例如广州花都皮革皮具市场以市场采购方式出口的，目前只能（　　）办理通关。
   A. 花都海关
   B. 广州白云机场海关
   C. 广州海关
   D. 深圳海关
8. 市场采购出口本质上仍是按照一般货物进行通关监管，列入（　　）目录的商品，需要按照正常的商检流程进行，获得检验检疫通过后方可出口。
   A. 法定检验
   B. 商品检验
   C. 濒危野生动植物
   D. 危险物品

实训任务

广州元利网络科技有限公司出口一批货物到香港海外仓Lee Logistics Co.，LTD。装载货物运输工具于2023年7月16日申报公路运输出境，同日该批货物向深圳湾海关报关出境。请根据资料审核国际贸易“单一窗口”导出的报关单草单，修订错误内容。

企业提供信息如下。

货物性质	跨境电子商务商品
出境关别	深圳湾关（5345）
特殊关系	买卖双方非特殊关系
第一法定单位	千克
出境载货清单号	5100459649488
离境口岸	深圳湾

附1　出口海外仓协议

出口海外仓协议

CONTRACT

NO：LL20230716002

卖方：广州元利网络科技有限公司

地址：广州海珠

买方：Lee Logistics Co.，LTD

地址：Hongkong

品名/规格 NAME OF COMMODITY SPECIFICATION	计量单位 UNIT	数量 QUANTITY	单价 UNIT PRICE CNY	金额 AMOUNT CNY
陶瓷餐具	套	20	200	4000
总计				4000CNY

此经买卖双方同意，按下列条款签订合同

THIS SALES CONTRACT IS MADE BY AND BETWEEN THE SELLER AND THE BUYER ACCORDING TO THE TERMS AND CONDITIONS STIPULATED BELOW：

（1）价格条款

PRICE CONDITION：FOB GUANGZHOU

（2）溢短装条件：数量及总值均允许有5%的增减，由卖方决定。

MORE OR LESS CLAUSE：WITH 5% MORE OR LESS BOTH IN QUANTITY AND AMOUNT ALLOWED AT THE SELLE'S OPTION.

（3）包装

PACKAGE：10 CTNS

（4）唛头及标记

SHIPPING MARKS：N/M

（5）装运期

DATE OF SHIPMENT：2023-07-16

（6）目的地：香港

DESTINATION：HONGKONG

（7）允许分批装运

PARTIAL SHIPMENT：ALLOWED

（8）不允许转运

TRANSSHIPMENT：NOT ALLOWED

附件2

装箱单

品名及规格	数量（套）	净重（kg）	毛重（kg）
陶瓷餐具	20套 2套/纸箱	20	28
TOTAL	10纸箱	20	28

无品牌 无规格 无型号

商品编号：6911101900

中华人民共和国海关出口货物报关单

预录入编号：************ 海关编号：**********

<table>
<tr><td colspan="2">境内收发货人
============</td><td colspan="2">出境关别（5345）
深圳湾关</td><td colspan="2">出口日期
20230716</td><td colspan="2">申报日期
20230716</td></tr>
<tr><td colspan="2">生产销售单位
============</td><td colspan="2">运输方式
公路运输</td><td colspan="2">运输工具名称/航次号</td><td colspan="2">提运单号
5100459649488</td></tr>
<tr><td colspan="2">申报单位
===========</td><td colspan="2">监管方式（0110）
一般贸易</td><td colspan="2">征免性质（101）
一般征税</td><td colspan="2">备案号</td></tr>
<tr><td colspan="2">贸易国（地区）（HKG）
中国香港</td><td colspan="2">运抵国（地区）（HKG）
中国香港</td><td colspan="2">指运港（HKG003）
香港（中国香港）</td><td colspan="2">境内货源地（44039）
深圳其他</td></tr>
<tr><td colspan="2">许可证号</td><td>成交方式（3）
FOB</td><td colspan="2">运费</td><td>保费</td><td colspan="2">杂费</td></tr>
<tr><td colspan="2">合同协议号
LL20230716002</td><td>件数
20</td><td colspan="2">包装种类（22）
纸制或纤维板制盒/箱</td><td colspan="2">毛重（kg）
20</td><td>净重（kg）
28</td></tr>
<tr><td colspan="2">集装箱号
===========</td><td colspan="4">随附单据</td><td colspan="2">离境口岸（4471401）
深圳湾</td></tr>
<tr><td colspan="8">标记唛码及备注
备注：</td></tr>
</table>

注：该报关单仅截取表头部分。

以上填报错误内容是：

应修订为：

项目六

关务异常处理与风险防范

知识目标

- 熟悉跨境电商零售进口商品退货办理流程。
- 熟悉跨境电商出口商品退货管理规定。
- 理解一般退运货物和直接退运货物的区别。
- 理解关务异常产生的原因和解决对策。
- 理解跨境电商走私风险防范、知识产权侵权风险防范、跨境数据安全风险防范。
- 掌握跨境电商企业合规管理的基本措施。

能力目标

- 能够办理跨境电商商品退货业务。
- 能够办理报关单的修改业务。
- 能够参与一般退运、直接退运、退关业务。
- 能够设计跨境电商企业合规管理方案。

素质目标

- 具备合规开展跨境电商进出口的意识，能防范和化解关务风险。
- 理解跨境电商退货、进出口报关单修撤、补充申报的法律法规制度设计背后的价值导向。

重点内容导图

- 关务异常处理与风险防范
  - 关务异常情况处理
    - 跨境电商零售进口商品退货
    - 跨境电商出口商品退货
    - 其他货物退运
    - 关务异常情况概述
    - 关务异常情况的处理方法
    - 报关单修改和撤销
    - 补充申报
  - 跨境电商风险防范
    - 跨境电商风险概述
    - 跨境电商走私风险防范
    - 跨境电商知识产权侵权风险与防范
    - 跨境数据安全风险与防范
    - 跨境电商企业合规管理

任务一 关务异常情况处理

任务导入

四通报关有限公司代理报关的一票跨境电商B2B直接出口货物（海关监管方式代码“9710”），因故退货（货物到达韩国后，韩国公司发现部分摄像头镜头表面有划痕，协商后将部分有划痕产品退回）。请完成该业务的关务操作。

相关知识

一、跨境电商零售进口商品退货

为进一步畅通退货渠道，塑造跨境电商进出口的完整闭环，同时呼应企业开展相关业务的现实需求，国家出台针对跨境电商网购保税零售进口和特殊区域出口业务领域的退货法规，为消费者、跨境电商相关企业提供便利措施。

（一）跨境电商零售进口退货模式

1．跨境电商零售进口退货常规模式

海关总署发布的《关于跨境电子商务零售进口商品退货有关监管事宜的公告》对跨境电商零售进口退货常规模式作出以下规定。

（1）在跨境电商零售进口模式下，跨境电商企业境内代理人或其委托的报关企业（以下简称退货企业）可向海关申请开展退货业务。退货企业应保证退货商品为原跨境电商零售进口商品，并承担相关法律责任。

（2）退货企业可以对原《中华人民共和国海关跨境电子商务零售进口申报清单》（以下简称《申报清单》）内全部或部分商品申请退货。

（3）退货企业在《申报清单》放行之日起30日内申请退货，并且在《申报清单》放行之日起45日内将退货商品运抵原海关监管作业场所、原海关特殊监管区域或保税物流中心（B型）的，相应税款不予征收，并调整消费者个人年度交易累计金额。跨境电商零售进口退货流程如图6-1所示。

（4）退货企业应当向海关如实申报，接受海关监管，并承担相应的法律责任。

2．跨境电商零售进口退货中心仓模式

根据海关总署公告2021年第70号《关于全面推广跨境电子商务零售进口退货中心仓模式的公告》，为便捷跨境电商零售进口商品退货，海关总署决定全面推广“跨境电子商务零售进口退货中心仓模式”（以下简称退货中心仓模式）。

海关特殊监管区域内开展的跨境电商网购保税零售进口（海关监管方式代码“1210”）商品的退货可适用退货中心仓模式，即在跨境电商零售进口模式下，跨境电商企业境内代理人或其委托的海关特殊监管区域内仓储企业（以下简称退货中心仓企业）可在海关特殊监管区域内设置跨境电商零售进口商品退货专用存储地点，将退货商品的接收、分拣等流程在原海关特殊监管区域内开展的海关监管制度。

申请设置退货中心仓并据此开展退货管理业务的退货中心仓企业，其海关信用等级不得为失信企业。

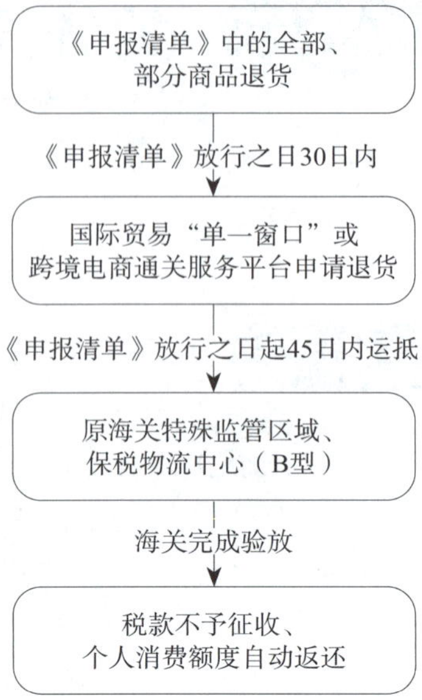

图6-1 跨境电商零售进口退货流程图

（二）常规模式退货流程

（1）企业通过国际贸易“单一窗口”（网址：https://www.singlewindow.cn/）或跨境电子商务通关服务相关平台向海关提出退货申请。

（2）企业将已申报退货的商品运抵原监管作业场所：9610模式直购进口货物退运回原海关监管作业场所，1210模式网购保税进口货物退运回原海关特殊监管区域或保税物流中心（B型）。

（3）现场海关对退货商品确认运抵，并根据相关要求实施验放。完成验放后，退货商品所对应的税款不予征收，并调整个人年度交易累计金额。

（三）退货中心仓模式退货注意事项

（1）退货中心仓企业开展退货业务时，应划定专门区位，配备与海关联网的视频监控系统，使用计算机仓储管理系统（Warehouse Management System，WMS）对退货中心仓内商品的分拣、理货等作业进行信息化管理，并按照海关规定的方式与海关信息化监管系统联网，向海关报送能够满足监管要求的相关数据，接受海关监管。

（2）退货中心仓企业应当建立退货流程监控体系、商品溯源体系和相关管理制度，保证退货商品为原出区域商品，向海关如实申报，接受海关监管，并承担相应法律责任。

（3）退货中心仓企业在退货中心仓内完成退货商品分拣后，对于符合退货监管要求的商品，按现行规定向海关信息化监管系统正式申报退货；对于不符合退货监管要求的商品，由退货中心仓企业复运出区域进行相应处置。

二、跨境电商出口商品退货

（一）相关规定

1．出口退货监管规定

依据海关总署公告2020年第44号《关于全面推广跨境电子商务出口商品退货监管措施有关事宜的公告》，跨境电商出口企业、特殊区域［包括海关特殊监管区域和保税物流中心（B型）］内的退货企业可向海关申请开展跨境电商零售出口、跨境电商特殊区域出口、跨境电商出口海外仓商品的退货业务，即9610出口、1210出口、9810出口这三种模式可以按照以下规定办理退货。

（1）申请开展退货业务的跨境电子商务出口企业、特殊区域内跨境电商相关企业应当建立退货商品流程监控体系，应保证退货商品为原出口商品，并承担相关法律责任。

（2）退货企业可以对原《中华人民共和国海关出口货物报关单》《中华人民共和国海关跨境电子商务零售出口申报清单》或《中华人民共和国海关出境货物备案清单》所列全部或部分商品申请退货。

（3）跨境电子商务出口退货商品可单独运回也可批量运回，退货商品应在出口放行之日起1年内退运进境。

（4）退货企业应当向海关如实申报，接受海关监管，并承担相应的法律责任。

2．出口退运商品税收政策

财政部、海关总署、税务总局《关于跨境电子商务出口退运商品税收政策的公告》（2023年第4号）《关于延续实施跨境电子商务出口退运商品税收政策的公告》（2023年第34号）对出口退运商品税收政策作出以下规定。

（1）对2023年1月30日至2025年12月31日期间在跨境电子商务海关监管代码（1210、9610、9710、9810）项下申报出口，因滞销、退货原因，自出口之日起6个月内原状退运进境的商品（不含食品），免征进口关税和进口环节增值税、消费税；出口时已征收的出口关税准予退还，出口时已征收的增值税、消费税参照内销货物发生退货有关税收规定执行。

（2）已办理出口退税的，企业应当按现行规定补缴已退的税款。企业应当凭主管税务机关出具的《出口货物已补税/未退税证明》，申请办理免征进口关税和进口环节增值税、消费税，退还出口关税手续。

（3）原状退运进境是指出口商品退运进境时的最小商品形态应与原出口时的形态基本一致，不得增加任何配件或部件，不能经过任何加工、改装，但经拆箱、检（化）验、安装、调试等仍可视为“原状”；退运进境商品应未被使用过，但对于只有经过试用才能发现品质不良或可证明被客户试用后退货的情况除外。

（4）企业应当提交出口商品申报清单或出口报关单、退运原因说明等证明该商品确为因滞销、退货原因而退运进境的材料，并对材料的真实性承担法律责任。对因滞销退运的商品，企业应提供“自我声明”作为退运原因说明材料，承诺为因滞销退运；对因退货退运的商品，企业应提供退货记录（含跨境电子商务平台上的退货记录或拒收记录）、返货协议等作为退运原因说明材料。海关据此办理退运免税等手续。

（5）企业偷税、骗税等违法违规行为，按照国家有关法律法规等规定处理。

（二）出口退货操作流程

退货电商企业通过国际贸易“单一窗口”或跨境电子商务通关服务相关平台向海关提出退货申请。9610出口退货与9810出口退货的流程，较为简单，向海关提交退货申请和单据，将退运货物退回海关监管要求的专门区域即可，此处不详细介绍。以下重点介绍1210出口退货。

1210出口退货分为“1210包裹零售出口”商品和“1210海外仓零售出口”商品两种。

“1210包裹零售出口”商品应退回原跨境电商出口账册。通过国际贸易“单一窗口”或跨境电商通关服务平台向海关申报《中华人民共和国海关跨境电子商务零售进出口商品退货单》（以下简称《退货单》）。在《退货单》放行前，应将退货商品存放在符合海关监管要求的专门区域。退货商品应具有可核验的标识，以便海关抽查核验。退货企业应保证退货商品为原出口商品，并承担相应的法律责任。海关查验无误后退货商品可按规定运抵原海关特殊监管区域（中心），原海关特殊监管区域（中心）的跨境电商出口底账相应核增。退货流程如图6-2所示。

“1210海外仓零售出口”商品（包括消费者正常原因或滞销商品）退货，应退回原海外仓账册。“1210海外仓零售出口”的商品若需退货，特殊监管区域（中心）内企业需要向海关申报保税核注清单，根据保税核注清单数据归并生成进口报关单或进境备案清单。出口海外仓的商品退货在海关查验环节享有优先权。退货商品对应的进口报关单或进境备案清单审核放行后，对应特殊监管区域（中心）的原海外仓出口底账相应核增。退货流程如图6-3所示。

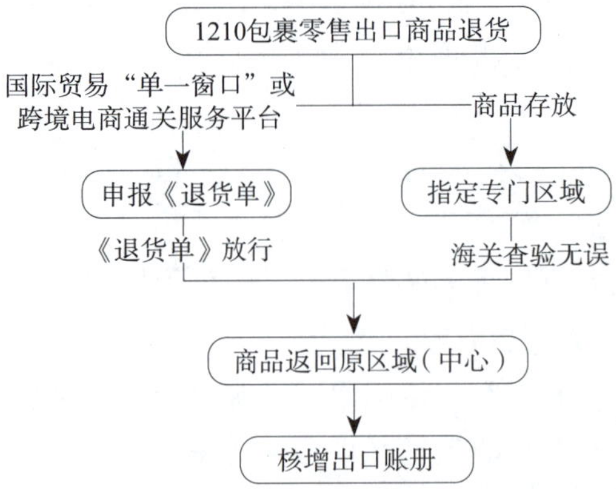

图6-2 “1210包裹零售出口”退货流程图

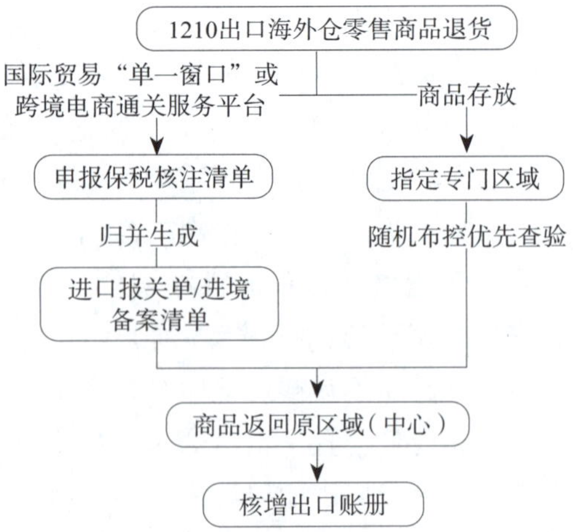

图6-3 “1210海外仓零售出口”退货流程图

此外，跨境电商特殊区域出口（1210出口）的商品退货，可按规定流转至区内其他保税物流账册，海关按照现行规定实施保税监管。

三、其他货物退运

不符合退货政策的跨境电商货物，如需办理退货（退运）手续，按照一般贸易退运进行操作。在实务中，须区分退运货物（一般退运和直接退运）、退关货物。

（一）退运货物

退运货物是指原出口货物或进口货物因各种原因造成退运进口或者退运出口的货物。退运货物包括一般退运货物和直接退运货物。

1．一般退运货物

一般退运货物是指已办理申报手续且海关已放行出口或进口，因各种原因造成退运进口或者退运出口的货物。监管方式为“退运货物（代码‘4561’）”。

（1）退运货物适用以下监管方式进出口货物退运出进境如表6-1所示。

表6-1 适用于“退运货物”的范围

代码	名称	代码	名称
0110	一般贸易	1523	租赁贸易
0139	旅游购物商品	2025	合资合作设备
1616	寄售代销	2225	外资设备物品
1831	外汇免税商品	3010	货样广告品
3339	其他进出口免费	1039	市场采购
3422	对外承包出口	3410	承包工程进口
3612	捐赠物资	3511	无偿援助
4039	对台小额	4019	边境小额
0130	易货贸易	9739	其他贸易

（2）在以下情况下，退运货物不适用。

①货物进境后、放行结关前退运的货物，其监管方式为“直接退运（代码‘4500’）”。

②加工贸易进出口货物退运，其监管方式为“来料料件退换（代码‘0300’）”“进

料料件退换（代码‘0700’）”“来料成品退换（代码‘4400’）”“进料成品退换（代码‘4600’）”。

③加工贸易设备退运，其监管方式为“加工设备退运（代码‘0466’）”。

④“租赁不满一年（代码‘1500’）”“免税品（代码‘1741’）”退运出境，其监管方式为“其他（代码‘9900’）”。

⑤出口加工区进口设备退运出境，其监管方式为“区内设备退运（代码‘5361’）”。

⑥进出口无代价抵偿货物，被更换的原进口货物退运出境，其监管方式为“其他（代码‘9900’）”。

（3）退运货物报关手续。

①退运进口报关手续。原出口货物退运进境时，原发货人或其代理人应填写进口货物报关单，并提供原货物出口时的出口报关单，以及保险公司证明、承运人溢装或漏卸的证明、《出口货物已补税/未退税证明》等有关资料。

因品质或者规格原因，出口货物自出口之日起1年内原状退货复运进境的，原出口时已缴纳出口关税，纳税义务人自缴纳税款之日起1年内，可以向海关申请退税。经海关核实后不予征收进口税费，但货物复运进境时间超过1年，则该货物不享受免征进口关税和进口环节海关代征税的措施。

②退运出口报关手续。因故退运出口的境外进口货物，原收货人或其代理人应填写出口货物报关单申报出境，并提供原货物进口时的进口报关单，以及保险公司、承运人溢装或漏卸的证明等有关资料。

因品质或者规格原因，进口货物自进口之日起1年内原状退货复运出境的，经海关核实后不予征收出口关税，已征收的进口税费，自缴纳进口税款之日起1年内准予退还。

2．直接退运货物

直接退运货物是指在有关货物进境后、放行手续前，进口货物收货人、原运输工具负责人或者其代理人申请直接退运境外，或者海关根据国家有关规定责令直接退运境外的全部或部分货物。直接退运有两种情况：第一种是当事人申请退运，第二种是海关责令退运。

（1）当事人申请直接退运。有下列情形之一的，当事人可以向海关申请办理直接退运手续：

①因国家贸易管理政策调整，收货人无法提供相关证件的；

②属于错发、误卸或者溢卸货物，能够提供发货人或者承运人书面证明文书的；

③收发货人双方协商一致同意退运，能够提供双方同意退运的书面证明文书的；

④有关贸易发生纠纷，能够提供法院判决书、仲裁机构仲裁决定书或者无争议的有效货物所有权凭证的；

⑤货物残损或者国家检验检疫不合格，能够提供国家检验检疫部门根据收货人申请而出具的相关检验证明文书的。

办理直接退运手续的进口货物未向海关申报的，当事人应当向海关提交《进口货物直接退运表》以及证明进口实际情况的合同、发票、装箱清单、提运单或者载货清单等相关单证、证明文书，按照海关的规定填制报关单，办理直接退运的申报手续。

办理直接退运手续的进口货物已向海关申报的，当事人应当向海关提交《进口货物直接退运表》、原报关单或者转关单以及证明进口实际情况的合同、发票、装箱清单、提运单或者载货清单等相关单证、证明文书，先行办理报关单或者转关单删除手续。

（2）海关责令退运。在货物进境后、办结海关放行手续前，有下列情形之一依法应当退运的，由海关责令当事人将进口货物直接退运境外。

①进口国家禁止进口的货物，经海关依法处理后的。

②违反国家检验检疫政策法规，经国家检验检疫部门处理并且出具《检验检疫处理通知书》或者其他证明文书后的。

③未经许可擅自进口属于禁止进口的固体废物，经海关依法处理后的。

④违反国家有关法律、行政法规，应当责令直接退运的其他情形。

对需要责令进口货物直接退运的，由海关根据相关政府行政主管部门出具的证明文书，向当事人制发《中华人民共和国海关责令进口货物直接退运通知书》（以下简称《责令直接退运通知书》）。当事人收到《责令直接退运通知书》之日起30日内，应当按照海关要求向货物所在地海关办理进口货物直接退运的申报手续。

（3）直接退运报关手续。

①申请办理直接退运手续的货物，一般应在运载该批货物的运输工具申报进境之日起或自运输工具卸货之日起3个月内。

②当事人办理进口货物直接退运的申报手续时，除另有规定外，应当先填写出口报关单向海关申报，再填写进口报关单（即先申报出口，再申报进口），并在进口报关单“关联报关单”栏填报出口报关单号。

由于承运人的责任造成货物错发、误卸或者溢卸的，当事人办理直接退运手续时可以免予填制报关单。

③报关单“备注”栏填写《进口货物直接退运表》或者《责令直接退运通知书》编号，即填报“<ZT”+“海关审核联系单号或者《责令直接退运通知书》编号”+“>”。

④“监管方式”栏均填写“直接退运（代码4500）”；“征免性质”栏目免予填报；“征免”栏填写“全免”。

（二）退关货物

1．退关货物的含义

退关货物又称出口退关货物，它是指出口货物在海关申报出口后海关放行，因故未能装上运输工具，发货单位申请将货物退运出海关监管区不再出口的货物。

2．出口退关货物的报关程序

①出口货物的发货人及其代理人应该在得知出口货物未装上运输工具，并决定不再

出口之日起3天内，向海关申请退关。

②经海关核准且撤销出口申报后方能将货物运出海关监管场所。

③已缴纳出口税的退关货物，可以在缴纳税款之日起1年内，向海关申请退税。

④办理出口货物退关手续后，海关对所有单证予以注销，并删除有关报关电子数据。

四、关务异常情况概述

（一）关务异常情况的内涵

关务异常情况，是指在关务作业的某一环节，由于突发或不可预知的情形，导致正常的关务作业无法按照计划继续进行的情况。具体包括但不限于以下情况。

（1）舱单信息、检验检疫信息、许可证件信息、加工贸易备案信息、其他审批信息等联网核查电子数据信息与申报单证信息不相符。

（2）申报单证信息与实际进出口货物不相符。

（3）进口货物不符合检验检疫要求。

（4）国际贸易“单一窗口”“互联网+海关”等通关系统发生故障。

（5）因国家政策调整，导致监管条件和税率变动。

（6）进出口货物涉嫌侵犯知识产权。

（7）电子账册报核底账不符等。

（二）关务异常情况与报关差错的区别

关务异常情况与报关差错有本质区别，采取的处理方法也有所不同。

报关差错主要是由于报关人员业务素质不高、不够细致等主观原因造成。提高报关人员的业务素质，加强关务培训，可以有效地减少和杜绝报关差错。

而关务异常情况的产生，主要由于关务作业是一个比较复杂、连贯、逻辑合理性很强的作业体系，主要因外部不可控的因素导致，比如委托人提供的信息有误差、计算机系统故障、国家贸易政策突变等，均有可能发生在报关作业的任何一个环节。对关务作业异常情况的处理，其核心是加强关务管理、采取正确有效的处理方法。从关务作业的性质来看，关务企业和报关人员的最终目的是实现对委托人的承诺，及时、便捷、合法地办理海关通关手续。加强关务管理、采取正确有效的处理方法，可以在异常情况下给关务企业和委托人减少不合理或不必要的损失，避免争端。

针对关务异常情况，关务企业内部必须建立迅速有效的处理制度与机制。其根本目的是完善关务作业体系，建立全面、完善、科学的企业制度，提高企业的竞争力。因此，对于关务异常情况，不能局限于解决眼前的问题，更应该着眼于对关务异常情况的总结、归纳和分析，以建立有效、可控的防范和解决机制。

五、关务异常情况的处理方法

关务作业过程中出现异常情况，报关人员首先应在第一时间做出反应，准确判断发生异常的报关业务环节涉及哪些政府管理部门，在了解事情发生的直接原因后，主要围绕以下三个方面进行处理工作。

（1）立即向本单位主管领导进行口头和书面汇报，收集相关单证和资料，组成异常情况处理小组或机构，制定解决方案和时间进度表。

（2）及时向海关进行书面情况报告，说明事实真相，寻求海关的理解、支持和帮助，向海关了解有关的政策信息，了解有无先例、如何处理等有助于问题解决的信息。

（3）对关务异常情况进行评估，锁定可能导致的损失金额，及时向报关委托人通报相关信息的解决方案，要求其予以协助。

关务异常情况的产生原因各异，情况复杂，难以对其表现和处理方法进行全面的归类总结。表6-2初步列举了进出口结关作业阶段的典型异常情况，并对可以采取的处理方法给予提示。

表6-2 结关作业阶段典型异常情况处理

结关作业阶段	异常情况描述	产生异常原因	处理方法
出口后续作业	海关已放行，但报关单显示未结关	舱单数据异常（数据错误）、无核销标志	与代理公司及驳船代理公司确定具体原因，由其处理相关数据信息，接受对方反馈后查询确定，办理证明联申领手续
	加工贸易无法核销	加工贸易手册超量	通知客户做手册数量变更，变更后与代理公司及驳船代理公司确定具体原因，由其处理相关数据信息
进口后续作业	已放行提货，但海关网站显示未放行	主要原因是报关单在放行时出现网络故障	企业可书面向海关申请重新放行，海关放行后即可结关，可办理证明联申领手续

六、报关单修改和撤销

进出口货物收发货人或其代理人符合《中华人民共和国海关进出口货物报关单修改和撤销管理办法》（总署令〔2014〕220号，并已根据2018年11月23日海关总署令第243号《海关总署关于修改部分规章的决定》进行第三次修正）规定情形的（表6-3），可通过“互联网+海关”的“报关单修改和撤销”功能模块，向海关办理进出口货物报关单修改或者撤销手续。

海关办理后通过预录入系统将办理情况反馈当事人，当事人可通过预录入系统查询已提交的修改或者撤销手续的办理进度。

表6-3　进（出）口货物报关单修改和撤销的情形及相关规定

<table>
<tr><th colspan="2">进（出）口货物报关单修改和撤销的情形</th><th>所需材料</th><th>要求</th></tr>
<tr><td rowspan="6">客观原因</td><td>出口货物放行后，由于装运、配载等原因造成原申报货物部分或者全部退关、变更运输工具的</td><td>《进出口货物报关单修改/撤销表》退关、变更运输工具证明材料</td><td rowspan="6">当事人向海关提交材料符合规定，并且齐全、有效的，海关应当及时进行修改或者撤销</td></tr>
<tr><td>进出口货物在装载、运输、存储过程中发生溢短装，或者由于不可抗力造成灭失、短损等，导致原申报数据与实际货物不符的</td><td>《进出口货物报关单修改/撤销表》商检机构或者相关部门出具的证明材料</td></tr>
<tr><td>由于办理退补税、海关事务担保等其他海关手续而需要修改或者撤销报关单数据的</td><td>《进出口货物报关单修改/撤销表》签注海关意见的相关材料</td></tr>
<tr><td>根据贸易惯例先行采用暂时价格成交、实际结算时按商检品质认定或者国际市场实际价格付款方式需要修改申报内容的</td><td>《进出口货物报关单修改/撤销表》发票、合同、提单、装箱单、与货物买卖有关的支付凭证以及证明申报价格真实、准确的其他商业单证</td></tr>
<tr><td>已申报进口货物办理直接退运手续，需要修改或者撤销原进口货物报关单的</td><td>《进出口货物报关单修改/撤销表》《进口货物直接退运表》或者《责令进口货物直接退运通知书》</td></tr>
<tr><td>由于计算机、网络系统等技术原因导致电子数据申报错误的</td><td>《进出口货物报关单修改/撤销表》计算机、网络系统运行管理方出具的说明材料</td></tr>
<tr><td>主观原因</td><td>由于报关人员操作或者书写失误造成申报内容需要修改或者撤销</td><td>《进出口货物报关单修改/撤销表》证明进出口货物实际情况的合同、发票、装箱单、提运单或者载货清单等相关单证、证明文书；详细情况说明；其他证明材料</td><td>海关未发现报关人员存在逃避海关监管行为的，可以修改或者撤销报关单</td></tr>
<tr><td rowspan="2">海关主动要求</td><td>将电子数据报关单退回，并详细说明修改的原因和要求</td><td>按照海关退单提示要求作业</td><td>当事人应当按照海关要求进行修改后重新提交，不得对报关单其他内容进行变更</td></tr>
<tr><td>向当事人制发《进出口货物报关单修改/撤销确认书》，通知当事人要求修改或者撤销的内容</td><td>按照海关制发确认书要求作业</td><td>当事人应当在5日内对进出口货物报关单修改或者撤销的内容进行确认，确认后海关完成对报关单的修改或者撤销</td></tr>
<tr><td>海关直接撤销</td><td colspan="3">海关将电子数据报关单退回修改，当事人未在规定期限内重新发送的；
海关审结电子数据报关单后，当事人未在规定期限内递交纸质报关单的；
出口货物申报后未在规定期限内运抵海关监管场所的；
海关总署规定的其他情形</td></tr>
</table>

对于海关发现报关单需要修改或者撤销的，海关通过预录入系统向当事人发起报关单修改或者撤销确认。当事人应通过预录入系统及时查询并在5个工作日内向海关确认“同意办理”或者“不同意办理”的意见。

七、补充申报

补充申报是指进出口收发货人、受委托的报关企业依照海关有关行政法规和规章的要求，在进（出）口报关单之外采用补充申报单，向海关进一步申报为确定货物的完税价格、商品编码、原产地等所需信息的行为。有下列情形的，应该进行补充申报。

（1）海关对申报时货物的价格、商品编码等内容进行审核时，为确定申报内容的完整性和准确性，要求进行补充申报的。

（2）海关对申报货物的原产地进行审核时，为确定货物原产地准确性，要求收发货人提交原产地证书，并进行补充申报的。

（3）海关对已放行货物的价格、商品编码和原产地等内容进行进一步核实时，要求进行补充申报的。

进出口发货人、报关企业应当在收到海关补充申报电子指令之日起5个工作日内，通过“互联网+海关”的“补充申报”功能模块，向海关申报电子数据补充申报单。法律、行政法规和海关规章另有规定的除外。

知识巩固

一、判断题

1. 货物进境后、海关放行前，进口货物收发货人、原运输工具负责人或者其代理人发现错发货物，需要将原货物退运境外，此情况应按“退运货物”监管方式申报。(　　)
2. 进出口货物报关单的修改或者撤销应当遵循修改优先的原则。(　　)
3. 货物放行后，由于装运原因造成原申报货物全部退关，不能修改报关单数据。(　　)
4. 电子支付下，税单已打印未核注的情况下，可以修改报关单。(　　)
5. 网购保税进口货物，境内消费者购买后因款式不喜欢问题原装退回保税区（7天内），原购买时缴纳的税金，予以退回。(　　)

二、不定项选择题

1. 天津海洋进出口有限公司与中东地区客户订立销售60台中型计算机（服务器）的合同；委托天津翔宏报关公司向天津新港海关办理出口报关手续；海关放行后，其中2台计算机因故未装上船。

（1）该批计算机出口报关时，应向海关提交的单证包括（　　）。

A．出口许可证　　B．两用物项和技术出口许可证

C．原产地证书　　D．发票、装箱单等商业单证

（2）因故未装上船的2台计算机，应适用的海关监管制度是（　　）。

A．直接退运　　B．一般退运

C．出口退关　　D．无代价抵偿

2. 进口货物在装载过程中发生短装，导致原申报数据与实际货物不符。向海关申请修改相关数据，除应递交《进出口货物报关单修改/撤销表》外，还需提交（　　）。

A．相关检验机构出具的鉴定证书　　B．商业发票

C．装箱单　　D．合同

3. 珠海A公司从日本进口汽车变速箱500台，该货物凭自动进口许可证进口。货物于2020年8月8日运抵深圳盐田港，装载变速箱的铁料架为循环使用包装进口后需原状返还给日本供应商。该公司于2020年8月8日向深圳大鹏海关申报，收到海关查验通知书，企业对该票单证重新审核后发现因委托企业提交资料错误导致变速箱净重申报错误，需修改报关单。

（1）关于该批进口货物的申报，下列表述正确的是（　　）。

A．需分单申报，变速箱以进料对口申报，铁料架以一般贸易申报

B．需分单申报，变速箱以一般贸易申报，铁料架以暂时进出境申报

C．需分单申报，变速箱以进料对口申报，铁料架以暂时进出境申报

D．需分单申报，变速箱以一般贸易申报，铁料架以其他进出口免费申报

（2）按海关监管要求，该批铁料架应（　　）。

A．缴纳等额进口税费的保证金

B．缴纳进口关税及进口环节增值税

C．12个月内复运出境

D．6个月内复运出境

（3）关于该份报关单的修改，以下表述正确的是（　　）。

A．海关查验前修改报关单

B．海关查验后修改报关单

C．递交《进出口货物报关单修改/撤销表》

D．递交《进出口货物报关单修改/撤销确认书》

4. 某报关人员在报关准备阶段发现舱单数据与装箱单数据不符，这种情况报关人员应（　　）。

   A. 按照舱单数据报关

   B. 按照装箱单数据报关

   C. 要求船公司或代理公司更改舱单

   D. 先请委托方确认正确货物信息，再视情况更改相应数

5. 关于配合海关查验过程中发生的货物损坏索赔的表述，正确的是（　　）。

   A. 由于海关工作人员责任造成货物损坏，可要求海关赔偿货物的直接和间接经济损失

   B. 海关赔偿的范围包括在海关查验之前或之后发生的损失或损坏

   C. 海关赔偿的范围应包括货物在查验过程中出现的正常磨损

   D. 海关赔偿的范围不包括易腐、易失效货物在海关正常的工作时间内造成的变质或失效

实训任务

根据本任务导入的案例背景，分析跨境电商9710模式退货操作的环节和提交单证。

序号	操作流程	所需单据
1		
2		

任务二 跨境电商风险防范

任务导入

四通报关有限公司接受客户委托，分析跨境电商企业可能面临的各种风险，搜集并分析海关处罚案例，在企业管理过程中，以案说法、警示教育，建立有效的合规管理体系来防范化解风险。

相关知识

一、跨境电商风险概述

关于风险的内涵，经济学、金融学、统计学和保险学等各个领域研究学者均从自身的研究视角进行描述和刻画。Y-S风险三因素（Yales和Slone的风险三因素模型：潜在的损失、损失的大小、潜在损失发生的不确定性）模型，从本质上反映了风险的基本内涵，构成了现代风险理论的基本概念框架。风险存在和发生的不确定性，包括风险类型不确定性、损失种类的不确定性、损失水平的不确定性等。传统国际贸易风险根据本质属性的差异，可划分为价金风险（对价风险）和给付风险（履行风险），前者是不可归责于买卖双方的任何一方的货物损毁或灭失的可能性由哪一方来承担的问题，后者是由于合同义务人怠于履行义务给合同相对人带来的发生损失的可能性，实质上是关于违约责任的承担问题。

宏观视角，与传统国际贸易相比，跨境电商作为一种新贸易模式，蕴含技术性、服务性、非物理化、碎片化等特征，因此其风险在传统货物贸易风险（包括数字化订单贸易供应链风险）基础上，衍生出新的风险。

微观视角，从公司治理层面来看，跨境电商企业风险主要包括三类风险，分别是经营风险、财务风险和合规风险。前两者是企业通常比较重视的风险类型，而合规风险是企业通常容易忽视，但是极为重要的类型。在跨境电商关务实务中，合规风险通常包括走私风险、知识产权侵权风险和数据安全风险等。

关务观察

《广州市跨境电商行业合规指引（试行）》在穗发布

根据海关总署公开数据统计，截至2024年6月，全国跨境电子商务备案企业（包括电子商务企业、电子商务平台、跨境物流企业、跨境支付企业）总数高达78811家，其中广东省以17972家位于全国之首，占全国总数的22.80%。

商务部于2024年8月发布了2023年跨境电商综试区考核评估结果，广州综试区再次被评为“第一档”。自2021年国家开展跨境电商综试区评估活动以来，广州综试区已连续三年蝉联“第一档”。自广州于2016年第二批获批跨境电商综试区，9年来，跨境电商进出口规模增长136倍，进口规模连续9年位居全国第一，连续3年在商务部评估中位列全国第一档。

2022年9月，广州市人民检察院、中国国际贸易促进委员会广州市委员会、广州市商务局、广州市邮政管理局、国家税务总局广州市税务局、广州市市场监督管理局、广州海关和黄埔海关联合发布《广州市跨境电商行业合规指引（试行）》（以下简称《指引》），这是国内跨境电商综试区首个多部门联合发布的跨境电商合规指引。

《指引》按照参与跨境电商行业的市场主体进行分类，共分为跨境电商平台、跨境电商企业、物流企业、支付企业和其他跨境电商业务经营者五类，分别用五小节的内容从正面引导和反面禁止两个角度，对不同的市场主体提出针对性指引。《指引》也对跨境电商业务合规管理体系方面提出要求，指出跨境电商业务经营者应建立有效的合规管理体系来防范合规风险，通过对合规风险的识别、分析和评价，建立并改进合规管理流程，从而达到对风险的有效应对和管控。

二、跨境电商走私风险防范

（一）跨境电商走私及其法律后果

1．跨境电商走私的内涵

根据《海关法》的规定，走私行为的核心要素是“逃避海关监管，偷逃应纳税款、逃避国家有关进出境的禁止性或限制性管理”。《中华人民共和国刑法》中的走私罪是一个类罪名，按照走私是否涉税，可以分为涉税走私（走私普通货物、物品）和违禁品走私（走私武器、弹药；走私假币；走私文物；走私珍贵动物、珍贵动物制品；走私国家禁止进出口的货物、物品；走私限制进出口货物、物品；走私淫秽物品；走私废物）。

走私的构成要件并未因跨境电商的兴起而有所修改，所以跨境电商走私的本质依然是“逃避海关监管，偷逃应纳税款、逃避国家有关进出境的禁止性或限制性管理”，只不过这种走私方式加入了电子商务的元素。与跨境电商碎片化、高频次、低货值等特点相对应，跨境电商走私主要为利用税收优惠政策，采取伪报、瞒报方式或雇用水客的手段，偷逃应纳税款。

2. 跨境电商走私的法律后果

根据最高人民法院、最高人民检察院《关于办理走私刑事案件适用法律若干问题的解释》的规定，自然人走私的起刑点为10万元，单位为20万元，如逃税金额未达到起刑点，则可能被海关处以“没收走私货物、物品及违法所得，可以并处偷逃应纳税款3倍以下罚款”的行政处罚。

除了行政或刑事处罚，有走私犯罪或者走私行为的企业将被海关认定为失信企业。而失信企业是会面临海关的若干限制措施，严重影响企业的正常经营。

不仅如此，根据《关于对海关失信企业实施联合惩戒的合作备忘录》的规定，企业的失信行为一经查实，海关将下调其信用管理类别，并纳入进出口信用记录，将有关信息共享给法院、税务、工商、证券监管、安全监管监察等多部门，纳入“失信联合惩戒”范围。企业将面临“一处失信，处处受限”的被动局面，企业的法定代表人（负责人）董事、监事、高级管理人员也将在担任其他公司高管、乘坐交通工具、购买不动产等方面受到限制。

知识链接

“走私罪”“走私行为”和“违规行为”的区别

《中华人民共和国海关行政处罚实施条例》（以下简称《实施条例》）仅适用于应受海关行政处罚行为的处理。应受海关处罚行为包括不予追究刑事责任的走私行为和违反海关监管规定行为，以及法律、行政法规规定。

由海关实施行政处罚的行为。根据《海关法》的规定，走私情节严重的（主要以走私物的品种、数量和逃税额为标准），构成走私罪。认定和惩罚走私罪（追究刑事责任）属于司法机关的职能，不在海关行政处罚范围内；而依法不追究刑事责任的走私行为，以及涉嫌走私罪但人民检察院依法不追究刑事责任、构成走私犯罪但人民法院依法决定免予追究刑事责任的，应由海关依据《实施条例》进行行政处罚。

违反海关监管规定的行为是指海关管理相对人在从事运输工具、货物、物品的进出境活动或从事海关监管货物的运输、储存、加工、装配、寄售、展示等业务活动中，违反《海关法》及其他有关法律、行政法规的规定，且未构成走私的行为。违反海关监管规定的行为主要是违反海关关于进出境监管的具体要求、监管程序和监管手续，没有按照海关规定履行应尽的义务，执法实践中简称为“违规”行为。

《海关法》和《实施条例》将违反《海关法》及其他有关法律、行政法规的行为分为走私行为和违规行为。这是两类性质完全不同的行为，有着本质的不同。

（1）主观故意不同。走私具有很强的主观目的性，其行为的目的就在于偷逃国家应缴税款或逃避国家对进出境运输工具、货物、物品的禁止或限制性管制，并有针对性地采取各种伪装欺骗手法，企图逃避海关监管。而违规行为在主观认识上通常表现为“过失”状态，没有很明确的追求逃税、逃证的主观目的性，通常也不会采取有针对性的欺骗手法来逃避海关监管。

（2）客观行为不同。走私为了达到逃税、逃证的目的，通常会采取欺骗手法逃避海关监管，而且这种逃避海关监管的手法是行为人在明知或应知条件下有针对性采取的。而违规行为一般都不会采取欺骗手法来掩饰自己的过失行为，其行为往往没有明确的逃税、逃证的针对性和目的性，发生的环节也多是在程序和手续方面不履行海关规定的义务。

（3）行为危害结果不同。走私行为侵害的主体是国家关于运输工具、货物、物品进出境税收和管制的实体性规定，通常会产生逃税、逃证的实质性危害，《实施条例》规定的走私行为和以走私行为论处的行为都会直接产生逃税、逃证的结果。而违规行为侵害的是海关监管的程序、手续，以及具体要求等进出境管理秩序。

走私行为与违规行为还有很多不同之处，但上述三个方面的区别是最基本、最直观并易于把握的。

（二）风险防范措施

1．跨境电商经营者的合规措施

（1）做好业务开展前的准备工作。跨境电商企业应首先检查自身及合作伙伴是否具备海关规定的资质再开展相关业务。具体来说，跨境电商企业、境内代理人及境内服务商，建立符合海关监管要求的计算机管理系统，并根据海关要求联网交换相关电子数据；对于跨境电商企业来说，首先要在国内注册公司或者委托境内注册公司作为其代理人，在国内开展销售业务；跨境电商企业和境内代理人都需要在代理人所在地海关办理备案登记，才可以在我国开展进出口业务；代收代缴义务人应在业务开展前凭保证金或保函，到海关办理跨境电商零售进口商品的税款担保。

（2）合法合规申报。从事跨境电商经营的企业务必如实向海关申报，切莫铤而走险。随着海关监管手段的进步及监管力度的加大，企业企图规避海关监管攫取非法利润的做法越来越行不通。建议在开展跨境电商业务前了解现行法律法规及海关等部门政策，不要一时头脑发热误入歧途。

对于多数违法行为，只要经营者摆正心态便可自觉避免，但也有一些问题需要特别提示。根据海关总署《关于跨境电子商务零售进出口商品有关监管事宜的公告》，在海关注册备案的电子商务企业、电子商务交易平台企业或物流企业是进口环节税的代收代缴义务人，承担着如实、准确向海关申报跨境电子商务零售进口商品的商品名称、规格型号、税则号列、实际交易价格及相关费用等税收征管要素并按照海关要求补充申报的义务，以及依法向海关提交足额有效的税款担保、在海关放行后30日内未发生退货或修撤单情形的在法定期限内向海关办理纳税手续等方面的义务。这意味着，跨境电商企业承担了独立于消费者的纳税代缴义务。换言之，即便实际纳税义务人并未向代收代缴义务人支付有关商品的进口税款，依据该条规定，代收代缴义务人同样具有向海关代为履行纳税的法律义务。

（3）提升商业经营水平。实际上，大多数涉嫌走私的跨境电商企业并非不知法者，而是基于缩减成本、扩大利润、提高竞争力等动机，主动选择了铤而走险。但是海关的执法实践表明，海关对于行邮方式的查验日趋严格，对于传送虚假“三单”信息、盗用消费者年度购买额度等走私行为更是严厉打击。因此，跨境电商经营者切不可再抱着赌博心态以身试法，而应该多在商业经营中下功夫：进行充分的市场调研，发掘消费热点，差异化经营，满足消费者的特色需求；严把品质关，保障真品、正品；把控跨境供应链，合理选择海外仓、保税区、线下体验中心等商业模式，增强消费体验；做好售后服务，保障消费者合法权益。

2．跨境电商平台经营者的合规措施

跨境电商平台虽然不是交易当事人，但其已经渗入双方的交易中，也应当承担与其法律地位相应的法律责任。根据《电子商务法》和《关于完善跨境电子商务零售进口监管有关工作的通知》，跨境电商平台应当履行审核入驻电商身份、地址、联系方式、行政许可等信息的义务；应当保存平台上发布的商品和服务信息、交易信息，并确保信息的完整性、保密性、可用性；应当建立防止跨境电商零售进口商品虚假交易及二次销售的风险控制体系；还应当及时向监管部门反映风险情报，配合执法者调查取证。跨境电商平台作为各方信息的汇集中心，将会成为海关未来的监管重点与直接对接方，因此也承担着“建立风险控制体系，监控异常信息（短时间内同一购买人、同一支付账户、同一收货地址等）及非正常交易行为”的义务。

平台企业虽然自身走私动机较弱，但要警惕沦为走私共犯的风险。一方面按要求加强对平台入驻企业的管理，另一方面也要加强物流合规管理，建立与物流公司的风险防火墙，避免出现为不法分子提供平台、保管、运输等共犯行为。

三、跨境电商知识产权侵权风险与防范

跨境电商通过电子商务平台完成交易流程，作为一种新型并有发展潜力的贸易业态，基于虚拟网络进行的交易具有区别于传统贸易的特征，同时由于知识产权问题的专业性、复杂性、国别差异性，不具备实体保障，易发生信息不对称情况，跨境电商经营者如缺乏知识产权保护意识，将导致侵权风险增加。

跨境电商中知识产权问题，由于知识资产的无形性和网络的虚拟性结合，通常情形

较为复杂。跨境电商中对于知识产权的侵犯主要涉及著作权、专利权、商标权。

对于跨境出口而言，如果跨境电商企业出口陷入知识产权纠纷的困扰，将面临商品下架、网络链接被直接删除、跨境店铺账号被封、库存商品的严重积压、索赔诉讼等问题。对于跨境进口来说，随着货物所有权的转移和让渡，跨境电商知识产权风险的应对转移至进口商，同时商品境外来源复杂，进货渠道多也给知识产权维权带来困难。

跨境电商经营者应重点关注跨境电商知识产权侵权问题，在跨境电商选品阶段，注重选择拥有商标权的产品（注意区域限制问题，应在目标市场国家地区注册商标），同时应规避有侵权风险的产品设计与开发，保证跨境电商产品低风险进入市场，最大程度地降低知识产权侵权风险，提升知识产权保护意识，保障企业的最大经济利益和市场竞争优势。

关务观察

护航贸易新业态健康发展 强化知识产权全链条保护

2023年海关总署紧扣国家知识产权战略和创新驱动发展战略，不断强化知识产权保护，组织开展全面加强知识产权保护“龙腾行动2023”、寄递渠道知识产权保护“蓝网行动2023”、出口转运货物知识产权保护“净网行动2023”等专项行动，扎实推进知识产权海关保护各项工作，护航跨境电商、中欧班列等新业态健康发展，强化知识产权全链条保护，深化多方合作打造立体防控体系，全力阻击进出口侵权违法活动。

近年来，在海关总署统一部署领导下，全国海关服务改革发展措施更加务实，不断加强对跨境电商、中欧班列等领域的知识产权保护，确保各项贸易新业态高起点规范发展。例如，杭州海关发现来自电商平台的侵权商品，通过支持平台采取“下架商品”“断开链接”“关闭店铺”等方式开展治理，借助电商平台大数据手段深挖扩线、追根溯源。

四、跨境数据安全风险与防范

数据跨境流动的国际规则“美式模板”与“欧式模板”存在一定差异，美国主张全球数据自由流动，构建数据“单向”的流动格局，但在关键领域，如人工智能关键技术、敏感个人数据，对其数据出境施加限制措施，而欧盟实施的《通用数据保护条例》（General Data Protection Regulation，GDPR），规定数据只能传输到和欧盟具有同等保护程度的国家和地区，强化个人隐私数据保护。数据跨境方面，我国已建立数据跨境的法律规制框架，具体包括明确规定出境数据的评估范围、评估机制以及各参与主体的责任、数据出境安全评估的具体制度的《数据出境安全评估办法》；规定个人信息处理者数据跨境传输三种方式（安全评估、个人信息保护认证、标准合同）的《中华人民共和国个人信息保护法》；规定关键信息基础设施的数据跨境提供须进行安全评估的《中华人民共和国网络安全法》。

跨境电商企业，防范和化解跨境数据安全风险，应加强风险防范意识、建立风险防范机制、保护消费者个人信息、进行风险防范框架整体设计。

案例阅读

违反欧盟数据隐私法规 企业面临高额处罚

2021年6月卢森堡数据保护委员会指控亚马逊公司违反《通用数据保护条例》，对其作出7.46亿欧元（8.87亿美元）罚款的决定。该案主要涉及亚马逊公司违规收集和使用个人数据的行为，并非针对亚马逊的网络云服务业务。

欧盟的《通用数据保护条例》于2018年生效，限制了公司收集和共享客户个人数据的方式。数据保护监管机构拥有广泛的权力，可以处以高达公司全球年收入4%的罚款。《通用数据保护条例》生效后的三年中，最大的一笔罚款是针对谷歌，2019年被法国国家数据保护委员会处以5000万欧元的罚款。

五、跨境电商企业合规管理

企业规避风险，最重要的还是规范自身操作流程，合法合规开展跨境电商业务。在此建议企业可以从以下三个方面着手。

一是明确员工责任，建立责任追究机制。根据公司开展的业务，明文规定各岗位具体职责，做到“专岗专责”，避免出现职责交叉或者疏漏的情况。另外，企业在招聘员工时，应在劳动合同后附带岗位责任协议，明确员工违反公司纪律，故意利用职务便利谋取私利或者失职造成公司损失后应当承担的责任，强化员工合规操作的意识，减少员工行为对企业的不利影响。

二是定期自查自检，及时纠正整改。尽管海关监管部门每年会定期稽查，但企业内部也须建立起自查、自检制度，定期对跨境电商的业务流程进行审查，设置稽核部门核查企业保税仓库转进及转出记录、财务资料、向海关报送的单证等材料。如果发现问题，立即识别风险并采取相应措施整改，避免使自身陷入被动的局面。

三是开展法律培训，提高员工的合规意识。合规意识的养成并非一朝一夕的事情，企业应从长远出发，做好法律法规、海关政策的梳理，将国家现有相关管理制度进行全面汇编整理，装订成册提供给员工学习。此外，要定期组织有关人员学习法律政策，邀请法律专家开设法治讲座，并对员工定期组织培训和考核，增强其合规意识。

案例阅读

空姐代购案

曾是某航空公司空姐的李某，因多次从韩国购买化妆品携带入境，在其网店销售，偷逃海关进口税费。法院审理认为，检方指控的罪名成立，法院按照对查获的化妆品核定的偷逃税款数额予以认定，数额为8万余元，遂判决李某“走私普通货物罪”，有期徒刑3年，罚金4万元。

代购本身并不违法违规，符合进出境物品规定，向海关如实申报并纳税，就是合法行为。入关时不依法申报，偷逃关税，才会受到法律制裁。根据海关相关管理规定，进境旅客携带的行李物品应以自用合理数量为限。其中“自用”是指旅客本人自用、馈赠亲友而非为出租或出售；“合理数量”指海关根据旅客旅行目的和居留时间所规定的正常数量。2010年8月海关总署发布第54号公告进一步明确，进境居民旅客携带在境外获取的个人自用进境物品，总值在5000元人民币以内（含5000元）的，海关予以免税放行（烟草制品、酒精制品以及国家规定应当征税的20种商品等另按有关规定办理）。超出5000元人民币、经海关审核确属自用的，海关仅对超出部分的个人自用进境物品征税，对不可分割的单件物品，全额征税。

有关短期内多次来往旅客行李物品征免税规定、验放标准等事项另行规定。根据“合理自用”原则，如旅客每次携带不超过起征点额度的物品，但在某段时间内频繁入境，累积了较大额度的商品金额，那么海关会认定为超过“合理数量”，判定旅客偷逃税款。

请阅读案例，分析如何避免类似案件的发生。

知识巩固

一、判断题

1. 跨境电商中对于知识产权的侵犯主要涉及著作权、专利权、商标权。(　　)
2. 跨境电商平台虽然不是交易当事人，但其已经渗入双方的交易中，也应当承担与其法律地位相应的法律责任。(　　)
3. 跨境电商企业应加强风险防范意识、建立风险防范机制、保护消费者个人信息、进行风险防范框架整体设计。(　　)
4. 依法不追究刑事责任的走私行为，以及涉嫌走私罪但人民检察院依法不追究刑事责任、构成走私犯罪但人民法院依法决定免予追究刑事责任的，应由海关依据《海关行政处罚实施条例》进行行政处罚。(　　)

5. 除了行政或刑事处罚，有走私犯罪或者走私行为的企业将被海关认定为失信企业。(　　)

二、不定项选择题

1. 2022年6月蛇口海关稽查科对深圳市AB有限公司进行稽查，经稽查发现，该公司在2019年9月至2021年7月进口货物支付相关的运保费等合计280600元人民币，由于该司报关员工作疏忽，误将报关单中的FOB成交方式填报为CIF，导致部分费用未向海关申报，涉税5.2万元人民币。

请就本案例回答下列相关问题：

(1) 该企业的行为属于(　　)。

A．走私行为　　B．涉嫌走私罪

C．违反海关监管规定行为　　D．按走私行为论处的行为

(2) 蛇口海关对该企业可采用的处罚方式有(　　)。

A．警告　　B．罚款

C．没收非法所得　　D．暂停或取消从事报关业务

(3) 蛇口海关于2022年8月将“行政处罚告知单”送达当事人单位，对当事人处罚款人民币2.2万元。该企业可以(　　)。

A．要求举证听证　　B．向蛇口海关申请行政复议

C．向上一级海关申请行政复议　　D．向人民法院起诉

(4) 如该企业未采取上述第(3)题的相关措施且逾期未交罚款的，海关可以(　　)。

A．按日征收罚款数额的3%加处罚款

B．按日征收罚款数额的0.3%加处罚款

C．追究企业法人的刑事责任

D．申请人民法院强制执行

(5) 该企业在收到海关稽查通知后，进行自查，发现了该问题，并主动向海关报告，那么(　　)。

A．该企业的行为属于主动披露，可以从轻或减轻行政处罚

B．该企业的行为属于主动披露，但向海关报告时已接收到海关的稽查通知，所以不可以对该企业从轻或减轻行政处罚

C．因该企业向海关报告时已接收到海关的稽查通知，所以该企业的行为不属于主动披露

D．由于该企业的行为不属于主动披露，所以不能根据是否主动披露对该企业从轻或减轻行政处罚

2. 海关行政强制执行包括（　　）。

A. 扣留　　B. 先行变卖

C. 强制扣缴　　D. 变价抵缴

3. 以下属于海关行政强制措施的选项有（　　）。

A. 扣留财物　　B. 抵缴、变价抵缴

C. 冻结存款、汇款　　D. 封存货物或者账簿、单证

4. 跨境电商企业合规管理，应（　　）。

A. 规范企业业务操作流程

B. 明确员工责任，建立责任追究机制

C. 定期自查自检，及时纠正整改

D. 开展法律培训，提高员工的合规意识

实训任务

1. 查询直属海关双公示平台，搜集跨境电商企业被海关行政处罚案例，并分析原因。

2. 根据查询结果，分析跨境电商关务风险种类，并制定对应的风险防范措施。

序号	跨境电商关务风险种类	风险防范措施
1		
2		
3		

附录

广州市跨境电商行业合规指引（试行）

根据最高人民检察院涉案企业合规改革试点的工作要求，为充分发挥检察监督职能和行政监管作用，预防和减少跨境电商领域违法犯罪，引导跨境电商业务经营者增强合规意识，规范经营行为，促进跨境电商行业健康有序发展，广州市人民检察院、中国国际贸易促进委员会广州市委员会、广州市商务局、广州市邮政管理局、国家税务总局广州市税务局、广州市市场监督管理局、广州海关和黄埔海关根据跨境电商行业发展情况，结合刑事司法和行政执法中发现行业内存在的普遍性、体制性问题，并吸收借鉴金杜研究院相关专家研究成果，制定本指引，为跨境电商行业依法合规经营提供参考。

第一章　总则

第一条【目的及依据】为引导跨境电商业务经营者加强合规管理，维护跨境电商行业秩序，规范跨境电商活动，根据《电子商务法》《海关法》《关于完善跨境电子商务零售进口监管有关工作的通知》《关于跨境电子商务零售进出口商品有关监管事宜的公告》《网络交易监督管理办法》等规定，制定本指引。

第二条【适用范围及效力】广州市各类跨境电商业务经营者从事跨境电商经营活动均可参照本指引开展合规管理。

本指引仅对跨境电商业务经营者合规管理作出一般性指引，不具有强制性，相关法律法规和规范性文件另有规定的，从其规定。

第三条【基本原则】跨境电商业务经营者从事经营活动，应当遵循依法有序、平等自愿、公平诚信原则，自觉遵守法律法规、商业道德和公序良俗，认真履行法定义务，积极承担主体责任。

第二章　跨境电商业务合规控制

第一节　跨境电商平台

第四条【备案和登记】依照《电子商务法》和其他有关法律、法规的规定办理市场主体登记，并依据海关总署关于跨境电商和报关单位备案管理的相关规定依法办理海关信息登记或备案手续。

第五条【信息系统建立及单证保管】建立真实、准确、完整并有效控制跨境电商经营活动的信息系统，具备与海关即时对接的条件并可满足海关风险防控、定期验核交易数据等管理要求。

按照完整性、准确性与安全性的要求，记录和留存与跨境电商有关的合作合同（协议）、委托代理协议等资料以及交易信息、支付信息和物流信息等。建议对平台上经营者身份信息及合作协议等资料、商品或者服务信息、支付记录、物流快递、退换货以及售后等交易信息的保存时间自交易完成之日起不少于三年。

第六条【准入资质审查】对入驻平台的跨境电商企业及其境内代理人、物流企业、支付企业等相关方的身份、地址、联系方式、行政许可等信息真实性进行审核、验证、登记，并至少每六个月核验更新一次。

对进入平台销售的商品是否符合跨境电商有关监管要求进行必要审查，及时关闭禁止以跨境电商零售进口形式入境商品的展示及交易页面。对于根据法律法规或者国务院有关规定应当取得进口或销售环节行政许可或备案的商品，平台应当要求跨境电商企业提供相关证明并进行核验；对于禁止在境内生产但可以通过跨境电商进口的商品，应当要求跨境电商企业提供原产地证明和境外物流链路证明并进行核验。

建立对上述资质进行审核的机制，并就审核情况、备案资料建立电子或书面档案。

第七条【信息公示及亮照经营】在网站首页持续公示平台主体信息、平台服务协议和交易规则及其修改变更情况；在平台内从事经营活动的页面显著位置公示跨境电商企业及其境内代理人的主体身份信息和消费者评价、投诉信息。公示的信息发生变更的，应及时完成更新公示。

对平台内的跨境电商企业和国内电商企业建立相互独立的区块或频道，并以明显标识对跨境电商商品和非跨境商品、自营产品和非自营产品予以区分，确保消费者能够清晰辨认。

自行终止从事网络交易活动的，应当提前三十日在网站首页显著位置持续公示终止网络交易活动公告等有关信息，并采取合理、必要、及时的措施保障消费者和相关经营者的合法权益。

第八条【商品质量管理及消费者保护】建立商品质量安全和生物安全风险防控机制，对通过平台销售商品的质量安全和生物安全进行有效防控，及时发布商品质量安全和生物安全监测、预警信息。

与申请入驻平台的跨境电商企业及其境内代理人签署协议，就商品质量安全主体责任、消费者权益保障等方面明确双方责任、权利和义务。督促跨境电商企业加强质量安全风险防控，当商品发生质量安全问题时，敦促跨境电商企业做好商品召回、处理，并做好报告工作。对不采取主动召回处理措施的跨境电商企业可采取暂停其跨境电商业务等处罚措施。

建立消费纠纷处理和消费维权自律制度，消费者合法权益受到损害时，须积极协助消费者维护自身合法权益，并履行先行赔付责任。

收集、使用消费者个人信息，应当遵循合法、正当、必要的原则，明示收集、使用信息的目的、方式和范围，并经消费者同意。未经消费者同意或者请求，不得向其发送商业性信息。

设置专门客户服务部门，重点围绕交易规则评估、交易安全保障、消费者权益保护、不良信息处理等开展日常监控和服务，部门职责分工明确并有效落实。

第九条【知识产权保护】建立知识产权保护机制，依照《中华人民共和国商标法》《中华人民共和国专利法》和其他有关法律、法规的规定，对平台上商品的知识产权来源进行必要审核，对平台内发生的侵犯知识产权行为应采取必要措施并及时向海关报告，配合海关对相关商品进行调查和处理。

第十条【反不正当竞争】不得对平台内的跨境电商企业在交易、交易价格以及与其他经营者的交易等进行不合理限制或者附加不合理条件，干涉其自主经营。

第十一条【合规申报】按照相关规定自行或委托其他经营者如实向海关监管部门实时传输施加电子签名的跨境电商零售进口交易电子数据。平台向海关监管部门开放支付相关原始数据供海关验核，并对数据真实性承担相应责任。

第十二条【交易安全】建立防止虚假交易及二次销售的风险控制体系，包括：通过技术手段对短时间内同一购买人、同一支付账户、同一收货地址、同一收件电话反复大量订购以及盗用他人身份进行订购等非正常交易行为进行监控；采用定期检查和不定期抽查等方式对交易信息、支付信息和物流信息的真实性进行审核；建立具备境内订购人身份信息真实性校验功能并有效运行的系统；利用跨境电商平台运营所积累的数据对商品价格、归类等税收要素、产品质量和交易真实性进行监控等。

第十三条【税款代收代缴】作为跨境电商税款代收代缴义务人时，如实申报跨境电商商品的税收征管要素，向海关提供税款担保，并承担相应的补税义务及相关法律责任。

由其他经营者承担代收代缴义务时，平台定期查验并归档跨境电商商品相关的进口纳税凭证，如发现有违规情形的，应及时向海关报告。

第十四条【禁止性规定】跨境电商平台不得从事以下行为：

（一）【禁止“推单”】虚假上架商品、自行或协助他人将非跨境电商平台上交易的商品订单信息导入跨境电商平台并伪造成在跨境电商平台上交易的订单信息向海关推送，或者将其他跨境电商平台的交易数据导入并向海关推送；

（二）【禁止“刷单”】虚假上架商品、自行或协助他人将需要通过一般贸易方式进口的货物在跨境电商平台上生成虚假的个人消费者订单，将大宗货物拆分并伪报成跨境电商零售进口商品申报进口；

（三）【禁止伪报商品要素】自行或协助他人向海关伪报商品申报要素，包括低报商品的实际成交价格、伪报商品税则号、将未列入《跨境电商零售进口商品清单》中的商品伪报为清单中的商品、通过夹藏等方式伪报商品数量等；

（四）【禁止违法利用、泄露公民身份信息】通过非法途径收集消费者个人信息并利用其他公民身份信息非法从事跨境电商业务，或者将掌握的消费者个人信息泄露、出售或非法提供给他人；

（五）【禁止二次销售】将通过跨境电商零售方式进口的商品再次在国内市场销售，或者将跨境电商零售进口渠道中消费者退货的商品存放在境内进行二次销售；

（六）【禁止提供申报价格指导】为跨境电商零售进口商品的入境申报提供“备案价

格”等申报价格指导；

（七）【禁止篡改或删除数据】篡改或删除平台内订单中消费者身份信息、商品名称、价格、数量、支付金额、支付时间等核心要素。

违反上述禁止性规定的，将依法承担相应行政责任；构成走私、侵犯公民个人信息等犯罪的，将依法被追究刑事责任。

第二节　跨境电商企业

第十五条【备案和登记】跨境电商企业及其从事跨境电商零售进口业务的境内代理人（如有）依照《电子商务法》和其他有关法律、法规的规定办理市场主体登记，并依据海关总署关于跨境电商和报关单位备案管理的相关规定依法办理海关信息登记或备案手续。

第十六条【商品质量管理及消费者保护】承担商品质量安全主体责任，建立商品质量安全风险防控机制，包括收发货质量管理、库内质量管控、供应商管理等，建立健全网购保税进口商品质量追溯体系。对于已发生质量安全问题的跨境电商商品应立即停止销售，及时做好商品召回、处理及报告工作，并按照法律规定承担相关责任。

承担消费者权益保障责任，包括披露商品信息、提供退换货服务、建立召回制度、对商品质量侵害消费者权益的赔付责任等。会同跨境电商平台在商品订购网页或其他醒目位置向消费者提供风险告知书，履行对消费者的提醒告知义务。

第十七条【合规申报】跨境电商企业及其从事跨境电商零售进口业务的境内代理人（如有）按照相关规定自行或委托其他经营者向海关如实传输跨境电商进出口交易电子数据、提交申报材料，依法接受相关部门监管，并对数据和申报材料的真实性承担相应责任。

第十八条【知识产权保护】跨境电商商品应当符合商品销售所在地的知识产权法律法规及电子商务平台知识产权规则。跨境电商企业及其从事跨境电商零售进口业务的境内代理人（如有）应自觉提交并接受有关经营者资质、知识产权证明文件等的查验，谨慎甄别并降低产品的知识产权侵权风险。

第十九条【禁止性规定】跨境电商企业及其从事跨境电商零售进口业务的境内代理人（如有）不得从事以下行为：

（一）【禁止“推单”】将通过其他平台或途径销售的商品订单信息导入跨境电商平台并作为跨境电商平台上交易的订单信息向海关推送；

（二）【禁止“刷单”】通过导入虚假个人消费者订单信息的方式将需要通过一般贸易方式进口的货物伪报成跨境电商零售进口商品；

（三）【禁止伪报申报要素】在跨境电商商品进口、出口或退货出入境申报时，自行或委托他人向海关虚假申报，或向代理人提供虚假信息，伪报商品成交价格、商品税则号、商品名称、商品数量等申报要素；

（四）【禁止违法利用、泄露公民身份信息】通过非法途径收集消费者个人信息并利用其他公民身份信息非法从事跨境电商业务，或者将掌握的消费者个人信息泄露、出售或非法提供给他人；

（五）【禁止二次销售】将通过跨境电商零售方式进口的商品再次在国内市场销售，或者将跨境电商零售进口渠道中消费者退货的商品存放在境内进行二次销售；

（六）【禁止骗取出口退税】通过虚构、伪造或非法购买跨境电商出口订单、增值税专用发票、出口货物申报材料、收汇凭证等以假报出口或者其他欺骗手段，骗取国家出口退税款；

（七）【禁止逃汇】以虚构跨境电商进口订单和海关进口申报材料等欺骗手段办理支付外汇手续。

违反上述禁止性规定的，将依法承担相应行政责任；构成走私、侵犯公民个人信息、骗取出口退税、逃汇等犯罪的，将依法被追究刑事责任。

第三节　物流企业

第二十条【备案登记及资质】为跨境电子商务零售进口提供境内服务的物流企业，应当在境内办理市场主体登记，取得邮政管理部门颁发的《快递业务经营许可证》，并按照海关总署的相关规定依法办理信息登记或备案手续。其中，直购进口模式下，物流企业应为邮政企业或者已向海关办理代理报关登记手续的进出境快件运营人。

第二十一条【信息系统建立及单证保管】建立具备全程实时跨境电商商品物流信息跟踪功能、实现对揽收跨境电商商品物流状态的实时查询的物流跟踪系统，并可以向海关开放物流实时跟踪信息共享接口、满足海关查询使用需求。

按照完整性、准确性与安全性的要求，记录和留存与跨境电商有关的合作合同（协议）、委托代理协议等资料以及物流信息。建议对全程物流信息、申报清单、有关证明文件、风险管理信息等系统数据的保存时间自办结海关手续之日起不少于三年。

第二十二条【合规申报】如实向海关监管部门实时传输施加电子签名的跨境电商零售进口物流电子信息，并对数据真实性承担相应责任。

在直购进口模式下，接受跨境电商平台或跨境电商企业境内代理人、支付企业的委托，向海关传输交易、支付等电子信息时，应要求跨境电商平台或跨境电商企业境内代理人、支付企业提供原始数据，并对数据完整性、真实性承担相应责任。

第二十三条【税款代收代缴】作为跨境电商税款代收代缴义务人时，如实申报跨境电商商品的税收征管要素，向海关提供税款担保，并承担相应的补税义务及相关法律责任。

第二十四条【货物安全控制措施】建立符合法律法规要求的揽收跨境电商商品验视、复核制度，对限制类跨境电商商品应当要求跨境电商企业提供有关证明文件，对不符合法律法规要求的跨境电商商品不得揽收承运；建立跨境电商商品装卸、分拣、存储、境内运输全程监控制度并有效落实。

严格按照交易环节所制发的物流信息开展跨境电商商品的派送业务。对于国内实际派送与通关环节所申报物流信息（包括收件人和地址）不一致等有违法嫌疑或高风险跨境电商商品，应采取终止相关派送业务等处置措施，并向海关报告。

第二十五条【禁止性规定】物流企业不得从事以下行为：

（一）【禁止“推单”】揽收境外包裹后，委托跨境电商平台制造虚假“三单”信息向海关推送；或接受其他跨境电商业务经营者委托向海关推送由其他物流企业派送的物流信息；

（二）【禁止“刷单”】向跨境电商业务经营者提供、销售虚假的物流信息并向海关推送；向跨境电商企业提供空白快递单号；

（三）【禁止境内集货】通过对快递面单做特殊标记进行集中转运；接受跨境电商平台、跨境电商企业或其他经营者的委托，为境内集货之目的，利用海关备案车辆，将货物批量出仓并进行集中运输，以及为上述目的以其名义为物流企业进出保税仓的车辆办理海关备案；

（四）【禁止不实申报】接受跨境电商平台或跨境电商企业或其他经营者的委托，在跨境电商商品进口、出口或退货出入境申报时推送虚假的交易、支付或物流信息，或伪报商品品名、税则号、数量等申报要素；

（五）【禁止违法利用、泄露公民身份信息】利用、泄露、出售或非法向他人提供掌握的公民身份信息。

违反上述规定的，将依法承担相应行政责任；构成走私、侵犯公民个人信息等犯罪的，将依法被追究刑事责任。

第四节　支付企业

第二十六条【备案登记及资质】在境内办理市场主体登记，并按照海关总署关于跨境电商和报关单位备案管理的相关规定依法办理海关信息登记或备案手续。支付企业为银行机构的，应具备中国银行险监督管理委员会或者原银行业监督管理委员会颁发的《金融许可证》；支付企业为非银行支付机构的，应具备中国人民银行颁发的《支付业务许可证》，支付业务范围应当包括“互联网支付”。

第二十七条【单证保管】按照完整性、准确性与安全性的要求，记录和留存与跨境电商有关的合作合同（协议）、委托代理协议等资料以及支付信息。建议对于跨境电商交易主体的真实性、合法性相关材料（含电子影像等）的保存时间自交易完成之日起不少于五年。

第二十八条【合规申报】自行或根据法律规定委托代理人如实向海关监管部门实时传输施加电子签名的支付电子信息，并对数据真实性承担相应责任。

第二十九条【支付安全措施】按照展业原则，完善跨境电商新业态下消费者身份识别和管理制度，持续开展消费者身份识别与交易抽查验证，对跨境电商平台发送的电子支付单进行必要审核，并采取必要措施防止虚假支付、批量支付。

第三十条【外汇合规】支付企业在办理跨境电商平台和跨境电商企业付汇事项时，应当对其原始订单、支付数据、海关申报材料等基础资料的真实性进行必要审查，并确认付汇主体与跨境电商业务经营者的身份一致。

第三十一条【禁止性规定】支付企业不得从事以下行为：

（一）【禁止“推单”或“刷单”】向跨境电商业务经营者提供、销售虚假的支付信息并向海关推送；配合或使用跨境电商平台或跨境电商企业账户充值款、备付金账号等方式支付虚假订单；配合跨境电商平台或跨境电商企业进行虚拟支付、循环支付；

（二）【禁止使用虚假订单对外付汇】配合跨境电商平台或跨境电商企业使用虚假的跨境电商零售进口订单办理对外付汇手续；

（三）【禁止违法利用泄露公民身份信息】利用、泄露、出售或非法向他人提供掌握的公民身份信息。

违反上述规定的，将依法承担相应行政责任；构成走私、侵犯公民个人信息等犯罪的，将依法被追究刑事责任。

第五节　其他跨境电商业务经营者

第三十二条【备案登记及资质】在境内办理市场主体登记，根据相关规定向海关提交相关资质证书并办理信息登记或备案手续。

第三十三条【合规申报和税款代收代缴】报关企业接受委托向海关申报跨境电商商品进口清单的，应当要求查验原始数据，并承担如实申报责任。

报关企业作为跨境电商税款代收代缴义务人时，如实申报跨境电商商品的税收征管要素，向海关提供税款担保，并承担相应的补税义务及相关法律责任。

第三十四条【禁止性规定】其他跨境电商业务经营者不得从事以下行为：

（一）【禁止“推单”】将消费者通过其他平台或渠道成交的商品订单信息输入跨境电商平台并生成跨境电商订单信息；

（二）【禁止伪报贸易方式】将一般贸易货物或个人行邮物品在跨境电商平台上生成虚假的个人消费者订单并伪报成跨境电商零售进口商品；

（三）【禁止二次销售】为商业之目的在国内市场销售采购自跨境电商零售进口渠道的商品。违反上述规定的，将依法承担相应行政责任；构成走私犯罪的，将依法被追究刑事责任。

第三章　跨境电商业务合规管理体系

第三十五条【合规管理体系】跨境电商业务经营者建立有效的合规管理体系来防范合规风险，通过对合规风险的识别、分析和评价，建立并改进合规管理流程，从而达到对风险的有效应对和管控。

第三十六条【合规责任人】企业的跨境电商业务最高管理者是该项业务合规的第一责任人，应当承担以下职责：

（一）分配并保证足够和适当资源来建立、维护和改进跨境电商业务合规管理体系；

（二）确保企业关于跨境电商方面的商业运营战略与业务合规义务之间的一致性；

（三）统筹解决合规管理部门和业务部门的相关冲突，并保证业务合规的优先性。

第三十七条【合规管理部门】鼓励跨境电商业务经营者设置专门的合规管理部门。合规管理部门一般应履行以下职责：

（一）对公司规章制度和业务流程进行合规审查并予以调整和完善；

（二）审核评估企业的经营管理和业务行为，重点围绕商品合规、质量安全、生物安全、虚假交易、二次销售、知识产权等开展风险评估与日常监控；

（三）确保企业与相关合作方的业务活动符合跨境电商相关规定的要求；

（四）牵头负责公司内部合规审计；

（五）组织或协助管理部门、业务部门开展企业内部合规教育培训，并向管理层和各部门员工提供合规咨询；

（六）处理重大合规风险事项；

（七）持续关注国内及业务所涉国家（地区）跨境电商法规的发展动态，及时提供合规建议。

第三十八条【合规管理体系评估】跨境电商业务经营者应采取适当方式评估其合规管理体系运行的适当性、有效性和充分性，并对评估结果进行自我审查、反馈和回应，持续改进和完善合规管理体系。

第三十九条【合规管理规范】建议跨境电商业务经营者制定企业合规政策、各核心部门和岗位工作流程规范、员工合规指引，并按照企业决策流程制定企业内部规范性文件。上述合规管理规范应当列入员工手册，并通过公司声明、公告或宣传等方式予以公布。

第四十条【合规承诺】建议跨境电商业务经营者组织合规负责人、合规管理人员及核心部门和岗位工作人员出具合规承诺书，承诺按照其职权范围诚信开展业务及合规管理工作，如有违规或失职行为须承担个人责任。

第四十一条【合规论证和咨询机制】跨境电商业务经营者在业务模式运行前及具体业务操作过程中可以由企业内部合规管理部门进行合规论证。合规管理部门应当及时学习主营业务所涉法律法规及政策监管要求，必要时可以引入外部专业机构开展跨境电商业务合规咨询。

第四十二条【合规考核机制】建议跨境电商业务经营者将合规考核结果作为相关部门、岗位和人员的绩效考核的重要依据，与员工的评优评先、职务任免、职务晋升以及薪酬待遇等挂钩。

第四十三条【合规培训机制】跨境电商业务经营者应当将合规培训纳入员工培训计划，自行或聘请外部专业机构定期为员工开展跨境电商关于政策法规、内部合规制度与业务岗位职责分工等方面的合规培训。合规培训记录应保存归档。员工完成合规培训的情况应作为合规考核的标准之一。

第四十四条【合规审计机制】建议跨境电商业务经营者建立对企业业务模式、操作流程进行日常监测及定期内部审计制度。审计资料应归档保管。

第四十五条【违规行为上报机制】建议跨境电商业务经营者建立内部违规行为上报机制，鼓励员工举报内部违规行为或主动报告自身违规行为并保障其合法权利和信息安全。有条件的企业可设立违规举报奖励标准，对符合要求的举报人给予奖励。对于主动报告自身违规行为的员工，企业也可在内部处罚上予以从宽考虑。

第四十六条【合规风险处理】企业发现违规风险的，应当立即终止违规行为，采取调整业务模式、主动向有关部门报告等必要措施并制订合规整改计划。

第四十七条【合规管理协调】合规管理部门应加强与业务部门的合作，建立明确的协调配合机制和信息交流机制。相关业务部门应在跨境电商日常业务中主动进行合规管理，识别业务范围内的合规风险，配合合规管理部门进行合规风险审查、评估、调查、整改工作。

第四十八条【合作方管理】跨境电商业务经营者应建立外部合作方管理制度，注意防范合作方及其他经营者的合规风险。跨境电商业务经营者应当与合作方签订规范的跨境电商合同（协议），在合同、协议或者其他书面资料中要求合作方按照海关监管要求优化和完善贸易安全管理。跨境电商业务经营者可结合政府部门监管情况及企业内部掌握情况，对合作方进行动态评估，建立分级管理制度，并根据违法违规记录、风险评估结果等对有违法违规记录的合作方进行责任回溯，并采取相应管控措施，不建议为被列入联合惩戒对象的企业提供服务。鼓励跨境电商业务经营者建立合作方应急方案和备选清单，在合作方出现合规风险时适用的企业内部替换流程以及审批实施程序。

第四十九条【外部监管指导】跨境电商业务经营者应加强与海关、外汇、商务、市场监管等外部监管部门的沟通，及时寻求监管指导，了解监管部门建议的合规流程、最新的政策变化和合规监管要求，并制定符合其要求的合规制度。

第五十条【合规管理信息化建设】跨境电商业务经营者应建立内部合规管理信息系统，在资质审核、财务管理、进出口申报、业务风险管理等方面具备可记录、可追溯、可查询、可分析、可预警等功能并有效运行。鼓励跨境电商业务经营者建立跨境电商知识产权库、价格数据库、历史交易库和企业信息库等后台业务风险管理数据库，并可以应海关等监管部门要求提供有关风险防控方面的信息和数据。

第五十一条【合规文化宣贯制度】跨境电商业务经营者应当建立常态化的合规文化宣贯制度，通过线上线下多种方式宣传和倡导合规理念，将合规文化作为企业文化建设的重要内容，践行合规经营的价值观，提倡合规风气，不断增强员工的合规意识和行为自觉，营造依规办事、按章操作的合规文化氛围。跨境电商业务经营者应将合规作为企业经营理念和社会责任的重要内容，并将合规文化传递至合作方。跨境电商业务经营者应树立积极正面的合规形象，促进行业合规文化发展，营造和谐健康的经营环境。

第四章　附则

第五十二条【基本概念】“跨境电商平台”是指在境内办理市场主体登记，为交易双方（消费者和跨境电商企业）提供网页空间、虚拟经营场所、交易规则、信息发布等服务，设立供交易双方独立开展交易活动的信息网络系统的经营者。

“跨境电商企业”是指自境外向境内消费者销售跨境电商零售进口商品的境外注册企业（不包括在海关特殊监管区域或保税物流中心内注册的企业），或者境内向境外销售跨境电商出口商品的企业，为商品的货权所有人。

“跨境电商企业境内代理人”是指开展跨境电商零售进口业务的境外注册企业所委

托的境内代理企业，由其在海关办理注册登记，承担如实申报责任，依法接受相关部门监管，并承担民事责任。

“支付企业”是指在境内办理市场主体登记，接受跨境电商平台企业或跨境电商企业境内代理人委托为其提供跨境电商零售进口支付服务的银行、非银行支付机构以及银联等。

“物流企业”是指在境内办理市场主体登记，接受跨境电商平台企业、跨境电商企业或其代理人委托为其提供跨境电商进出口物流服务的企业。

“跨境电商业务经营者”是指包括跨境电商平台、跨境电商企业及其代理人、支付企业、物流企业、报关企业等参与跨境电商进出口业务的企业。

第五十三条【指引的解释】本指引由广州市人民检察院负责解释。

【施行日期】本指引自发布之日起施行。

参考文献

[1] 叶红玉．跨境电商通关实务[M]．2版．北京：中国人民大学出版社，2021.

[2] 中国报关协会．关务基础知识（2023年版）[M]．北京：中国海关出版社，2023.

[3] 中国报关协会．关务基本技能（2023年版）[M]．北京：中国海关出版社，2023.

[4] 冯晓鹏．跨境电商大监管：底层逻辑、合规运营与案例评析[M]．北京：中国海关出版社，2022.

[5] 宗慧民．进出口商品归类[M]．北京：中国海关出版社，2014.

[6] 宗慧民，赖碧云．进出口商品归类习题集[M]．2版．北京：中国海关出版社，2022.

[7] 郑俊田，张红．海关实务[M]．3版．北京：对外经济贸易大学出版社，2018.

[8] 徐炜．报关单填制规范及案例解析[M]．北京：中国海关出版社，2020.

[9] 邓志虹，缪晨刚．通关实务操作[M]．北京：中国轻工业出版社，2021.

[10]《中国海关报关专业教材》编写组．2023中国海关报关专业教材[M]．北京：中国海关出版社，2023.